KB263675

C. S. 루이스의 기독교 세계

The Christian World
of C. S. Lewis

C.S.루이스의 기독교 세계

초판 1쇄 펴낸 날 · 1999년 2월 10일 | 개정 1쇄 펴낸 날 · 2006년 1월 26일

지은이 · 클라이드 S. 킬비 | **옮긴이** · 양혜원 | **펴낸이** · 김승태

편집장 · 김은주 | **편집** · 박지영, 최문주 | **디자인** · 이승희, 홍지영 | **제작** · 한정수
영업본부장 · 오상섭 | **영업** · 변미영, 장완철 | **홍보** · 주진호 | **드림빌더스** · 고종원 | **물류** · 조용환

등록번호 · 제2-1349호(1992. 3. 31.) | **펴낸 곳** · 예영커뮤니케이션
주소 · (110-616) 서울 광화문우체국 사서함 1661호 | **홈페이지** www.jeyoung.com
출판유통사업부 · T. (02)766-7912 F. (02)766-8934 e-mail: jeyoungsales@chol.com
출판사업부 · T. (02)766-8931 F. (02)766-8934 e-mail: jeyoungedit@chol.com

ISBN 89-8350-369-6 03230

값 9,000원

※ 잘못 만들어진 책은 언제든지 교환해 드립니다.

C. S. 루이스의 기독교 세계

The Christian World of C. S. Lewis

클라이드 S. 킬비 지음 · 양혜원 옮김

예영커뮤니케이션

저자 서문

내가 처음으로 대학 서점에서 C. S. 루이스라는 이름의 옥스포드 특별연구원의 책을 집어 든 것은 거의 25년 전의 일이다. 그 책의 제목은 『기독교를 위한 논증』(*The Case for Christianity*)이었는데, 그것을 읽으면서 새로운 행성이 나의 시야로 밀려 오는 것을 느꼈다. 루이스가 처음으로 맥도널드(George Macdonald)의 작품을 발견했을 때와는 달리 나는 이 책을 통해 처음부터 거룩함이나 기쁨을 느끼지는 않았다. 그것은 나중에야 느낄 수 있었고, 그것보다는 외과용 메스처럼 날카로운 지성으로 건강한 것과 병든 것을 분리해 내는 데 열중한 외과 의사의 모습을 발견할 수 있었다. 검증되지 않은 삶은 살 가치가 없다고 주장하는 철학자 같은, 그러나 가장 겸손한 그리스도인의 모습으로 살아 있는 삶의 중심을 가진 작가를 발견한 것이다. 루이스에 대한 나의 인상은 내면 깊은 곳에서 일어나는 겉치레, 도피, 편의주의 또한 그는 사소한 거짓말과의 투쟁에서 승리한 모습이었다. 그리고 그의 마음을 스쳐 가는 모든 관념들 속에서도 애정을 다해 진리를 존중하고 싶어하는 사람의 모습이었다. 그의 저서 사십여 권을 읽고 난 후로도 루이스에 대한 나의 첫인상은 변함이 없다.

루이스가 말재간과 영악함으로 시대에 뒤떨어진 근본주의를 조장한다고 비평하는 사람들이 있다. 어떤 사람들은 그를 대중선동가에 불과하다고 평한다. 대중선동가(popularizer)의 뜻이 그 원래 의미대로 평범한 대중에게 좋은 영향을 미치는 사람이라는 뜻이라면 루이스도 그러한 평가에 수긍할 것이라고 생각한다. 루이스는 스스로를 '신성한 대중선동가 보티우스(Boethius)'라고 말한다. 그러나 대중선동가가 천박한 것을 지지하고 인기를 얻기 위해 가치를 평가절하하고, 자기 주머니나 채우려는 사람을 의미한다면 그러한 평가는 루이스에게 전혀 어울리지 않는다. 루이스는 대부분의 작가들보다 높은 수준의 문학적 훈련을 쌓았으며 대부분의 평신도들보다 탁월한 그리스도인의 삶을 살았다. 이런 기준은 대중화와는 정반대되는 것을 의미한다.

파생적인 의미로서 대중선동가는 지식은 부족하지만 문체는 그럴 듯한 사람, 독창적인 생각은 없지만 자기보다 나은 사람의 생각을 재구성하고 묘사하는 데 뛰어난 사람을 일컫는 말일 수도 있다. 그러나 종교적 영역 밖에서도 학자로서의 명성을 누렸던 루이스는 매우 독창적 사고를 한 사람이었다. 문체에 대해서도 루이스는 두말할 나위 없는 전문가였다. 새비지(D. S. Savage)는 위대한 작가는 자신이 다루고자 하는 주제에 가장 적합한 방법을 찾아 자신의 독창적인 목적을 위한 매개물로 창조한다고 말한다. 민감한 독자라면 누구나 루이스의 이러한 자질을 은유와 풍유, 상징 그리고 신화와 심지어 꾸민 것 같지 않은 직설적 표현처럼 대조되는 형식의 글에서도 발견할 수 있다. 더욱 자세히 살펴보면 힘과 우아함이 가득한 루이스의 해설적 산문에서도 나타나는 것을 알 수 있을 것이다.

루이스는 실로 뛰어난 문체를 구사한 사람이다. 그러나 기번(Gibbon)과 애디슨(Addison) 그리고 칼라일(Carlyle)도 그랬다. 퀸시(Quincey)가 주장한 것처럼 문체는 단지 사상에 '옷'을 입히는 것이 아니라 그 사상의 몸이 되기도 한다. 존슨 박사(Samuel Dr. Johnson)가 지옥의 겉모습은 좋은 의도로 포장되어 있다고 말한 것이나 주는 사람이 없는 선물은 속이 빈 것이라는 로웰(James Russell Lowell)의 말은 전혀 새로운 것이 아니다. 이들은 단지 누구나 잘 알고 있는 사실을 완벽하게 표현했을 뿐이다. 루이스는 기독교는 더 이상 독창적인 생각을 시도할 수 없는 영역이라고 여러 번 얘기했다. 대신에 그는 태고의 평범한 윤리들을 다시 진술하기 위해 어떠한 기독교인도 반대하지 않을 평범한 기독교를 제시하기 위해 노력했다고 말한다. 자신의 책, 『고통의 문제』(*The Problem of Pain*)에 대해 루이스는 "이 책의 어떤 부분이 비정통적이거나 색다르다는 의미에서 '독창적'이라면 그것은 나의 의도가 아니며 나의 무지의 결과일 뿐이다"라고 말했다. 루이스의 책의 가치는 그의 통찰력과 변함없는 표현의 깊이와 신선함에 있다.

이 연구서가 특히 다음 세 부류의 사람들에게 유익하기를 바란다. 첫째, 루이스에 대해서 거의 혹은 전혀 알지 못하지만 그의 책을 몇 권 선택해서 읽고 싶어하는 사람들에게 길잡이가 되었으면 좋겠다. 둘째, 루이스의 책을 읽었지만 제대로 이해하지 못한 사람들에게 도움이 되기를 바란다. 셋째, 수년 동안 루이스의 책을 읽어 왔고 여러 번 반복해서 읽은 사람들에게 그의 작품을 전체적으로 평가할 수 있는 계기가 되었으면 좋겠다. 두 번째 부류의 사람들에 대해 몇 마디 덧붙이면, 나는 루이스를 '발견하고' 그의 책을 통해 도움을 얻었지만 루이스가 이야기하고자 하는 것을 부분적으로 놓쳤다고 생각하는 사람들을 많이 만났다. 물론 처음부터 읽을 만한 가치가 있는 책은 다 마찬가지일 것이다. 비록 이 책이 루이스가 전달하고자 한 뜻을 완벽하게 다루었다고 볼 수는 없지만 그 의미를 보다 확장시키는 데 도움이 되기를 바란다.

이 책의 주된 목적은 루이스의 기독교 저술들을 하나하나씩 평가하고, 서로 비교하고, 간혹 다른 작가들의 책과도 비교해서 그의 작품의 뼈대를 이루는 주제를 발견하고 작품들의 총체적 일관성을 생각해 보는 것이다. 자신의 사생활을 대중에게 노출시키는 것을 꺼려했던 루이스의 생각을 거역하고 싶지는 않았지만, 출처가 불분명한 자료나 내가 그와 주고받은 편지 가운데 의미 있는 내용은 간혹 첨가시켰다. 루이스의 작품 내용을 요약하는 데 이 책의 상당 부분을 할애했으며, 필요에 따라 더 많은 지면을 내용 요약에 할애했다. 그리고 내용 요약에는 항상 해석이 포함되도록 했다. 어떤 비평가는 나니아 왕국의 이야기들에는 기독교적 암시가 없다고 말했지만, 나는 그렇게 생각하지 않는다. 따라서 이 간단한 이야기들의 내용과 함께 그 내용에 대한 논의도 간략하게 요약했다.

지난 수년 동안 나와 함께 루이스를 이야기했던 많은 사람들을 모두 언급할 수는 없지만 특별히 몇 명에게 감사를 표하고 싶다. 프랭크 벨링어(Frank Bellinger) 교수 부부, 아더 홈즈(Arthur Holmes) 박사, 그리고 로버트 시겔(Robert Siegel) 씨는 내 원고를 읽고 값진 제안을 했다. 내가 휘튼대학에서 진행했던 두 번의 루이스에 대한 세미나에 참석한 사람들은 학자로서의 루이스 혹은 기독교인으로서의 루이스에 대해 중요한 질문들을 제기하고 대답을 해 주었다. 각주에 제시된 박사 논문들에는 주해를 빌려온 것 이상의 빚을 졌으며 특히 나의 제자였던 카넬(Corbin S. Carnell)과 마조리 E. 라이트(Marjorie E. Wright)의 박사 논문에 큰 빚을 졌다. 무엇보다도 때로 자신에 대한 나의 질문에 성실하게 답변을 해 준 루이스 박사에게 깊은 감사를 드린다.

원문 인용을 허락한 다음의 출판사들과 작가들에게 감사를 드린다. 『그들이 요구한 논문』(*They Asked for a paper*)의 인용을 허락한 제프리 블레스(Geoffrey Bles), 찰스 윌리엄스(Charles Williams)의 『사자의 자리』(*Place of the Lion*)의 인용을 허락한 페이버 & 페이버 사(Faber & Faber Limited), 『예기치 않은 기쁨』(*Surprised by Joy*)과 『시편 사색』(*Reflections on the Psalms*)과 『말콤에게 보내는 편지: 주로 기도에 관하여』(*Letters to Malcolm: Chiefly on Prayer*)의 인용을 허락한 하코트, 브레이스 회사(Harcourt, Brace and Company). 하딩(D. E. Harding)의 『천국과 지구의 위계』(*The Hierarchy of Heaven and Earth*)의 인용을 허락한 하퍼 & 브라더즈(Harper & Brothers), 『거대한 간극』(*The Great Divorce*)과 『그 끔찍한 힘』(*That Hideous Strength*)과 『가슴없는 사람』(*The Abolition of Man*)과 『은 의자』(*The Silver Chair*)와 『최후의 대결』(*The Last Battle*) 그리고 『영광의 짐』(*The Weight of Glory*)와 기타 책들에서 짧게 인용하는 것을 허락한 맥밀란 사(Macmillan Company). 『생체

해부』(*Vivisection*)의 인용을 허락한 런던국립 생체해부 반대협회 (The National Anti-Vivisection Society of London), 『순례자의 귀향』(*The Pilgrim's Regress*)을 인용하게 해 준 어드만 출판사(Wm. B. Eerdmans Publishing Company), 찰스 무어맨(Charles Moorman)의 『아더 3부작』(*Arthurian Triptych*)의 인용을 허락한 캘리포니아대학 출판사. 그리고 C. E. M. 조드(C. E. M. Joad)의 글을 인용하도록 허락한 《애틀랜틱》지, 에릭 호퍼(Eric Hoffer)의 기사 인용을 허락한 저자와 《새터데이 이브닝 포스트》(*Saturday Evening Post*), 그리고 필립 시케비츠(Philip Siekevitz)의 글 인용을 허락한 저자와 《네이션》(*Nation*)에 감사한다.

그리고 이 책의 일부가 소개된 정기 간행물 《뉴욕 헤럴드 트리뷴》(*The New York Herald-Tribune*), 《시카고 데일리 뉴스》(*The Chicago Daily News*), 《크리스티아니티 투데이》(*Christianity Today*) 그리고 《히즈》(*His*)에 감사를 드린다.

— C. S. K.

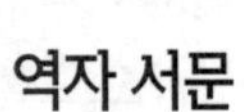

역자 서문

　　내가 루이스의 글을 처음 접한 것은 지난 1994년이었다. 그 때 읽은 책이 『내가 믿는 기독교』였는데, 마치 새로운 세계가 열리는 것 같은 체험을 했다. 그 후로 루이스의 글이 주는 매력에 푹 빠진 나는 한국에서 구할 수 있는 원서들을 하나씩 읽기 시작했다. 루이스의 글의 특성상 한국에서 폭넓은 독자층을 형성하기란 쉽지 않지만, 그의 탁월한 작품인 『나니아 연대기』는 이미 텔레비전과 책을 통해 소개된 지 오래되었고 상당히 좋은 반응을 얻고 있다. 동화책이지만 기독교적 용어를 전혀 쓰지 않고도 기독교의 진리를 탁월하게 묘사하고 있다. 이 책은 무심코 읽다가 그 심오한 진리에 강타당하는 경험을 여러 번 하게 된다.

　　루이스는 〈섀도우랜드〉(Shadowlands)라는 국내 개봉 영화를 통해서도 소개된 바 있으며 국내에 소개된 그의 저서는 다음과 같다. 『내가 믿는 기독교』(*Mere Christianity*; 대한기독교서회 또는 『순전한 기독교인의 삶』으로 은성출판사에서 발행), 『가슴없는 사람』
(*The Abolition of Man*; 생명의말씀사에서 발행), 『스크루테이프 편
지』(*The Screwtape Letters*; 성바오로출판사 또는 『스크루테이프의
편지』로 홍성사에서 발행 예정 또는 『마귀의 지령』으로 은성출판사
에서 발행), 『우리가 얼굴을 가질 때까지』(*Till We Have Faces*; 성바
오로출판사에서 발행), 『나니아 연대기』(*The Chronicles of Narnia*;
성바오로출판사, 생명의말씀사, 한길사 및 시공사에서 발행), 『네 가
지 사랑』(*The Four Loves*; 생명의말씀사에서 발행), 『헤아려 본 슬
픔』(*A Grief Observed*; 성바오로출판사 또는 『슬픔의 관찰』로 보이
스사에서 발행), 『시편 사색』(*Reflections on the Psalms*; 총신대학
출판부에서 발행), 『신앙생활을 풍요롭게 하는 지혜』(기독태인문화
사, 루이스의 저서에서 발췌해서 엮음).

　　루이스는 중세 영문학 교수로 매우 아름다운 영어를 사용한 사람
이다. 또한 언어학적 지식이 뛰어나 재치 있는 조어를 만드는 데도
탁월한 재주를 가졌다. 그의 이러한 탁월한 능력을 영어와는 전혀
공통점이 없는 한국어로 옮기기에는 나의 표현력이 미흡함을 고백
한다. 독자의 편의를 돕기 위해 고유 명사는 영어 원문과 같이 실었
으며, 특히 루이스가 여러 단어를 합성해서 만든 인명과 지명은 무
리한 해석을 시도하지 않고 그대로 실었다.

　　마지막으로 루이스가 사용한 도(道)라는 단어에 대해 일부 오해
가 있을 것 같아 한 마디 덧붙이면, 이 책에서 말하는 도는 우리가
알고 있는 도교(道敎)나 기(氣) 철학과 연관된 것이 아니라 우주적

원리로서의 도, 즉 말 그대로 사람이 가야할 길이라는 의미에서의 도를 뜻한다.

　루이스의 작품을 전체적으로 조망하면서도 쉽게 이해하기 힘든 작품들을 하나하나 세심하게 해설한 이 책은 루이스를 알고자 하는 모든 사람에게 좋은 길잡이가 될 것이라고 확신한다. 아무쪼록 내가 이 책을 번역하면서 얻은 기독교에 대한 새로운 통찰력이 이 책을 읽는 모든 분들에게 잘 전달되기를 바란다.

98. 12. 18.

역자 양혜원

차 례

1

기쁨을 찾아서

클라이브 스테이플즈 루이스(Clive Staples Lewis)는 1963년 11월에 그의 삶을 마감하기 전까지 영국 캠브리지대학에서 중세와 르네상스 문학을 가르치는 저명한 교수였다. 당시 가장 뛰어난 문학비평가 중 한 사람으로 기독교인이었으며, 수십 권의 신앙 서적을 쓴 기독교 작가였다. 또한 루이스는 신앙과 학문의 통합이라는 어려운 일을 성공적으로 이루어냈다. 게다가 생기 넘치는 상상력, 활력과 재치가 넘치는 지성, 말과 글에 대한 탁월한 감각으로 그의 책은 널리 읽혀지게 되었고 지금도 독자층이 꾸준히 증가하고 있다.

영국의 일간지 《가디언》은 루이스가 제기하는 논쟁이 "마치 체스의 거장이 무심코 둔 말이 잠시 후 천재의 결단력이었음을 보는 것과 같다"고 평했다. 우리는 교묘한 논리로 옛 가치를 파괴하려 드는 경우를 너무도 많이 보아 왔다. 그러나 루이스는 그의 탁월한 지성으로 오히려 옛 가치를 옹호하고 있다. 캠브리지에서 루이스의 강의를 들었던 다브니 A. 하트(Dabney A. Hart)는 그의 강의에 항상 많은 학생들이 몰렸던 이유를 다음과 같이 설명한다. "그는 책이 주지 못하는 풍부하고 세밀한 정보를 주었고 그 정보를 생생하게 종합해 내었다." 루이스가 지도한 학생 중 하나였던 케네스 타이넌(Kenneth Tynan)은 루이스에 대해 "자신이 아는 사람 중 가장 지식이 정통한 사람이었다"고 말했으며, 루이스와 옥스퍼드대학 동기인 돔 비드 그리피스(Dom Bede Griffiths)는 루이스가 자신이 만난 사람 중 '가장 정확하고 통찰력 있는 지성'을 가진 사람이었다고 말했다. 데이비드 W. 소퍼(David W. Soper)는 에티엔 길슨(Etienne Gilson)과 같은 유명한 판사도 루이스를 '순수한 신학자'(pure theologian)라고 일컬었으며 그의 작품을 즐겨 읽었다고 말한다. 에드먼드 풀러(Edmund Fuller)는 "나의 지성과 마음이 가장 풍요로웠던 경험에 대해 루이스에게 감사한다"고 말한다.[1]

루이스는 아마도 정직함과 위대한 능력을 겸비한 사람의 유일한 본보기일지도 모른다. 모든 사람들이 순수함에 대해서 말하지만 정작 순수함이란 거의 존재하지 않는 세상에서 루이스는 순수한 사람의 표본이었다. 그는 자신의 스승 중 한 분을 일컬어 '허세라고는 티끌 만큼도 없는 사람'이라고 했는데, 오히려 루이스 자신이 그 말에 적합한 사람이었다. 어떤 한 비평가는 그를 어린 아이의 지성을 가진 사람이라고 꼬집기도 했다. 그러나 루이스는 그 비평가의 말

---

1) 하트의 말은 「C. S. 루이스의 시의 변호」"C. S. Lewis's Defense of Poesie"라는 논문에서 인용했고, 타이넌과 그리피스의 말은 코빈 S. 카넬이 쓴 「욕망의 변증학: 갈망에 대한 C. S. 루이스의 해석」"The Dialectic of Desire: C. S. Lewis' Interpretation of Sehnsucht"에서, 소퍼의 말은 《시온 헤럴드》지의 1948년 1월 21일자 기사 「C. S. 루이스와의 인터뷰」'An Interview with C. S. Lewis'에서, 풀러의 말은 『책과 그 저자』(Books With Men Behind Them)에서 인용했다.

은 다른 의미에서 진정한 어린 아이의 지성을 가진 사람이었다. 루이스는 "내가 성인이 되었을 때 나는 아이들이 가지고 있던 두려움과 어른스러워 보이려는 욕망을 버렸다"고 기록한 바 있다. 또한 그는 낭만주의자라는 조롱을 받았지만 그런 평이 나오기 오래 전에 스스로 낭만주의자임을 고백했다. 언제나 호기심을 잃지 않는 그의 태도는 그러한 고백에 적합한 것이었다. 하나님이 성육신하셨다는 사실은 루이스에게 매일의 일상 속에서 신성함을 찾을 수 있는 눈을 열어 주었다.

루이스는 심지어 천박하다는 소리까지 들었다. 사실 때때로 자신이 쓴 책 『버드나무 사이로 부는 바람』(*The Wind in the Willows*)에서 '점잖지 못한 태도, 퉁명스러움, 수줍음 그리고 선량함이 뒤섞인 다소 별난 상류층 사람'이라고 묘사한 바저(Badger; 오소리 — 역주) 씨와 비슷한 성격이었다. 때로 그가 가까이하기 어려운 사람으로 보였을 지 모르나 루이스를 방문한 많은 모든 사람들은 누구보다도 온화하고, 예의바르고, 사려 깊은 사람이라고 말했다. 그가 퉁명스러웠다는 추정은 완전한 사랑은 겸손을 필요 없게 한다는 루이스의 확신과 더불어 생각해 봐야 한다. 루이스는 『스크루테이프 편지』에서 사람들 사이에 거짓 겸손을 일으키는 것이 지옥의 계략 중의 하나라고 말한다. 스크루테이프는 그의 사탄 문하생인 웜우드(Wormwood)에게 자신이 표적으로 삼은 사람의 마음에 겸손은 자신의 재능을 실제보다 낮게 평가하는 것이라는 생각을 심어주라고 가르친다.

나는 개인적으로 루이스만큼 철저하게 이기심의 현혹적 성격을 정면으로 다룬 사람은 없다고 본다. 만약 루이스가 우리보다 더 솔직해 보였다면 그것은 루이스가 사람을 속이는 친절함이라는 마력을 깼기 때문이다. 루이스는 우리가 흔히 체면 차리기 위해 거짓으로 베푸는 친절을 거부했을 뿐만 아니라 그러한 친절의 기만적인 성격을 보여 주기 위해 반대의 행동을 취하기도 했다. 루이스를 혹평하는 사람들이 이해하지 못하는 것은—어쩌면 그들이 너무도 잘 이해하는 것은—루이스는 우리가 들어가기조차 힘든 문을 이미 열고 들어가 문 반대편으로 나왔다는 것이다. 루이스는 한때 자신을 '변절한 청교도들 사이에서 사는 회심한 이교도'라고 표현했었다. 그리고 남들이 종교적으로 금지하는 것을 하지 않으려고 노력하는 시간만큼 루이스는 오히려 그것을 습득하려고 노력한 사람으로 묘사했다.

예기치 않은 기쁨

루이스는 그의 저서 『예기치 않은 기쁨』을 '나의 젊은 날의 형성'이라고 말한다. 이 책은 일반적인 의미의 자서전이라기보다는 그의 어린 시절부터의 종교적인 여정을 기록하고 있다. 그것은 종교에 대한 인식이 전혀 없었던 시절, 마술사 하나님이 죽어 가는 어머니를 고쳐 주고 그냥 가버리기를 기도했던 어린 시절, 자신이 만족할 만한 영적인 실체를 만들어 내려고 무진 애를 썼던 기숙학교 시절, 무신론자로 기꺼이 전향했던 시절, 그리고 자연과 영성주의와 철학을 통해 유신론자로 그리고 결국에는 기독교인으로 돌아왔던 고통스럽고도 긴 여정이었다.

루이스는 1898년 11월 29일에 벨파스트(Belfast; 북아일랜드의 수도 ― 역주)에서 태어났다. 그의 아버지인 앨버트 제임스 루이스 (Albert James Lewis)는 사무변호사였고 어머니인 플로라 오거스타 해밀턴 루이스(Flora Augusta Hamilton Lewis)는 목회자와 법관 그리고 선원을 배출한 가문의 자손이었다. 그의 아버지는 감성적이고 열정적이었으며 어머니는 빈정거리는 말투를 쓰지만 차분함을 지녔고 인생을 즐길 줄 아는 분이었다. 루이스가 그의 아버지를 묘사한 글들은 그야말로 걸작이며, 하나로 모으면 에세이를 만들 수도 있을 것이다. 루이스는 그의 아버지가 어떤 의제를 혼동하거나 단순한 사실을 잘못 해석하는 재능을 가지고 계셨다고 말한다. "처치우드(Churchwood)라는 아이가 들쥐를 잡아 애완 동물로 삼았어요"라고 아버지께 이야기하면, 1년 또는 10년쯤 뒤에 아버지는 이렇게 물으신다. "쥐를 아주 무서워했던 치크위드(Chickweed)라는 아이가 어떻게 되었는지 들었니?" 일단 아버지의 생각대로 수정된 이야기는 절대로 잊어버리지 않으셨으며 그 이야기를 바로 잡으려고 하면 믿을 수 없다는 듯이 "흠! 그건 네가 하던 얘기가 아닌걸" 하셨다. 루이스의 어머니는 루이스가 열 살이 되기 전에 돌아가셨지만, 그 전부터 루이스에게 불어와 라틴어를 가르치기 시작했다. 루이스의 유일한 형제요, 그보다 세 살 많은 형은 큰 저택에서 수많은 시간을 동물의 나라와 인도라는 상상의 나라에서 보냈다.

그들은 캐슬리 힐즈(Castlereagh Hills ― 지명)의 놀이방 창문을 내다보며 갈망, 즉 그리움을 배웠다. 그러나 어떠한 종교적인 체험은 없었다. 집에는 많은 책이 있었고 두 형제는 폭넓은 독서를 할 수 있었다. 그들은 어린 시절의 환상들을 그림과 글로 표현했으며, 늘 자신들의 상상력에 사로잡혀 살았다. 그러던 어느 날 어린 루이스가 까치밥나무 덤불 옆에 서 있을 때 그의 마음 속에 갑작스럽고도 신비스럽게 '수년 전이 아닌 마치 수세기 전의 아득한 곳'에서 매우 행복했던 아침의 기억이 떠올랐다. 순간적으로 일어난 일이었지만, "그때까지 내게 일어났던 모든 일들이 그것에 비하면 매우 하찮게 보이는 체험이었다." 이 체험이 바로 루이스가 기쁨을 찾아 나서게 된 시발점이 되었다.

열 살이 된 루이스는 목을 조르는 듯한 이튼 칼라의 셔츠를 입고, 모자를 쓰고, 발이 아픈 신발을 신고, 그가 싫어했던 영국에 있는 학교로 가게 되었다. 거기서 그는 올디(Oldie)라는 선생의 지도를 받았다. 올디 선생은 이유 없이 학생들을 때리긴 했지만 논리적으로 사고하는 법을 가르쳐 주었다. 12살에 루이스는 아일랜드에 있는 그의 집에서 별로 멀지 않는 캠벨중학교(Campbell College)에 다니게 되었다. 그러나 갑작스런 병으로 얼마 다니지 못하고 홀로 6주간의 행복한 휴가를 보내기도 했다.

루이스는 열세 살에서 열다섯 살까지 다시 영국으로 보내져 그가 샤르트르(Chartres)라고 부른 예비학교에 다녔다. 여기서 그는 비로소 영국의 전원을 사랑하게 되지만 그의 신앙과 미덕 그리고 천진난만함을 잃어버리게 되었다. 올디 선생이 있었던 학교에 다닐 때부터 성경을 읽고 기도하는 것을 배웠다. 그러나 이상하게도 기도는 루이스를 무신론자로 이끌었고, 만약 그가 기도를 계속하려고 추구했다면 아마도 미쳐버렸을 것이라고 회고한다. 그는 기도에 대해 단순히 '말로만 하는' 위선을 피하기 위한 극단적인 방법으로 오히려 투철한 의지로 '실재'라는 감정의 감동을 얻어내려고 애썼다. 그 외에도 그가 무신론자가 된 배경에는 학교 기숙사 여사감으로부터 영향을 받은 신비요법과 그가 욕망의 눈길로 바라보았던 무용 선생의 매력 그리고 자신의 본성적 비관주의가 있었다. 특히 루크레티우스(Lucretius), H. G. 웰스(H. G. Wells) 그리고 로버트 볼(Robert Ball)경의 저서들로부터 많은 영향을 받았다.

열다섯 살에 루이스는 샤르트르와 같은 도시에 있는 '와이번' 고등학교(Wyvern College)에 갈 수 있는 장학금을 탔다. 루이스의 형은 와이번에 다니면서 그곳을 좋아했지만 루이스는 그렇지 않았다. 그는 이 학교가 영국에 있는 다른 학교들과 마찬가지로 학교 편람에 소개된 것처럼 이해심 많고 우애 있는 학생들을 배출하는 곳이 아니라고 보았다. 또한 사회적 경쟁과 경직성에 의해 좌우되는 '지독하고 야만적이고 회의적이며 폭로하기를 좋아하고 냉소적인 지식인 계급'을 양성하는 곳이라고 결론지었다. 소수의 학생들만 혈통과 도박과 세속적으로 경직된 학생들과 '더러워진 사랑의 용광로'에서 벗어나는 데 성공했다. 그런 학생 중 하나는 아일랜드의 백작이었는데 그는 항상 권총을 들고 다니다가 탄창에 총알 하나를 넣고 학생의 머리에 겨냥한 채 숫자를 세면서 방아쇠를 당기는 일종의 러시안 룰렛게임을 했다. 와이번에서 몇 안 되는 소중한 추억 중 하나는 엄격하지만 범절 있는 스뮤기(Smewgy)라는 선생을 만난 것이었다. 그 선생은 "다음 주 그리스어 문법 시간에 이보다 잘하지 않으면 매를 맞아야겠지만, 그건 당연히 너희들의 태도나 나와는 상관이 없다는 걸 알아야 해"라고 말할 수 있는 선생이었다. 그는 제자들이 배운 티를 내지 않은 학생이 되도록 가르쳤다.

루이스는 이 시기에 하나님이 존재하지 않는다는 신념을 지키는 것과 하나님이 계시지 않는 것에 대한 분노 사이에서 고통스럽게 갈등하고 있었다고 말한다.

열여섯 살에서 열여덟 살까지 루이스는 영국의 서레이(Surrey—지명)에서 키가 크고 마른 체격에 허름한 옷을 입었지만 변증에 능한 W. T. 커크패트릭(W.T. Kirkpatrick) 선생의 지도 아래 대학 입시를 준비했다. 루이스는 커크패트릭 선생과의 첫 만남에서 심한 질책을 받았다. 그러나 이 빼빼마른 선생을 좋아했으며 그가 마지못해 참가했던 체육 시간과 기타 학교 활동으로부터 벗어나게 된 이 시기가 자신의 생애에서 가장 행복했다고 말한다. 루이스는 이때 다양한 문학 작품들을 읽었으며 원본 그대로 읽은 책 중에는 호머(Homer)와 다른 그리스 작가들의 작품들도 있었다. 그의 무신론적 입장은 커크패트릭 선생의 무신론적 견해로 더욱 강화되었는데, 이 선생은 고풍의 '수준 있는' 무신론자로서 『황금 가지』(*The Golden Bough*)와 쇼펜하우어를 애독했으며 후에 매우 뛰어난 논리실증주의자가 될 수도 있었던 사람이었다.

루이스는 샤르트르 시절부터 계속해서 두 가지 인생을 살고 있었다. 하나는 일상적인 기쁨과 슬픔의 소란스러움이 가득 찬 삶이었고 또 하나는 비밀스럽고 상상력이 풍부하며 기쁨을 갈망하는 삶이었다. 루이스가 캠벨중학교에 다니면서 몸이 아파서 쉬고 있을 때 동화에 재미를 붙여 난쟁이들의 매력에 빠지게 되었다. 아놀드(Arnold)의 『소랩과 러스툼』(*Sohrab and Rustum*)을 일찌감치 읽은 루이스는 후에 고대 독일 전설의 영웅인 지그프리드의 이야기와 스칸디나비아 신화의 신들과 장엄한 세계의 여명기를 읽었을 때 그를 사로잡았던 순수한 '북부 지방' 사람의 어떤 기질을 체험하는 듯한 애절한 기쁨의 전조를 느낄 수 있었다. 또한 스뮤기 선생의 영향으로 루이스는 북부 지방의 신화에 대한 것보다는 지중해 신화의 화산 같은 힘과 불길을 간접적으로 더 많이 접할 수 있었다. 게다가 초기 영국의 전설과 아더(Arthur)왕의 이야기도 풍부하게 접했다. 이러한 신화들은 루이스에게 자연과 음악—바그너의 음악까지도—을 사랑하는 마음을 다시 일깨워 주었다. '모든 순수한 체험에 나타나는 핵심적인 음악' 으로서의 기쁨은 루이스의 관심을 줄기차게 끌어들였고 감당할 수 없는 물결로 루이스의 존재의 뿌리에까지 그 영광스러움을 펼쳤다. 그러나 이 기쁨이 사라지고 기억만이 그를 조롱하던 때도 있었다. 그것을 회복하려는 루이스의 조급함 자체가 오히려 그 기쁨을 몰아내는 것 같기도 했다. 그리고 성적인 탐닉이나 그 어떤 체험도 이 기쁨을 대신할 수 없다는 것을 발견했다.

한편 그의 무신론은 더욱 대담해졌고 기독교는 그에게 흉측한 건물, 듣기 싫은 음악, 그리고 형편없는 시를 연상시키는 것에 불과했다. 하나님은 그에게 엄청나게 큰 '초월적인 간섭자' (transcendental Interferer)로 여겨졌으며 하나님과 다른 모든 사람에게 그의 가장 깊은 내면에 '출입 금지' (No Admittance)라는 푯말이 붙어 있다는 것을 알리고 싶어했다. 루이스는 이 당시 자신이 두 가지의 서로 다른 요소로 채워져 있었다고 말한다. 하나는 기쁨에 대한 갈망이고 또 하나는 확고하고 분명한 과학적 물질주의에 대한 믿음이었다. 그리고 루이스는 예이츠(William B. Yeats)와 매터링크(Maurice Maeterlinck)를 통해 기독교를 믿지는 않지만 물질 세계의 이면이나 주변에 또 하나의 세계가 있다고 믿는 사람들을 발견하고 마술과 신비요법을 믿게 되었다.

이 시점에 루이스는 브라우닝(Robert Browning)이 자신의 『낡은 노란 책』(*Old Yellow Book*)을 발견했을 때처럼 조지 맥도널드의 『몽상가』(*Phantastes*)라는 때묻은 책을 가판대에서 발견했다. 루이스가 그 책에 빠져들었을 때 자신의 깨달음을 넘어선 황홀경에 대한 브라우닝의 묘사가 동일하게 자신에게 다가옴을 느꼈다.

영혼이 웃으며 내 몸의 마디마디를 뛰어 넘고
나의 눈을 밝히며 나의 머리카락을 곤두서게 한다.

이 책을 통해 루이스는 소설 속에 나오는 낭만적인 요소들 외에도 '밝은 그림자(bright shadow)' 와 같은 새로운 것을 발견하게 되었고 후에 그것이 거룩함의 음성이었다는 것을 깨닫게 된다. 루이스는 그 음성을 이렇게 기록하고 있다. "그것은 마치 세상의 끝에서 나를 부르던 목소리가 이제는 나의 내면을 향해 이야기하고 있는 것 같았다. 그것은 내 방에, 혹은 나의 몸 안에, 혹은 내 뒤에 함께 있었다. 한때는 그것이 너무 멀리 있어 잡을 수 없었는데 이제는 너무도 분명해서 오히려 이해할 수 없었다. 그것은 마치 너무 가깝기 때문에 볼 수 없고 너무 분명해서 오히려 이해하기 어려운 것과 같았다." 과거에는 기쁨이란 늘 평범한 세상과는 분리된 것이었다. 루이스는 맥도널드의 글을 읽으며 놀랍게도 그 밝은 빛이 스스로는 변하지 않으면서 다른 범상한 것들은 변화시키는 것을 발견했다. 그것은 루이스의 상상력을 새롭게 했으며 귀환의 시작이었다.

열여덟 살에 그는 옥스포드대학 장학생 선발 시험을 보았고 합격했다. 그러나 그때는 전쟁이 시작될 무렵이었기에 프랑스의 최전선에서 열아홉 번째 생일을 맞이했다. 잠시 병을 얻어 군인 병원에서

3주 간을 보내게 된 루이스는 거기서 G. K. 체스터톤(G. K. Chesterton)의 글을 처음으로 읽기 시작했고 체스터톤의 종교적인 성향에도 불구하고 무척 좋아하게 되었다. 1918년 4월에 루이스는 표적을 벗어난 유탄에 부상을 입었고 1919년 1월에 제대를 했다. 그는 60명의 독일군 전쟁 포로를 잡았던 경험담을 자조적으로 이야기하곤 했는데 그의 표현을 빌리자면 그 포로들이 투항할 채비를 갖춘 채 두 손을 들고 나타났다고 했다.

옥스포드대학에 돌아온 루이스는 향후 그의 인생에 영향을 미치게 될 친구들을 사귀기 시작했다. 그 중 첫 번째 친구는 A. K. 해밀턴 젠킨(A. K. Hamilton Jenkin)으로 루이스에게 모든 것의 존재를 즐거워하는 법, 즉 '사물과 경험의 본질에 친밀하게 다가가는 법'을 가르쳐 주었다. 또 한 친구는 오웬 바필드(Owen Barfield)라는 인지학자(認知學者)였다. 그는 루이스의 '반(反) 자아'가 되어 매일 밤 그리고 긴 산책 시간마다 루이스와 논쟁을 벌였다. 루이스의 이러한 친구들은 매우 절조가 있었다. 루이스가 만난 사람 중에는 애절하고도 추한 아일랜드 출신 목사도 있었는데 그는 신앙은 잃었지만 인간의 생명은 죽음 후에도 산다는 것을 증명하려고 열광적으로 애를 쓰는 사람이었다. 루이스는 죽음 이후에까지 어떠한 형태로든 자아가 유지된다고 하는 이 목사의 편집광적인 태도 때문에 모든 불멸 개념을 역겨워하게 되었다. 루이스가 새로운 심리학을 접하면서 자신이 체험한 기쁨을 의심하게 될 무렵, 그의 친한 친구들은 하나 둘씩 기독교인이 되었다. 특히 바필드와는 격렬한 논쟁을 벌였고 그만큼 배우는 것도 많았다. 새로운 것만 환영하고 시대에 뒤떨어진 것은 무조건 의심하는 속물 근성을 벗어버리도록 루이스를 도와 준 사람도 바필드였다. 그는 또한 루이스에게 추상적인 생각은 논쟁의 여지가 없는 진리를 산출할 수 있으며 따라서 그것은 감각의 체험과는 다른 것이라는 점을 설득시켰다. 그리고 논리 자체가 우주적인 로고스의 일부라는 점을 받아들이도록 했다. 루이스는 또한 우주적인 절대적 존재가 있다는 사실도 받아들였지만 그 절대적 존재가 인격적 존재라고는 생각하지 않았다.

루이스가 고전문학 학사 과정을 마쳤을 때가 스물세 살이었고 교수 자리가 마땅치 않아 옥스포드에 4년째 머물러 있게 되었다. 그때 루이스는 네빌 코그힐(Nevill Coghill)이라는 뛰어난 청년을 만나 매우 호감을 가지게 되었는데 그가 기독교인이자 철저한 초현실주의자라는 사실을 알고 크게 놀랐다. 동시에 그가 진정으로 자양분을 얻을 수 있었던 작가들—맥도널드, 체스터톤, 존슨 박사, 스펜서(Edmund Spenser), 밀턴(John Milton)—모두가 기독교인의 눈으로 사물을 바라보았다는 사실도 깨달았다. 이교도 중에서 가장 종교적인 사람들—플라톤(Plato), 에스킬러스(Aeschylus), 버질(Virgil)—도 그들과 비슷한 가치관을 가지고 있었다. 이들은 모두 인생에 대해 거칠고 농도 짙은 체험을 가지고 있었다. 그러나 루이스는 여전히 기독교는 신화에 불과하며 절대적 이상주의를 설명하는 철학적인 틀에 불과하다고 생각했다.

그는 1년 동안 임시 강사로 일을 하다가 스물여섯 살 되던 해인 1925년에 옥스포드의 모들린대학(Magdalen college)에서 특별연구원에 발탁되었다. 그는 이제 주변에서 많은 기독교인들을 접하게 되었는데, 그 중에는 H. V. D. 다이슨(H. V. D. Dyson)과 J. R. R. 톨킨(J. R. R. Tolkien) 등이다. 특히 톨킨은 루이스가 별로 신뢰하지 않는 부류인 가톨릭 신자이자 문헌학자였다.

루이스는 유리피데스(Euripides)의 『히폴리투스』(*Hippolytus*)를 다시 읽었으며 기쁨이 다시 그의 마음을 고양시켰다. 지적인 면에서는 알렉산더(Samuel Alexander)의 『공간, 시간 그리고 신성』(*Space, Time and Deity*)을 읽으면서 많은 중요한 원리들을 배웠다. 생각이란 객체로부터 분리되어 사람의 머리 속에만 있는 단순한 것이 아니다. 내적 성찰은 원래의 생각이 남겨 둔 어떤 것을 찾아낼 뿐 원래의 생각이 존재하는 동안은 그 기능을 발휘하지 못한다. 실체가 남기고 간 흔적을 마치 실체인 양 착각하는 것은 큰 실수다. 루이스는 곧 그가 오랫동안 추구하던 기쁨을 엉뚱한 곳에서 찾고 있었다는 사실을 깨달았으며, 그가 구체적으로 느낄 수 있는 정신적 실체를 찾겠다는 희망이 헛된 것임을 깨달았다. 왜냐하면 그것은 항상 '기쁨이 지나가는 길에 만들어진 정신적 흔적' 에 불과하기 때문이다. 비단 기쁨뿐만 아니라 모든 욕망은 그것을 불러일으키는 대상에 의존할 수밖에 없다. 모든 욕망은 대상에 의해 특징지어지며 따라서 그 대상이 바로 욕망을 불러일으키는 실체의 원형이기 때문이다. 루이스가 기쁨 그 자체를 갈망한다고 생각했던 것은 잘못이었다. "모든 가치는 기쁨이 갈망하는 바로 그 속에 있다." 그리고 대상은 분명히 그의 정신과 육체의 밖에 있는 것이다.

루이스는 옥스포드에서 철학을 가르치며 절대자의 개념에 대해 진지하게 고민하기 시작했다. 그는 철학적 '신' 에 대해서 강의했다. 하지만 그 철학적 신을 '대중 종교의 신' 과는 구분했으며 그 신과의 인격적 관계는 있을 수 없다고 주장했다. 그러나 두 가지 놀랄 만한 사실이 그의 이러한 생각에 타격을 주었다. 루이스는 체스터톤의 『영원한 인간』(*The Everlasting Man*)을 읽었는데, 그 책에서 유일신론에 대한 이론적 근거를 제시하는 논증을 보고 충격을 받았다. 그런 일이 일어난지 얼마 안 되어 루이스가 이제껏 알았던 무신론자 중 가장 의지가 굳건한 사람이 루이스의 방 난로 곁에 앉아 "가소로운 일이야. 프레이저(Sir James G. Frazer)가 죽어 가는 신(Dying God)에 대해 말한 것은 다 가소로운 일이라구. 진짜 그런 일이 일어났던 것처럼 보이잖아"라고 말했다. 루이스는 이 사람이 신의 간섭으로부터 안전하지 않다면 그 누구도 안전하지 않을 것이라고 생각했다.

그 후 루이스의 내면에서 모든 생각의 가닥들이 스스로 정돈되어 하나의 견고한 전체를 이루게 된다. 루이스는 마치 고양이가 쥐를 쫓듯 하나님이 그를 쫓고 있다고 생각했다. 루이스는 "모들린대학의 그 방에서 밤마다 홀로 일을 하다가 잠시라도 내 생각이 흐트러지면 끊임없이 그 분이 나에게 접근하려고 할 때 그렇게도 만나기를 꺼려하는 그 분을 느끼는 내 모습을 상상해 보라"고 말했다.

"내가 그렇게도 두려워하던 그 일이 결국 일어나고야 말았다." 그가 조건부 항복을 한 것은 1929년 부활절 학기 때였다. 그는 기도를 하려고 무릎을 꿇고 앉아 하나님을 하나님으로 인정하면서 '영국 전체에서 자기보다 더 시무룩한 얼굴로 마지못해서 회심하는 사람은 없을 것'이라고 생각했다. 그러나 그것은 유일신론으로의 회심일 뿐 기독교로의 회심은 아니었고 죽음 이후의 삶을 인정하는 것도 아니었다. 기독교로의 회심은 나중에 일어났다.

어느 해 맑은 아침 윕스네이드(Whipsnade — 지명)에 갔었다. 출발할 때는 예수 그리스도가 하나님의 아들이라는 것을 믿지 않았으나 그 곳에 도착했을 때는 믿게 되었다. 이때가 바로 루이스가 구원을 받는 순간이었다.

『예기치 않은 기쁨』은 저자가 서른한 살 되던 해까지의 이야기로 끝이 난다. 그 후 루이스는 학자로서 그리고 기독교 저술가로서 활동했다. 스물한 살에 루이스는 클라이브 해밀턴(Clive Hamilton)이라는 필명으로 『속박된 영혼』(*Spirits in Bondage*)이라는 시집을 출판했다. 자연, 사랑 그리고 후에 그가 더 깊이 있게 다룬 몇 개의 주제들에 대한 가사집(歌詞集)이었다. 이 시집을 출판하기 5년 전에 맥도널드의 『몽상가』를 읽으며 신성에 대해 무엇인가를 느꼈지만, 이 시집에 수록된 많은 시에는 하나님이 존재하지 않거나 존재하더라도 인간의 일에는 관심이 없는 존재로 묘사하고 있다.

스물여덟 살에 루이스는 같은 필명으로 『다이머』(*Dymer*)라는 서사시를 출간했다. 이 다이머라는 주인공은 집단주의 사회에서 이성과 과학에 대해 참을 만큼 참다가 반란을 일으킨다. 그리고 그의 선생을 죽이고, 보다 나은 가치를 찾아 떠난다. 주인공은 맥도널드의 『릴리스』(*Lilith*)와 『몽상가』를 연상시키는 갖가지 기이하고도 낭만적인 경험을 하다가 어떤 짐승에게 목숨을 잃는다. 그런데 그 짐승은 실상 짐승이라기보다는 생명력이 넘치며 '날개를 달고 칼의 모양'을 한 어떤 것이다. 이 책의 서문에서 루이스는 주인공이 처음에는 기쁨을 누렸으나 항상 젊음의 기쁨을 누릴 수 없다는 것을 깨닫고 환상으로부터 도망치는 사람이라고 했다. 그의 반란이 가져온 슬픈 결말과 특히 그의 선생이 살해당한 사건은 그에게 절망을 가져왔고 그 절망은 루이스가 이 시를 쓰기 전 6년 동안 겪은 절망과 같은 것이었다. 주인공 다이머는 이 충격 때문에 현실을 받아들이게 된다. 그리고 그 때 가장 치사한 뇌물이 그에게 제공되었는데, 바로 '마술이나 환상을 통해 쉽게 행복을 되찾을 수 있다' 는 거짓 약속이다. 결국 주인공은 이 뇌물에 넘어가지만 완전히 속지 않았으며 그를 유혹한 마술사를 물리치고 자신의 운명에 직면할 수 있게 된다는 내용이다.

루이스가 저술한 많은 기독교 서적 중 가장 첫 작품은 1933년에 출판된 『순례자의 귀향』(Pilgrim's Regress)이다. 루이스의 첫 학문적 업적인 『사랑의 풍유』(The Allegory of Love)는 1936년에 출간되었고 그에게 호손든상(the Hawthornden Prize)을 안겨 주었다. 1946년에 스코틀랜드에 있는 성 앤드류대학교(St. Andrews University)에서는 루이스에게 명예 신학 박사 학위를 주었다. 루이스는 1955년까지 옥스포드의 모들린대학에서 특별연구원으로 일하다가 캠브리지로 자리를 옮겼다. 3년 동안 루이스는 영국 국영방송(BBC)에서 종교적인 주제를 다루는 프로그램에 정기적으로 출연했으며 그 중의 일부는 미국에서 방영되기도 했다. 제2차 세계대전 때 루이스는 영국 공군의 요청으로 공군 기지를 방문해 신학을 강의하기도 했다.

많은 사람들, 심지어 루이스를 아끼는 사람들조차도 루이스는 여자를 두려워하거나 경멸하기까지 하는 독신주의자라고 생각했다. 나와 내 아내가 옥스포드를 방문했을 때 모들린대학의 수위까지도 루이스에 대한 이러한 소문이 전혀 근거 없는 말이 아니라고 말할 정도였다.[2] 그러나 내가 아는 어떤 미국 소녀는 루이스로부터 점심 초대를 받아 융숭한 대접을 받기도 했다. 루이스가 여성 사회로부터 실제로 배격을 받은 적은 없었다. 루이스는 자신과 그의 형이 어머니의 사촌인 E여사의 아름다운 소양과 그 가족들의 예의바른 태도로부터 교육을 받았다고 했다.

1957년 루이스는 미국 여성인 헬렌 조이 데이비드맨 그레샴(Helen Joy Davidman Gresham)과 결혼했다. 조이와 그의 전 남편 윌리엄 린지 그레샴(William L. Gresham)은 무신론을 젖 먹듯 받아들인 세대 속에서 그리고 대공황 속에서 자랐다.[3] 두 사람은 모두 무신론자가 되었을 뿐만 아니라 열정적인 공산주의자가 되었다. 재능 있는 작가였던 조이는 새로운 대중(New Masses)이라는 단체의 임원단에 가입해 막시즘의 절대 노선을 옹호하려고 했다. 그의 남편은 스페인에서 15개월 동안 약자들을 위해 싸웠으며, 후에는 알콜 중독과 신경증에 걸려 자살을 시도했다가 미수에 그쳤다. 윌리엄 린지 그레샴은 잠시 쉬는 동안 자신이 목격한 야만적이고 폭력적인 세계를 묘사하는 소설을 발표해 성공을 거두었다. C. S. 루이스의 책으로부터 적잖은 도움을 받은 두 사람은 그리스도를 믿는다고 고백하게 되었다. 조이는 "그의 글이 없었다면 아직도 누군가 와서 자신을 돌봐 주기를 바라며, '한밤 중에 울어대는' 아기와 같은 사람들이 많을 것"이라고 말했다. 또 그의 남편은 "루이스의 책들은 우리가 가지고 있던 얄팍한 무신론적 편견들을 버리게 해 주었고 그의 비전은 일상 생활의 이면에 있는 신비를 밝혀 주었다"라고

---

2) 이에 대한 루이스의 의견은 그가 친구 오엔 바필드를 처음 만났을 때 받은 인상을 묘사한 글에 잘 요약되어 있다. 루이스는 바필드를 여자처럼 매력적이나 노를 격발시키는 사람이라고 생각했다.

3) 조이 데이비드맨과 윌리엄 린지 그레샴에 대한 간결하고도 영감 있는 기록은 데이비드 웨슬리 소퍼(David Wesley Soper)의 『이들은 길을 찾았다』(These Found the Way)에 잘 나와 있다.

고백했다.

그러나 그레샴 부부의 결혼 생활에 금이 가기 시작했고 윌리엄은 다른 여자와 사랑에 빠졌다. 조이는 갈등을 겪는 것보다는 이혼을 선택했다. 그 후에 조이는 영국으로 건너갔으며 루이스와 결혼하기 전까지 그의 비서로 일했다.

루이스와 조이가 결혼한 지 얼마 안 되어 조이가 암 말기라는 것과 길어야 몇 달밖에 살 수 없다는 사실을 알게 되었다. 그들은 목사님을 초청해 안수기도를 받았다. 1958년 6월에 루이스는 나에게 '조이가 기적적으로 회복됐으며 현재 매우 건강하다'는 편지를 보내 왔다. 조이는 건강을 회복했고 엑스레이 전문가는 기적이라고 했다. 조이는 남편과 함께 숲 속으로 긴 산책도 할 수 있었고 정상적인 생활을 영위했다. 늘 그리스에 가고 싶어했던 조이는 루이스와 함께 그리스를 여행했으며 추억에 남을 만한 멋진 시간을 보냈다. 여행에서 돌아와 1960년 7월 13일에 조이는 세상을 떠났다. 그 때 그녀의 나이 마흔다섯 살이었다. 그 후 루이스는 조이가 전 남편과의 사이에서 난 데이비드와 더글러스 그레샴을 돌보았다.

1961년에 출간된 『헤아려 본 슬픔』(*A Grief Observed*)[4]이라는 얇은 책에는 아내를 잃은 루이스의 절망과 슬픔이 짙게 드리워져 있다. 그는 아내가 위선적인 말과 태도를 몹시 싫어하는 유연하고도 순발력 있는 지성을 가졌으며 '직선적이고 밝고 칼같이 강한' 영혼을 가졌다고 기록하고 있다. 또한 두 번째 기적을 기대하기 어려웠

---

4) N. W. 클라크('나는 어떤 학자인지 알지 못한다'는 고대 영어의 말장난 — 역주)라는 필명으로 출간되었으나, 후에 루이스의 이름으로 재출간되었다.

던 시간에도 그들이 함께 했던 행복하고 즐거웠던 시간과 그녀의 죽음 후에 그가 겪었던 무감각한 절망에 대해서도 이야기한다. 그리고 '그녀가 옆에 없다는 것은 마치 모든 것 위에 막막하게 펼쳐진 하늘과도 같다'고 기록하고 있다.

이 책에는 지금까지 루이스의 글에서는 볼 수 없었던 요소, 즉 감정적인 깊이와 그의 긴 독신 생활에도 불구하고 부부간에 나누었던 깊은 사랑을 보여 주고 있다. 그리고 사별 초기에는 욥의 절규처럼 하나님을 향한 솔직한 원망이 드러나는 것도 볼 수 있다.

> 그러므로 나는 나의 입을 막지 않겠습니다.
> 내가 나의 영혼의 아픔 가운데서 말하겠습니다.
> 내 영혼의 비통함 속에서 호소하겠습니다.

그리고 그의 이러한 원망은 루이스가 회심한 직후에 출간한 시집인 『속박된 영혼』에 나오는 외침과도 비슷함을 알 수 있다. 루이스는 『헤아려 본 슬픔』에서 그가 하나님을 향해서 내뱉는 쓰라린 말들은 '생각하고 한 말이 아니라 하나의 절규였다'고 쓰고 있다. 루이스는 욥처럼 씨름한 후에 그의 솔직한 항변이 영혼을 씻어 내는 것을 체험했다.

루이스 자신도 1961~1962년에 이르는 겨울에 긴 투병 생활을 했다. 더 이상 교단에 설 수 없게 되었고 옥스포드의 헤딩턴 쿼리(Headington Quarry — 지명)에 있는 그의 집으로 돌아와 천천히 건강을 회복했다. 작가이자 형인 W. H. 루이스(W. H. Lewis) 소령과 루이스가 매우 존경하게 된 미국인 월터 후퍼(Walter Hooper)가 루이스와 함께 살면서 그의 서신 왕래와 다른 일들을 도와 주었다. 1962~1963년에 그는 캠브리지로 돌아갔으나 또 한 번의 치명적인 병을 얻게 되어 1963년 7월에 교수직을 사임하게 되었다. 심장마비가 일어나서 급속하게 죽음으로 치닫게 되었을 때에도 루이스는 마지막까지 따뜻한 유머 감각을 유지했으며 여느 때처럼 탁월한 대화를 나누었다.

루이스는 해외 강의 요청을 끈덕지게 사양했다. 그는 여행을 좋아하지 않았다. 차라리 집에 머물면서 영국의 나지막한 언덕과 계곡을 산책하는 것을 더 좋아했다. 그는 "나는 단조로움을 좋아한다"고 말한 적이 있다. 또 그는 자동차도 좋아하지 않았다. "현대의 교통 시설에 대한 가장 정확하고도 끔찍한 평가는 공간을 없애버린다는 것이다. 실제로 그렇다. 자동차는 우리에게 주어진 가장 영광스런 선물을 없애버린다." 그는 자서전에서 지나칠 정도로 끊임없이 자신의 신체적 둔함을 강조하고 있다. 그가 유일하게 좋아했던 운동은 수영인데 강에서 수영하는 것을 특히 좋아했다. 그 다음으로 좋아했던 것은 산책이었으며 그 다음은 난로 앞이나 맥주집에 앉아서 이야기하는 것이었다.

진정한 워즈워드적 관점에서 루이스는 자연과 고독을 사랑하는 사람이었다. 산책을 할 때면 자연의 향기를 조금이라도 놓치지 않기 위해 담배 피우는 것을 삼가했다. 그가 묘사하는 이상적인 하루란 다음과 같다. 8시에 아침을 먹고, 9시부터 오후 1시까지 글을 쓰고, 가끔 11시경에 차를 한 잔 마신다. 1시에 점심 식사를 하고 산책을 한다. 이 산책은 가능하면 혼자가 좋다. '말을 하게 되면 그 소리 때문에 바깥 세계의 소리와 침묵이 잠식당하기 때문이다.' 만약 친구가 동행한다면 몸은 둘이지만 영혼은 하나인 것 같은 사람이어야 한다. 단순히 멈춰 서는 것만으로도 하늘이나 땅에 대한 어떤 감상을 공유할 수 있는 그런 사람 말이다. 4시에 집으로 돌아와서는 혼자 차를 마신다. 보스웰(Boswell)의 『트리스트람 샨디』(*Tristram Shandy*)나 『엘리아의 수필』(*The Essays of Elia*) 혹은 『우울의 분석』(*The Anatomy of Melancholy*)처럼 '아무 데나 펼쳐서 읽을 수 있는 수다스럽고 가벼운 책 몇 권만 있으면 된다.' 5시부터 7시까지는 일을 좀 더 하다가 저녁 식사를 하고 이야기를 나눈다. 그리고 다소 가벼운 책들을 읽은 후에 11시에 잠자리에 든다.

루이스가 싫어하는 것들이 금세 드러난 셈이다. 그는 신문이 천박함, 선전성, 진실하지 못함 그리고 비판없이 이 주제에서 저 주제로 왔다갔다하는 습성을 만들어 낸다고 믿었다. 따라서 신문의 필요성을 거의 느끼지 못했다. 그는 집단주의라면 어떤 형태든 싫어했고 특히 영국의 불공평한 수입세 징수를 맹렬하게 비난했다. 그는 또 현대 교육에 대해서도 별로 좋게 말하지 않았다. 그가 말하는 현대 교육이란 태만함, 실험주의, 새로운 것만 지지하는 것 그리고 분주함을 펀들어 옛 가치를 폐품화시키는 교육을 말한다. 그는 우리 세계가 "명상과 진정한 우정에 굶주려 있기 때문에 고독, 침묵 그리고 사생활에 굶주려 있다"고 말한다. 그는 몇몇 사람들이 우정을 목표로 해서가 아니라 공통적으로 좋아하는 일을 같이 하기 위해 모인 조직들이 만들어 내는 인위적인 우정이 아니라, 진정한 우정에서 세상 행복의 절반이 비롯된다고 생각했다. 그는 항상 쉽게 순응하지 않는 사람들 편에 섰으며 교묘한 광고에 반발하여 불매운동을 지지했고, 그 외에 무관심하고 무미건조한 삶을 유발하는 모든 것에 반대했다. 그는 남을 무시하는 지식인보다는 평범한 사람을 좋아했다. 일반적으로 그는 권위 있는 사람을 멀리했으며 심지어 종교적 권위를 가진 사람도 싫어했다. 그는 자만심, 특히 종교적 혹은 심리학적 탈을 쓴 자만심을 가장 멀리했다.

루이스가 가톨릭 신자가 되었다는 소문이 자주 나돌았다. 그러나 사실상 그는 죽는 날까지 '특별히 높지도, 특별히 낮지도, 그렇다고 특별하지도 않은' 영국국교회 교인으로 살았다. 그는 영국국교회의 지나치게 '고상한 취미'에 불만을 품었으며 로마 가톨릭이나, 정교회 그리고 구세군이 유지하고 있는 좋은 것들을 그의 교회가 다시 회복하기를 바랐다. 그가 로마 가톨릭을 반대한 이유는 평범한 프로테스탄트적인 이유였다. 그것은 로마 가톨릭이 성경에는 없는 교리들을 덧붙였으며 마리아를 숭배하고 교황의 무오성을 주장하기 때문이다. 그러나 그는 로마 가톨릭교인들이 성경에 다른 내용을 첨가시키는 것만큼 개신교인들은 복음의 일부를 잘 삭제한다고 생각했다. 그는 '교회가 엄숙함에 빠져 있는' 극단적인 영국성공회(Anglo-Catholics) 교인들보다는 가톨릭교인들과 함께 있는 것을 더 편안해 했다.[5] 그러나 그가 처음으로 그리스도와의 인격적 접촉을 가진 곳은 영국성공회 교회였다.

『순례자의 귀향』은 직접적인 비유이고 C. S. 루이스의 영적 모험 속편이라고도 불린다. 여기에서 그 내용을 소개하고 논의하는 것이 적합할 듯하다.

---

5) 데이비드 W. 소퍼, 「C. S. 루이스와의 인터뷰」, 《시온 헤럴드》지, 1948년 1월 14일자

순례자의 귀향

이 소설의 주인공 존(John)은 퓨리타니아(Puritania)라는 곳에서 태어났는데 일찍부터 지주(Landlord; 하나님을 비유로 표현 — 역주)가 싫어하기 때문에 할 수 없는 일이 많다는 것을 알고 있었다. 어느 날 존은 마음이 내키지 않았지만 어색한 옷을 입고 부모님과 함께 스튜어드(Steward) 가(家)를 방문하게 되었다. 존은 스튜어드가 내세우는 율법들과 지주에 대한 설명이 매우 혼란스러웠지만 한 가지 사실은 분명하게 알 수 있었다. 즉 지주는 무서운 사람이며 어떻게 해서든 피하는 것이 좋다는 것이다. 그 즈음에 존은 자기 집 근처에 있는 숲을 바라보다가 아름다운 음악 소리를 들었고 멀리 고요한 바다와 신비스러운 섬을 잠시 보게 되었다. 그 섬은 존에게 대단한 갈망을 심어 주었고 그 갈망이 너무나 간절해서 마침내 섬을 찾아 떠나기로 결심한다.

존이 집을 떠나던 날 아침, 그는 빨간색 머리카락을 가졌고 몸집이 큰 계몽(Enlightenment) 씨를 만났는데 그는 존에게 자신의 뚱뚱한 조랑말이 끄는 작은 마차를 타고 서쪽으로 가자고 청했다. 계몽 씨는 달변가로서 클랩트랩(Claptrap; 허풍이라는 의미 — 역주) 시에 있는 그의 집으로 오라는 초청을 했지만 존은 거절했다. 계몽 씨가 그 곳은 아주 멋진 곳이라고 설명했으나 존이 상상할 수 있는 것은 흉한 움막들이 여기저기 흩어져 있는 광경뿐이었다. 그러나 지주가 없다는 계몽 씨의 말에 기분이 좋았다.

존이 다음으로 만난 사람은 도덕(Vertue) 씨라는 여행자였다. 그는 서쪽으로 가는 긴 여행에 거의 마지막까지 동행하게 된다. 도덕 씨는 자립적인 영혼을 가지고 있다는 것을 매우 자랑스럽게 여기는 사람이었으며 존이 만난 어떤 사람보다도 자신을 철저하게 훈련하는 사람이었다. 그들이 함께 가는 도중에 미디어 하프웨이즈(Media Halfways) 양을 만났는데 그녀는 두 사람을 길 남쪽에 있는 전율(Thrill) 시의 자기 아버지 집으로 초대했다. 도덕 씨는 거절했지만 존은 미디어 양의 외모에 반해 함께 갔다. 미디어 양의 집에 도착한 존은 하프웨이즈 씨의 음악 소리를 들으며 문에 들어섰다. 거스 하프웨이즈(Gus Halfways) 씨가 구두징 소리를 내며 모습을 드러내자 존을 황홀하게 했던 마법이 사라져 버렸다.

다음날 거스는 존을 무시무시한 기계에 앉히고 길 북쪽에 있는 에쉬로폴리스(Eschropolis) 시로 가서 현인들(the Clevers)을 만났다. 그러나 존이 그 곳 사람들을 화나게 하는 말을 해서 줄행랑을 치게 된다. 진눈깨비 속에서 길을 잃은 존은 이 세대의 영(the Spirit of the Age)의 영토를 침입했다는 이유로 체포된다. 존은 족쇄를 차고 암벽에 있는 더러운 감옥에 갇히게 된다. 마침 계몽 씨의 아들인 시지스문드 계몽(Sigismund Enlightenment)이 그 감옥의 간수였다. 존이 갇힌 지 며칠 후 시지스문드가 존에게 매우 화가 나서 존의 입이 피투성이가 되도록 폭행하고 감옥 밖으로 차버렸다. 쫓겨난 존은 산처럼 큰 이 세대의 영 앞에서 심문을 받고 있는데 그 때 키가 크고 푸른 망토를 두른 사람이 검정 종마를 타고 나타났다. 이 세대의 영은 이 여인이 이성(Reason)이라는 것을 알고 얼른 이성에게 그의 영토를 지나갈 수 있는 통행증을 건네주었다. 그러나 그녀는 재빨리 말을 몰아 거인 위로 뛰어 올라가서 그의 심장에 칼을 꽂았다. 이 세대의 영은 풀석 주저앉았는데 처음의 거대한 바위 언덕의 모양으로 변해 버렸다. 존과 이성이 떠나기 전에 그녀는 감옥 문을 열고 모든 죄수들을 풀어주려고 했으나 죄수들은 울면서 거기에 남아 있겠다고 고집을 부렸다.

존과 이성은 함께 여행을 했고 이성은 존이 원래 가던 길까지 데려다 주면서 많은 것들을 가르쳐 주었다. 해가 질 무렵에 서쪽으로 가던 존은 꾸준히 길을 가고 있던 도덕 씨를 다시 만났다. 바로 그 때 갑자기 길이 끊겼고 폭이 7마일 정도 되는 거대한 협곡이 바라다 보이는 낭떠러지 앞에 멈출 수밖에 없었다.

도덕 씨는 무슨 일이 있어도 이 협곡을 건너가야 한다고 존을 설득했다. 그 때 커크 수녀(Mother Kirk; 커크는 스코틀랜드의 방언으로 교회란 의미 — 역주)가 나타나 자신의 도움 없이는 둘 중 누구도 협곡을 건너갈 수 없을 것이라고 했다. 그러나 도덕 씨와 존은 그녀의 도움을 거절하고 건너갈 만한 길을 찾아서 북쪽으로 방향을 돌려 협곡을 따라 갔다. 이들은 분별(Sensible) 씨와 그 하인 진득이(Drudge)를 만나 함께 자게 되었다. 다음 날 아침, 도덕 씨와 존이 북쪽으로 길을 나서려 하자 진득이도 함께 가기로 마음을 먹었다. 길을 따라 갈수록 협곡은 더 넓어지고 땅도 황량해졌으며 날씨는 갈수록 추워졌다. 진득이는 이쪽에서 협곡으로 내려가는 길은 없을 것이라고 말했다.

존이 기진맥진했을 때에 그들은 길가에 있는 자그마한 오두막집 문을 두드렸고 그 집에 사는 세 명의 창백한 남자들(pale young men)이 이들을 맞아주었다. 다음 날, 도덕 씨는 북쪽으로 좀 더 갔다 와서는 비참한 경험을 보고했다. 황폐한 그 곳에는 빨간 난쟁이와 검은 난쟁이들만 살고 있었다. 이들은 하프웨이즈 씨의 장녀 그림힐드(Grimhild; 기분 나쁜 여자라는 의미 — 역주)와 결혼한 야만 (Savage) 씨의 부하들이었다. 도덕 씨는 창백한 세 남자에게 야만 씨의 호전적인 성격에 대해 경고하고 그에게 대항하려면 힘을 키워야 한다고 말했다. 그러나 세 남자는 별로 개의치 않는 눈치였다.

존과 도덕 씨는 이제 남쪽 방향으로 협곡을 따라 가기 시작했다. 춥고 어둡던 밤에 이들은 서로를 잃어버렸는데, 다음 날 아침 다시 만나고 보니 도덕 씨는 장님이 되어 있었다. 존은 도덕 씨를 인도해 가던 길을 되돌아와서는 여전히 커크 수녀의 도움을 거절했다. 그리고 협곡을 건너갈 만한 길을 찾기 위해 남쪽으로 탐험을 나섰다. 이들은 앵초가 만발하고 경관이 뛰어난 아름다운 나라에 도달하게 되었다. 그들이 도달한 첫 집은 스튜어드 가의 사람인 아량(Broad) 씨의 집이었으며 그는 분별 씨와 오랫동안 친한 친구였다. 아량 씨는 자기 집 마당에서 차를 대접하고는 지혜(Wisdom) 씨의 집으로 안내했다. 이들은 거기서 아름다운 전원을 즐기며 평온하게 며칠을 보내게 되었다. 그러던 어느 날 밤에 지혜 씨의 집 아이가 달빛이 비치는 정원에서 열리는 호화스러운 식사와 파티에 존을 초대하기 위해서 존을 깨웠다. 그런데 다음 날 아침, 아이들은 너무도 조용하고 진지해서 존은 아이들이 전날 밤을 기억하는지 의심스러웠다.

그 날 오후에 존은 도덕 씨의 시력이 회복되었음을 알았다. 그러나 두 사람은 의견 차이로 다투었고 도덕 씨는 화가 나서 가버렸다. 존은 협곡의 가파른 쪽으로 가서 그를 따라잡으려고 했지만 길을 잃고 말았다. 절망에 빠진 존은 도와 달라고 소리쳤고 정체를 알 수 없는 사람의 도움을 받았다. 후에 존은 절벽에 있는 동굴에서 은둔자 역사(History) 씨를 만났는데 그는 존에게 전에 알지 못했던 많은 것들을 이야기해 주었다. 그 때 이성이 나타나 손에 칼을 쥐고 존을 협곡의 밑바닥으로 데려 갔다. 거기서 존은 친구 도덕 씨가 커크 수녀와 함께 있는 것을 발견했다. 이들은 협곡을 건너려면 걸치고 있던 옷을 벗어 버리고 알몸으로 그들 앞에 있는 강 밑바닥으로 뛰어들어야 한다는 사실을 알았다. 그리고 긴장한 채로 뛰어들었다. 한참을 내려간 후에 카타콤을 지나 건너편으로 나왔는데, 거기서 많은 다른 순례자들을 만났다. 그들은 아름다운 전망을 지나 바다로 흘러가는 깨끗한 강을 따라 서쪽으로 갔다. 거기서 존은 자신이 찾던 섬을 보게 되었다. 그러나 그들이 있는 곳에서는 그 섬에 갈 수 없도록 되어 있었기 때문에 존과 도덕 씨는 다시 퓨리타니아로 안내를 받아 돌아왔다. 왜냐하면 사실 그것은 섬이 아니라 지주가 살고 있는 동쪽 산의 반대편이기 때문이다. 그 산은 존이 지주를 무서워했기 때문에 한번도 감히 쳐다보지 못했던 산이다. 돌아오는 길에 존과 도덕 씨는 기이하고도 교훈적인 일들을 많이 보았으며 두 머리의 사나운 용과 싸웠다. 퓨리타니아에 돌아온 존은 그의 부모가 이미 오래 전에 동쪽으로 강을 건너간 사실을 알고 낙담하게 된다. 그러나 안내자가 존과 도덕 씨에게 밤이 되기 전에 그들도 또한 지주가 살고 있는 그 섬―사실은 섬이 아닌―으로 가야 한다는 말에 위로를 받는다.

『순례자의 귀향』을 꼼꼼하게 읽었다는 많은 사람들이 아직 그 풍유(Allegory)의 의미를 잘 이해하지 못하기 때문에 여기서 나름대로의 해석을 시도해 보겠다. 이 이야기는 '이 세상에서 저 세상으로'의 여행을 기록한 것으로 존 번연(John Bunyan)의 글을 본떠서 지었다. 번연의 글처럼 주인공이 자신을 사로잡는 대단한 힘을 찾아 나서는 인간의 대변자가 되어 위험한 모험을 무릅쓰는 꿈의 형식으로 서술하고 있다.

지리적으로 주인공이 가는 길은 화살처럼 퓨리타니아에서 거대한 협곡까지 직선으로 되어 있으나 북쪽과 남쪽으로 가는 길이 여러 갈래 뻗어 있다. 남쪽에 사는 사람들은 대체로 친절하고 상냥하며 편안한 반면 북쪽에 사는 사람들은 의지가 강하고 자기 절제가 잘 된 사람들이다. 그들이 길 중심에서 얼마나 멀리 떨어져 사느냐는 그들의 신학적 또는 철학적 오류의 정도에 대한 루이스의 생각을 보여 준다. 이야기에 나오는 마파 문디(Mappa Mundi; 최초의 세계 지도로 일컬어짐. 영국 헤러포드셔 소재 — 역주)에는 우리가 거의 혹은 전혀 들어 보지 못한 지명이 나오는데 그것은 작가가 원래 의도한 플롯의 범위를 나타내는 것이다. 존은 협곡 가장자리에서 남쪽으로 넘어갈 때까지는 자주 북쪽으로의 일탈을 시도한다.

존이 흠모한 섬은 하나님에 대한 갈망을 나타내는데 루이스는 모든 인간의 영혼에는 그러한 갈망이 내재한다고 믿었다. 크고 영원한 만족을 갈망하는 인간의 마음은 끝이 없다. 크고 작고의 차이는 있지만 모든 사람은 그것을 찾는데 전 생애를 바친다. 존처럼 하나님을 두려워하고 심지어 미워하지만 그 갈구는 남아있으며 그것을 대체할 만한 것은 없다. 지주의 집이 존의 집에서 멀지 않고 또 존이 지주에 대해 들었던 것과 그 결과로 생긴 완고한 태도가 아니었더라면 그 집을 발견할 수도 있었다.

존은 하나님의 실제 성품과는 정반대의 생각을 하도록 교육을 받았다. 예를 들어, 하나님은 선하고 좋으시지만 주저 없이 사람을 지옥으로 보낸다는 것 등이다. 지주의 규칙이란 물론 하나님의 법칙이며 스튜어드 가는 사역자들이다. 우리는 종종 죽을 때까지도 세상사 별 문제 없다는 착각 속에 살고 있다. 이러한 우리의 태도는 존의 부모님과 친구들이 평판이 좋지 않은 조지(George) 삼촌을 죽음의 시내(川)로 끌고 갈 때 그들에 의해 씌워진 삼촌의 가면에서 볼 수 있다. 그 순간 조지 삼촌은 매우 두려워하게 되고 가면이 얼굴에서 떨어진다. 말하자면 그는 살면서 처음으로 그의 가면을 깨트릴 수 있는 현실에 직면한 것이다.

벌거벗은 밤색 피부를 가진 여자는 존이 하나님을 대체한 첫 대상이었으며 그들의 자녀는 아마도 여러 갈래로 얽힌 죄의 합체일 것이다. 루이스 자신도 『예기치 않은 기쁨』에서 방종한 성생활은 기쁨의 거짓 대체물임을 깨달았다고 쓰고 있다. 계몽 씨는 존에게 지주는 존재하지 않는다는 것을 증명하기 위해 서로 연관도 없는 '과학적' 근거의 파편들을 퍼부어 댔다. 그는 자기가 살고 있는 클랩트랩 시가 매우 좋은 곳이라고 생각했다. 그러나 존의 상식으로는 정말 매력이 없는 곳이었다. 여기서 기독교에 대한 많은 '증거' 자료와 자료의 질에 대한 루이스의 견해를 엿볼 수 있다. 여기서도 존은 일시적으로 행복한 무신론자가 되었던 루이스의 경험과 유사한 모습을 보인다. 지주가 살고 있는 동쪽 산을 향해 돌아보면서 이제 지주는 없다는 것을 확신한 존은 하나님을 미의 화신으로 생각했던 그의 입장을 유지할 수 있었다.

도덕 씨는 자기 나름의 기준을 세워 놓고 하나님은 간섭하지 말라고 하는 사람의 대표적인 유형이다. 도덕 씨도 루이스가 한때 그랬던 것처럼 자립심을 찬양하고 하나님을 대단한 간섭자로 여긴다.

도덕 씨는 자기 위의 권위를 인정하느니 차라리 지옥으로 가겠다고 할 사람이다. 이 글에서 존은 그의 섬을 찾겠다고 이런저런 곤경에 빠지는 대신 도덕 씨는 끝까지 중심을 지키도록 설정한 대목은 주목할 만하다. 도덕 씨는 존에게 이야기 전체에 반복되는 중요한 교훈을 주는데 그것은 바라는 것과 선택하는 것은 하늘과 땅의 차이라는 것이다. 도덕 씨는 무엇을 선택하는 사람이고 존은 무엇을 바라는 사람이다. 그러나 뒷부분에서 도덕 씨는 선택하고 행동하는 그의 엄격한 기준 아래 쓰러지게 되고 존은 그에게 소망을 가져보라고 간절히 부탁한다. 나는 루이스가 독자들에게 존과 도덕 씨는 둘 다 잘못된 생각을 가지고 있는 일원론자들임을 말하고자 한 것이라고 생각한다. 분명한 행동력을 가졌으나 감정이 결핍되어 있으며 그저 도덕적일 뿐인 도덕 씨와 자신이 바라던 섬으로 갈 수만 있다면 무엇이든 시도하려는 감정적인 존은 둘 다 건널 수 없는 협곡에 도달한다.

미디어 하프웨이즈 양과 그의 아버지는 그 이름이 암시하는 것처럼 공공연한 세속적 욕망이 가져오는 천박함과 그리스도께 헌신한 삶의 타협을 나타낸다. 이들은 하나님을 미적 체험이나 기타 다른 타협으로 대체하는 대표적인 사람들이다.

거스 하프웨이즈와 에쉬로폴리스에 대한 루이스의 의도는 분명하다. 현인들은 현대적인 것을 사랑하며 자신의 이익을 위해 싸우는 무감각하고 비정한 현대인들이다. 이들은 일부 현대 심리학으로부터 금기를 없애버리라고 배운 사람들이며 그 결과 부도덕한 것과 폭력적인 것을 숭배하는 사람들이다. 이들은 모든 규범으로부터 해방을 기리는 의식을 열광적으로 행한다. 시대에 뒤떨어졌다는 존의 단순한 지적에 이들은 무섭게 화를 내며 존을 공격하게 된다. 즉 어떤 사람들은 최신식이라는 것을 너무나 소중하게 생각하기 때문에 그것을 부인하는 것은 곧 자기의 존재 전체를 부인하는 것이라고 생각한다. 존은 대부분의 현인들이 맘몬(Mammon; 물욕의 의인적 상징 – 역주) 씨 밑에서 일하는 작가들이라는 것을 알게 된다. 이것은 소위 '얽매이지 않는' 작가들에 대한 루이스의 견해를 적절하게 보여 주는 것이다. 『고통의 문제』에서 루이스는 '수치심 아래 감춰진 솔직함은 매우 값싼 솔직함'이라고 말한다.

이 세대의 영과 존을 수감한 시지스문드 계몽 씨 그리고 그 감옥에 갇힌 사람들에 대한 묘사도 눈여겨볼 만하다. 시지스문드는 물론 지그문트 프로이트(Sigmund Freud)를 나타내고 수감됐다는 것은 대중적인 정신분석학 교육이 지배하는 힘이다. 시지스문드는 존에게 확신에 찬 어조로 그가 생각하는 섬은 밤색 피부를 가진 여자들을 향한 억압된 욕망에 불과하다고 말한다. 루이스는 자신의 자서전에서 기쁨에 대한 그의 갈망이 얼마나 자주 그를 적나라하게 에로틱한 환상으로 몰고 갔는 지를 말하고 있다. 그러나 그가 당시에 공부하던 심리학에 의하면 이러한 체험은 그가 갈망하는 기쁨의 저변에 깔린 참 욕망을 '간파한(seen through)' 것이다. 그렇기 때문에 오히려 기쁨에 대한 모든 이미지를 경멸할 지경이었다고 기록하고 있다. '간파하다'라는 이 표현은 존이 감옥에서 체험한 끔찍한 경험에서 루이스가 말하고자 하는 것을 설명해 준다. 존은 이 세대의 영이 바라보는 것은 모두 투명하게 만들어 버린다는 것을 알게 된다. 즉, 간파함을 통해 존과 같이 수감된 동료들을 인간에서 또 아리를 튼 뱀 모양의 창자, 뇌, 내장 그리고 스폰지처럼 헉헉거리는 폐로 만들어 버린다. 존이 이런 무시무시한 광경으로부터 눈을 돌렸다. 그 때 자신도 그냥 기계적인 장의 활동이며 그 이상이 아니라는 것을 보게 된다. 그리고 자신이 지주가 만들어 낸 지옥 못지않은 곳에 와 있다는 결론을 내렸다. 루이스는 이렇게 인간을 단지 장의 꼬임으로 또는 심리학적 구성체로 격하시키는 개념들을 통해 자신이 가지고 있는 끊임없는 공포감을 보여 주고 있다.

이러한 생각은 시지스문드가 죄수들이 음식을 먹는 동안 그 음식을 냉소적으로 분석하는 부분에서도 나타난다. 그는 죄수들이 먹는 음식이 사체라는 것을 상기시키며 그 동물이 어떻게 학살되었는지 상세하게 설명해 준다. 결국 시지스문드가 그들이 마신 우유는 단지 소의 분비물일 뿐이라고 농담을 하자 존은 갑자기 웃음을 터뜨리며 그가 우유를 땀이나 배설물과 구분하지 못한다고 놀린다. 현인들과 마찬가지로 시지스문드는 이렇게 존에 의해 자신의 신조가 간섭받는 것을 참지 못하고 존의 입을 때리고 감옥 문을 열어 밖으로 차버린다. 여기서 루이스는 급진적인 정신분석학과 그것과 관련된 철학들이 주장하는 것을 이성적으로 잘 살펴보기만 한다면 어처구니없는 가정에 속박된 희생자들을 구할 수 있다고 말하려는 것이다. 감옥 밖에서 이성이 나타난 것과 그녀가 이 세대의 영을 없애버린 것도 이것을 암시하고 있다.

그러나 이성이 감옥의 문을 부수었을 때 수감자들은 풀려나기를 거부했다. 그들은 "그건 또 하나의 소망을 성취해 주는 꿈에 불과해"라고 울면서 말했다. 그리고 어둡고 시끄럽고 냄새나는 그 곳에 머물러 있겠다고 했다. 보지 않으려는 사람만큼 장님은 없다. 『최후의 대결』 끝부분에서도 원숭이에게 한 번 속은 난쟁이들이 아슬란을 믿지 않으려는 부분에서도 이와 비슷한 비이성적인 모습을 볼 수 있다.

이성은 존을 추위와 악취로부터 구하고 봄이 오고 있는 따뜻한 곳으로 데려간다. 이성은 존과 함께 가면서 그에게 원형과 모형, 원본과 복사본의 차이를 설명해 준다. 그녀는 존에게 밤색 피부를 가진 여자들을 사랑하는 것과 섬을 사랑하는 것은 서로 비슷하지만 결코 같지 않다고 말한다. 섬은 원형이며 그것을 모형 또는 복사본과 혼동해서는 절대 안 된다고 이야기해 준다. 그녀는 존에게 진정한 철학과 신학은 이성의 자매들이라고 말한다.

존이 낭떠러지로 끝이 나는 길에 대해 불평을 했다. 커크 수녀는 그에게 지주가 처음부터 그렇게 만든 것이 아니라며 원래는 어떤 것이었는지 설명하기 시작했다. 그리고 에덴과 타락에 대해서도 이야기했는데 여기서 현인들과 맘몬 씨 그리고 이 세대의 영이 차지하고 있는 영역을 실제로 소유하고 있는 사탄은 토지 강탈자로 묘사했다. 커크 수녀는 산(山)사과의 맛이 그 땅에서 자라는 모든 것을 오염시키자 규칙들이 필요하게 되었다고 설명했다.

도덕 씨와 존이 커크 수녀의 도움을 거절한 의미는 분명하게 알 수 있다. 그것은 구원의 협곡을 자신들의 노력으로 넘어가려는 생각에 여념이 없는 사람들을 나타낸다.

나는 개인적으로 존과 도덕 씨가 협곡을 따라 북쪽으로 여행한 이야기는 앞부분에 나오는 이야기들보다 독창성이 떨어진다고 생각한다. 분별 씨는 말이 많고 으스대기를 잘하지만 피상적으로만 알고 있는 사람이다. 그의 정원에는 단단한 바위 위에 약 반인치 정도의 흙을 깔고 거기에 심은 무밖에는 없지만, 그 정원은 그의 자랑이다. 분별 씨가 먹는 음식은 사실 맘몬 씨, 에쉬로폴리스, 하프웨이즈 씨, 호레스(Horace), 에피쿠로스(Epicurus), 라블레(Rabelais) 등과 같은 사람들로부터 얻은 것이다. 분별 씨는 식탁에서 감사를 드리기는 하지만 그의 손님들에게 지주의 이야기는 그저 하나의 '전통'일 뿐이라고 말했다. 존은 이 집에서 매우 춥게 잤는데 이 집의 이름은 텔레마(Thelema)였다. 그 뜻은 '모든 사람들이 바라는 만큼 설득당하고 그 설득대로 따를지어다'이다. 분별 씨는 뒤에 나오는 지혜 씨와는 철저하게 반대되는 사람이다.

창백한 사람은 영국국교회주의, 고전주의 그리고 인본주의의 새로운 양상들이다.[6] 가장 중요하게 기억할 것은 영국국교회주의는 하나님을 하나의 사실로 보고, 고전주의는 여기에 아무런 관심도 없으며, 인본주의는 하나님을 우화적인 존재로 본다. 하지만 이 셋은 모두 자기들이 살고 있는 협곡 반대편에는 어떠한 선함이나 품위도 없다고 생각한다. 루이스는 각기 이것을 대표하는 사람들을 T. S. 엘리엇(T. S. Eliot), 어빙 바빗(Irving Babbit) 그리고 조지 산타야나(George Santayana)라고 했다(독자들은 이 책이 1933년에 출판된 것임을 기억하기 바란다).

야만 씨와 빨간 난쟁이 그리고 검은 난쟁이는 막시즘과 파시즘 그리고 세상을 정복하는 데 열심인 다른 거센 운동들을 나타낸다. 도덕 씨는 야만 씨가 세 명의 창백한 사람들에 대해서 이미 배가 가라앉고 있다고 말하면서도 놋쇠에 광을 내고 있는 가장 어리석은

---

6) 세 번째 판본의 서문에서 루이스는 "바르트는 이 창백한 사람들 중 한 사람이라 할 수 있으며, 에라스무스는 아량 씨와 같다고 보면 될 것이다"라고 했다.

사람들로 생각한다고 전했다. 야만 씨는 사람을 남자답게 만든다는 이유에서 북극에서 불어 오는 바람을 좋아했는데 이것은 루이스가 생각하는 공산주의의 어두움과 위험을 암시한다. 세 명의 창백한 사람이 야만 씨와 싸워 이기기를 바란다면 힘을 길러야 한다는 경고는 명백한 의미를 보여 준다. 그러나 그들 중 아무도 이 일에 대한 대책을 세우지 않으리라는 사실 또한 뻔히 알 수 있다. 신고전(Neo-Classical) 씨는 도덕 씨가 경험한 그 모든 것은 꿈에 불과하고 자신과 그의 두 형제들보다 더 북쪽에 사는 사람은 없다고 확신했다.

도덕 씨와 존이 남쪽으로 출발했을 때 도덕 씨는 자신이 결정한 바를 의지를 가지고 철저하게 실천하는 것 자체가 목적이 되어 버린 그의 삶이 과연 옳았는지 의심이 간다고 고백한다. 도덕 씨는 항상 그 일이 매우 뛰어난 자기 훈련이라고 생각했지만 이제는 그러한 훈련이 무엇을 위한 것이었는지 생각하기 시작했다. 그는 앞에 놓여 있을지도 모르는 즐거움에 마음을 움직이지 않았고 뒤에 놓여 있을지도 모르는 어떠한 공포에 요동하지도 않았다. 왜냐하면 이것은 의지보다는 감정의 문제이기 때문이다. 결국 그는 존에게 현재 앉아 있는 곳에서 일어나야 할 이유를 찾을 수 없다고 말했다. 존은 그가 소망을 가지도록 부추겼으나 그는 그렇게 할 수 없었다. 여기서 루이스는 큰 소망과 기대가 가져다 주는 열심없이 의무라는 원칙으로만 사는 것은 눈먼 것이나 다름없다고 말하는 것이다. 인간은 하나의 개체인데 도덕 씨는 위험을 무릅쓰고 의지라는 한 가지 요소만을 제외한 다른 모든 요소를 무시한다.

아량 씨는 문이 넓은 현대 기독교를 상징한다는 것을 쉽게 알 수 있다. 아량 씨는 친절하고 유쾌하지만 존이 섬을 찾아 나서는 자체가 이미 섬을 찾은 것이라는 엉터리 같은 말을 한다. 또 정말로 협곡을 건너야 하는지에 대한 질문을 받자 분명한 대답을 회피한다.

존과 도덕 씨가 지혜 씨의 집을 방문하는 것은 이 소설에서 가장 어려운 부분이다. 지혜 씨는 루이스가 회심하기 얼마 전에 경험한 철학적 이상주의를 상징한다. 지혜 씨는 질문을 받자 그가 믿는대로 중심 도로의 북쪽과 남쪽에 있는 사람들 모두의 잘못을 지적한다. 그는 또 남쪽 사람들은 동쪽과 서쪽이 실제로 존재하는 곳이고 지주도 실제 사람이라고 믿는 데에 오류가 있다고 말한다. 그리고 북쪽 사람들은 이것들이 환상이라고 생각하는 데서 동일하게 오류를 범하고 있다고 말한다. 지혜 씨는 사물은 환상이 아니라 하나의 진정한 현현이며 사람들은 항상 그것을 바라지만 실제로는 낙관하지 않는다고 생각한다. 『예기치 않은 기쁨』에서 루이스와 옥스포드에 있는 그의 친구들은 "절대자(the Absolute)에 대해서 종교적으로 이야기할 수는 있지만 그 절대자가 우리들에게 어떤 짓을 할 만한 위험은 없다"라고 말하기까지 했다고 기록하고 있다. 이 절대자는 천국의 어떤 측면을 가지고 있기는 하지만 그 천국은 아무도 갈 수 없는 곳이다. 지혜 씨의 집에서 건너야 하는 협곡은 가장 오래된 지도에서 굴욕의 계곡이라고 표시된 곳이다. 루이스와 그의 친구들이 깨닫지 못했던 한 가지는 단순한 겸손이었다. 아마도 그는 이것을 우리가 이해해 주기를 바랐을 것이다.

존은 젊은 사람들이 몰래 즐기는 음식이 항상 맘몬이나 다른 예기치 못한 사람들 심지어 야만 씨의 난쟁이들이나 커크 수녀가 마련해 준 것이라는 사실에 놀란다. 이 젊은이들은 항상 인식하려고 노력하지도 않는 것들로부터 무의식 중에 자료들을 빌려오는 이상주의적인 철학자들이다.

이후에 나오는 풍유는 비교적 분명하다. 존과 도덕 씨가 세례를 받기 전에 벗어야 했던 허름한 옷은 스스로 노력하는 것을 의미한다. 존이 잠수를 할 줄 모른다고 하자 커크 수녀는 잠수의 기술은 무엇인가를 하는 것이 아니라 무엇인가를 하지 않는 것, 즉 그리스도의 희생에 온전히 의존하는 것이라고 말한다.

나는 퓨리타니아로 돌아가는 길을 인도한 안내자를 성령이라고 생각한다. 그들이 온 길이 매우 달라 보일 것이라는 안내자의 말은 그리스도인의 관점은 모든 것을 새롭게 보도록 한다는 의미이다. 존이 갈망하던 섬이 사실은 섬이 아니라 지주가 살고 있는 동쪽 산의 반대편이라는 그의 설명은 이제 분명해진다. 존의 깊은 갈망은 항상 하나님에 대한 갈망을 잘못 이해한 것이었다. 존과 도덕 씨가 싸워야 했던 용은 순종과 더욱 큰 겸손을 배우는 것을 상징한다.

루이스가 쓴 책 중 가장 이해하기 어려운 부류에 속하는 소설이기는 하지만, 이 책을 끝까지 읽는 사람은 그만큼 얻는 것도 많다. 소설에 나오는 표현들의 영적인 의미를 생각해 보면, 그 의미가 훨씬 더 깊어질 것이다. 예를 들어 커크 수녀가 자신이 지주의 며느리라고 했는데, 이것은 교회가 그리스도의 신부라는 것을 의미한다. 이 소설 속에는 철학적이고 신학적인 도덕뿐만 아니라 영혼의 따스함도 담겨 있다. 『순례자의 귀향』에서 섬을 찾아 나서는 존의 탐험은 「아더 왕의 전설」에 나오는 '성배의 추적'(The pursuit of the Grail)만큼 훌륭하고 재미있다. 루이스의 다른 책이나 심지어 『예기치 않은 기쁨』보다 공적인 이 책은 그가 말하는 갈망(Sehnsucht),

즉 모든 사람의 마음에 끝없이 생겨나고 결국 그들을 하나님 앞으로 나오게 하는 동경의 의미를 명확히 하고 있다.

이 소설 곳곳에는 작품의 원형인 『천로역정』과 비교되는 면들이 있다. 루이스가 묘사한 섬에 대한 압도적인 갈망은 번연이 묘사한 기독교인의 동기보다 뛰어나다고 생각한다. 반면에 루이스의 이야기는 지혜 씨 집에서처럼 지나친 노출로 그 효과가 감소되기도 한다. 다브니 A. 하트의 연구는 이 점을 지적하고 있다. 그러나 나는 하트 박사가 그의 논문에서 "존이 집으로 돌아오는 여행의 절정에서 루이스가 영적인 체험을 표현하는 데 있어서 적절한 이미지의 사용이 부족했던 것을 보상하기 위해 감정을 고조시키는 시를 사용했다"는 지적에 대해 반대의 의견을 제시하고 싶다.[7] 그 시는 오히려 이 소설에 아주 잘 들어맞는다고 생각한다.

『순례자의 귀향』 재판본에서 루이스가 고백한 두 가지 해명을 여기서 밝히는 것이 좋겠다. 하나는 그의 비판이 부분적으로 신랄하다는 것이다. 이 책은 분명 작가가 사람을 사랑하는 정도보다 그들의 오류를 지적한 것이 더 많이 나타나기 때문이다. 추측을 너무 자주 하면 그 추측은 과학적 사실이 되어 버린다는 계몽 씨의 말이나, 현인들의 작가들은 모두 맘몬 씨 자신을 위해 글을 쓰거나 맘몬 씨 땅의 지분을 가지고 있다고 말하는 대목에서 루이스는 때로 캐리커쳐를 그리는 화가 난 젊은 청년처럼 보인다. 또 하나의 해명은 각 페이지마다 문장을 요약해 놓은 점이다. 그것은 루이스가 독자들을 혼란스럽게 하려고 한 것이 아니라 오히려 사람들이 풍유를 평이하

---

7) 「C. S. 루이스 시의 변호」 위스콘신대학 박사 논문, p. 190.

게 설명하면 분명한 것을 일부러 모호하게 만들기 위한 수작이라고 오해할까 봐 두려워서 한 것이다. 그는 가치 있는 소설은 항상 그 자체로 생명력을 지니며 현실의 일상적 실제와의 일 대 일 대응을 초월한다고 말하고자 한 것이다.

2

지옥 그리고 천국

루이스의 소설은 공상 과학 소설 3부작, 나니아 이야기 그리고 천국과 지옥의 주제를 다루는 소설 부류 등의 세 가지로 분류할 수 있다. 『스크루테이프 편지』와 『거대한 간극』은 그 중 마지막 부류에 속한다. 『우리가 얼굴을 가질 때까지』는 한두 개의 장면이 지옥을 배경으로 하고 있어서라기보다는 사랑인양 행세하는 이기심이라는 끔직한 죄가 어느 정도까지 사람의 삶을 뒤집어 놓는지를 보여 주기 때문에 다루었다. 나는 이 장에서 『고통의 문제』도 다루었다. 왜냐하면 루이스는 고통과 벌이 인간에게 하나님의 실존을 상기시킴으로써 지옥으로부터 인간을 구하는 도구라고 생각했기 때문이다.

스크루테이프 편지

루이스의 가장 인기 있는 책 가운데 하나가 바로 이 『스크루테이프 편지』(*The Screwtape Letters*)다. 1942년에 처음 출판되었을 때부터 이 풍자적인 고전은 계속 재판되고 있다. 미국에서 처음 출간되었을 때 레너드 베이컨(Leonard Bacon)은 "감탄할 만하고 재미있는 그리고 독창성이 뛰어난 책이다…오랜만에 등장한 기독교 변증학의 정수다…황량한 풍자 문학에 생기를 주는 찬란한 별이다"라고 평했다.[8] 1962년에 출판된 개정판에는 "스크루테이프 축배를 올리다"라는 장(章)이 추가되었고, 이 책에서 매우 중요한 서문도 이 때 개정되었다.

성 존 어빈(St. John Ervine)은 윌리암 부스(William Booth)에게 "지옥은 내 집 앞 거리보다 더 실제적인 장소이며 참으로 끔직한 장소다"라고 말했다. C. S. 루이스도 그렇게 생각했으며 루이스가 이렇게 강조한 덕분에 현대 많은 신학자들도 그렇게 생각하고 있다. 그러나 루이스는 『스크루테이프 편지』를 통해 지옥의 성격을 고찰하고자 한 것이 아니라 인간의 삶에 빛을 던져 주기를 원했다. 또한 그는 이 책이 가장 쓰기 힘든 책이었다고 고백하고 있다. 글을 쓰기 위해 작가가 직접 스크루테이프에게 감정 이입이 되어 '아름다움, 새로움 그리고 상냥함'은 배제한 채, '소란, 투지, 갈증 그리고 욕망'만을 이야기해야 했기 때문이다.

재치 있고 뛰어난 이 책에서 스크루테이프는 지옥 최고사령관의 차관인데 그는 젊은 청년 '환자(patient)'를 맡고 있는 초보 유혹자인 자신의 조카 웜우드(Wormwood)에게 지시와 경계의 편지를 쓴다. 웜우드 외에도 다른 지옥의 인물들이 나오는데, 환자의 어머니

---

8)《토요 문학 비평지》 1943년 4월 7일자

를 맡고 있는 글루보스(Gluebose)와 환자의 약혼자를 맡고 있는 슬럼트림펫(Slumtrimpet), 유혹자 훈련학교(Tempter's Training College) 교장인 슬럽고브(Slubgob), 스크루테이프의 비서인 토드파이프(Toadpipe), 그리고 스캡트리(Scabtree)와 트립트위즈(Triptweeze) 등이 있다. 지옥에는 훈련학교와 정보부(Intelligence Department)만 있는 것이 아니라 자신감이 없는 유혹자들을 위한 교정학교(House of Correction for Incompetent Tempters)와 환자들에 대한 엄청난 규모의 서류가 보관된 본부도 있다. 개정판 서문에서 루이스는 그가 지어 낸 이름들에 대한 주석을 달아 주었는데, 스크루테이프는 발음이 비슷한 단어들의 조합에서 나온 이름이라고 한다. 스크루테이프는 스크루지(Scrooge; 영국 작가 찰스 디킨스가 쓴 소설 『크리스마스 캐럴』에 나오는 구두쇠 영감─역주), 스크루(screw; 구두쇠─역주), 섬스크루(thumbscrew; 엄지손가락을 죄는 고문 도구─역주), 테이프웜(tapeworm; 촌충─역주), 그리고 레드 테이프(red tape; 까다로운 관료적 형식주의─역주)와 같은 단어들의 합성어라고 볼 수 있다. 또 슬럽고브는 슬롭(slob; 지저분한 사람, 굼벵이─역주), 슬로버(slobber; 군침을 흘리다─역주), 그리고 고브(gob; 입의 속어─역주)의 합성어라고 볼 수 있다. 그러나 루이스는 요한계시록에서 가져왔을 법한 웜우드라는 이름의 조어(造語) 방법에 대해서는 언급하지 않고 있다.

웜우드는 그의 환자가 기독교인이 되는 것을 막지 못했기 때문에 처음부터 꾸지람을 듣는다. 스크루테이프는 그 환자의 영혼을 다시 얻을 수 있는 여러 가지 방침을 지시한다. 스크루테이프는 구원의 첫 감격이 사라지기 시작하는 시점을 대비해 준비해야 한다고 말한다. 환자가 기도할 때는 그가 하나님 대신에 자신의 기분이나 감정에 대해 생각하도록 해야 한다. 환자가 구제를 위해 기도할 때는 구제하는 감정을 만들어 내도록 해야 한다. 웜우드는 환자와 그의 어머니가 서로에게 짜증을 내도록 해야 한다. 그리고 환자에게 악마는 빨간 스타킹을 신고 빨간 꼬리를 가진 우스꽝스러운 인물이라고 생각하도록 설득해야 한다. 환자가 '메마른(dry)' 시기를 지나는 것은 하나님이 실존하지 않는다는 표시라고 믿도록 해야 하며 종교는 '어느 정도까지는' 괜찮은 것이라는 생각을 계속해서 주입해야 한다. 그는 똑똑하고 표면적으로는 지적이고, 회의적인 사람들을 만나야 한다. 또 이들은 환자에게 '청교도주의(Puritanism)'를 경멸하고 종교적인 경박성을 사랑하도록 가르칠 것이다.

한동안 웜우드는 그의 성공을 자랑스럽게 보고했다. 그러나 이내 그의 환자가 회개하고 새롭게 되는 체험을 했다고 고백하게 된다. 스크루테이프는 웜우드가 저지른 큰 실책에 대해 경고하고 더 열심히 노력할 것을 명령한다. 환자가 스스로 자신은 겸손하다는 고백을 하도록 해야 한다. 그것은 참된 겸손을 말살하는 확실한 길이기 때문이다. 그가 하나님을 서슴없이 그리고 단순하게 의지하는 대신 불투명하고 두려운 미래는 스스로 짊어지도록 설득해야 한다. 그가 순결할 때에 공격해야 한다. 그가 영적으로 화를 잘 내고 교만하도록 만들어야 한다. 가능하면 새로운 신학을 그 자체로서 사랑하도록 만들어야 하며 복음서에 나오는 예수님보다는 '역사적인 예수(historical Jesus)'를 생각하도록 만들어야 한다. 환자의 기도 생활을 합리화시켜서 그가 기도한 일이 이루어지지 않으면 간구의 기도는 효력이 없다는 증거로 받아들이도록 해야 한다. 만약 이루어진다면 단지 자연의 이치로 생각하도록 해야 한다. 그리고 환자가 다른 기독교인을 사랑하는 것이 드러나자 웜우드는 10년 후에 보게 될 효과를 생각하고 미리 증오를 심어놓도록 지시를 받는다.

나중에 보다 나은 공격을 위해 환자를 계속해서 살려 두어야 한다는 스크루테이프의 계속된 경고에도 불구하고 환자는 공습 감시원으로 활동하다가 죽게 된다. 스크루테이프는 하나님의 비밀을 몇 가지 더 알아 내고는 지옥 정보부의 실패에 절망을 나타낸다. 그리고 거드름부리는 그의 조카를 삼켜 버리겠다는 비통한 결의와 함께 자신의 편지를 마감한다.

루이스는 초판 서문에서 스크루테이프는 때로 거짓말도 한다고 말하고 있다. 웜우드에게 쓴 스크루테이프의 마지막 편지를 보면, 지옥의 실체는 천국에 비하면 거짓이라는 것을 스크루테이프가 언제나 알고 있었다는 것을 인식할 수 있다. 스크루테이프가 웜우드에게 환자가 모든 의심이 걷히는 죽음의 순간에 체험한 기쁨과 그가 천국을 보았을 때 이것이 바로 그가 어렸을 때부터 그를 떠나지 않던 것이며 '모든 진정한 체험에 나타나는 핵심적인 음악' 이었음을 깨달았다고 설명할 때면 스크루테이프가 불쌍해 보이기도 한다.

스크루테이프가 웜우드에게 "너에게 숨막히고 눈이 멀 듯한 불이 이제 그에게는 상쾌한 빛이며 투명함 그 자체가 되었다. 그리고 그것은 인간의 모습을 하고 있다…그는 고통과 기쁨이 초월적 가치를 지니며 우리의 모든 산술적 계산이 무산되는 세계로 들어갔다"고 말할 때 스크루테이프 자신의 갈망을 느낄 수 있다. 스크루테이프는 사실상 지옥을 포기하고 천국을 선택하고픈 '유혹' 을 받는다고 슬며시 고백한다. 하나님의 무한한 사랑에 대한 믿음을 이보다 더 분명하게 표현하는 작가가 또 있을까!

이 책에서는 모두 지옥의 관점에서 인간의 행위와 하나님의 행위가 그려지고 있다. 이 책에 나오는 뛰어난 묘사 중 하나는 악마의 눈에 비친 하나님이다. 하나님을 지옥의 높은 존엄과 위엄은 하나도 없으며 '회복할 수 없을 정도로 천박' 하고 부르조아적이고 관습적이고 평범한 것을 좋아하는 존재로 묘사하고 있다. 또한 하나님은 기쁨을 만들어 내는 것, 먹는 것, 자는 것, 목욕하는 것, 노는 것 그리고 일하는 것과 같은 즐거운 일들로 세상을 채워 놓은 쾌락주의자이다. 지옥에서는 하나님이 무릎을 꿇은 인간과 품위 없이 자신을 낮추어 대화하고 교제하는 것을 싫어한다. 지옥의 정보부가 무척 애를 썼음에도 불구하고 하나님에 대해 대단한 사실 하나도 알아 내지 못했다. 그 사실은 바로 벌레 같은 인간에 대한 무조건적인 사랑이며 인간을 그저 흡수해서 동화시켜 버리는 지옥의 관습과 는 달리 모든 인간을 바른 의미에서 보다 개별적으로 그 자신이 되게 하기를 바란다는 것이다. "인간이 자아를 버리는 것에 대해 이야기할 때는 자기 의지라는 요란함을 버리는 것만을 의미한다. 일단 그렇게 하고 나면 하나님은 인간에게 그의 모든 개성을 돌려준다. 그리고 그들이 온전히 하나님의 소유가 되면 그 어느 때보다도 자기 자신이 될 것이라고 자랑한다." 반면에 지옥은 약삭빠름과 힘으로 정복할 수 있는 자는 다 정복해 버리는 경쟁과 테러리즘밖에는 없다. 하나님은 각 사람의 개성을 사랑하신다. 지옥의 단일성은 끊임없는 탐욕의 지배를 받지만 하나님은 모든 피조물 간의 무한한 차이라는 역설, 즉 서로 사랑하는 거대한 가족처럼 서로 경쟁적이지 않고 한 사람이 잘 되는 것이 모든 사람이 잘 되는 것이라고 믿는 사람들이 사는 세계를 목표로 하신다.

하나님은 '타자(otherness)'를 사랑하시지만 지옥은 그것을 증오한다. 지옥은 하나님이 유기체들과 자기만의 속성과 자유를 가진 평범한 개체에 대해 관심을 가지는 것을 견딜 수 없어 한다. 이러한 의미는 『그 끔찍한 힘』에서 벨버리의 산림을 파괴하고 그 대신에 쇠의 숲을 만들려고 한 필로스트라토(Filostrato)의 소원에서도 볼 수 있다. 악마는 하나님처럼 육신을 입고 인간과 사물을 경험하는 위대한 특권을 누리지 못했다. 지옥은 선택으로 가득 찬 위험하고 복잡한 하나님의 세상—아름다움, 침묵, 경외 그리고 음악 등 하나님 자신을 매력 있게 상기시키는 다양한 실체들을 심어 놓은—을 증오한다. 지옥은 언젠가는 우주를 하나의 끊임없는 소음으로 만들기를 바라고 있다.

인간 영혼의 사악함에 대한 루이스의 천재적이고 실제적인 묘사는 『스크루테이프 편지』의 매력 중 하나다. 스크루테이프는 천국의 의도는 이해하지 못하지만 인간의 마음을 너무도 잘 안다. 그는 웜우드에게 환자가 자기 어머니의 '영적인' 생활을 위해 기도할 때는 안전하지만 그녀의 일상적이고 실질적인 필요를 위해 기도할 때는 위험하다고 말한다. 그는 웜우드에게 환자와 그의 어머니가 서로 의도적으로 상처를 주려고 한 말이 막상 그 효력을 발휘하면 불만을 품게 되는 상황을 만들라고 지시한다. 웜우드는 환자가 교회에 있을 때 그의 마음이 '그리스도의 몸'과 그에게 서둘러 찬송가를 건네 주는 얼굴에 기름이 번지르르한 야채 장수 사이를 오락가락하도록 만들어야 한다. 그 환자는 토요일 저녁에는 세련된 친구들과 음탕하고 불경스러운 생각들을 즐기면서도 자기는 이 사람들과는 다른 깊은 영적인 생활을 하고 있다고 스스로를 칭찬하게 해야 한다. 그리고 주일에는 야채 장수 옆에 앉아 자신의 세련된 모습을 칭찬함으로써 '적어도 두 부류의 사람들에 대해 계속해서 배반되게 행동하는 동안에는 수치심보다 은근한 자기 만족을 느낄 것이다.' 웜우드는 자기 환자가 결혼할 것에 대비해서 남편은 아내가 바라고 생각하는 것을 해야 할 의무를 느끼도록 하고 아내도 남편에 대해 그와 같이 하도록 하는 상황이 되도록 계획을 짜야 한다. 이렇게 해서 이 부부는 둘 다 하기 싫은 일을 하면서도 마음 속으로는 자기 의에 겨워 행복해 한다. 나중에는 배우자가 자기에게 보다 잘 해 줄 것을 요구하며 상대방이 자신의 희생을 너무 가볍게 받아 들인다고 원한을 품게 된다.

지옥의 한 가지 큰 전략은 인간의 생활에서 자연스러움을 없애 버리고, 그가 진정으로 좋아하는 것 대신에 '가장 좋은(best)' 사람이나 '좋은(right)' 음식 또는 '중요한(important)' 책을 선택하게 만드는 것이다. 악마는 환자가 지옥에 도착해서 "나의 생애 대부분을 내가 해야 하는 것과 내가 하고 싶은 것 둘 다 못하고 살았음을 이제야 알겠구나"라고 말하는 것을 들을 때 큰 만족을 느낀다. 스크루테이프는 종교에 대한 진지한 논쟁을 바람직하지 못하다고 생각하며 국가 간의 전쟁은 더욱 그렇다고 생각한다. 왜냐하면 인간을 현실적으로 생각하도록 만들기 때문이다. 그 대신 인간에게는 그저 한 해 한 해 살아가게 하는 온건하고도 자족적인 세속성이 필요하다. 웜우드가 환자의 생각과 의지를 계속 분리시키기만 한다면 환자가 좋은 일을 해야겠다는 생각을 가지는 것은 괜찮다. 환자가 동정심을 느끼거나 의무감을 가지더라도 그것을 실천하지 않는 한 반대할 이유가 없다. '행동이 뒤따르지 않는 생각을 많이 하면 할수록 그가 행동할 확률은 더 줄어들며 나중에는 그런 생각마저도 사라지게 된다.' 지옥의 이상은 『그 끔찍한 힘』에 나오는 위더(Wither)처럼 인간이 멸망하기 직전까지 아무것도 느끼지 못하게 하는 것이다. 그가 조금만 행동으로 옮긴다면 스스로를 구제할 수 있을지도 모른다는 생각은 분명하게 하도록 내버려 두는 것이 낫다. 그러나 지옥이 그의 머리 위에서 무시무시한 깃발을 흔들어 댈 때도 그의 지식이 행동으로 옮겨질 만큼 현실적으로 생각하지 못하도록 몽롱하게 만든다.

루이스가 행동하는 기독교를 변호하는 이러한 모습은 놀라운 일이 아니다. 기독교인은 교회에 나가고 가난한 사람들을 섬기고 사회 생활에 참여하고 정의로운 사회를 세우는 데 기여해야 한다. 또한 기독교인은 하나님께 절대적으로 순종해야 하고 나날의 시험에서 하나님의 손을 의지해야 한다. 그는 시간을 낭비해서는 안 되며 교회에서 일어나는 사소한 말다툼에는 끼어들지 말아야 한다. 루이스는 단순히 '사랑을 위하여 그의 영혼을 가다듬고 기도했다'는 콜러리지(Coleridge)의 말에 대해 그것은 그리스도인으로서는 할 수 없는 끔찍한 일이라고 했다. 사람은 자신의 무릎을 꿇고 기도해야 한다. 하나님이 멀리 있는 것처럼 느껴지는 메마른 시기를 지날 때에도 즉 영혼의 자연적인 주기가 충만해졌다가 침체되는 파동의 법칙에도 불구하고 기도해야 한다. 삶의 모든 부분이 영적인 성장에 적극적으로 동참해야 한다. 참으로 태어남과 죽음은 이러한 부르심 없이는 무의미하다.

앞에서 지옥은 루이스에게 있어 실체였다고 언급했다. 『스크루테이프 편지』의 개정판 서문에서 루이스는 이러한 그의 신앙을 보다 분명하게 설파했다. 그는 악마는 하나님처럼 영원부터 스스로 존재하는 힘이 아니며 하나님과 반대되는 개념의 무엇도 아니라고 말한다. 하나님만이 창조되지 아니한 스스로 있는 존재다. 대부분의 신학자들처럼 루이스는 악이라는 그 자체가 있는 것이 아니라 선이 부재한 상태를 악이라고 본다. '완전한 악(perpect badness)'은 존재하지 않는다. 왜냐하면 악으로부터 지성, 의지, 기억, 힘 그리고 심지어 존재와 같은 좋은 요소들을 제거한다면 아무것도 남지 않을 것이기 때문이다. 루이스는 자신이 천사의 존재를 믿기 때문에 악마의 존재를 믿는다고 했다. 왜냐하면 악마는 타락한 천사일 뿐이기 때문이다. 선한 천사와 악한 천사 모두 순수한 영혼인데 후자는 하나님이 주신 자유 의지를 악용한 존재들이다.

루이스는 또 미술과 문학에서 상징적으로 묘사되는 악마의 모습이 다 옳다고 생각하지 않는다. 그는 이러한 상징이 때로는 해악을 끼친다고 생각한다. 안젤리코 수사(Fra Angelico)가 그린 천사에게는 '천국의 평화와 권위가 그 얼굴과 몸짓에 나타난다'. 그러나 19세기 조형 미술에 나타나는 천사들은 '부드럽고, 가늘고, 소녀적이고, 위로하는 모습'을 하고 있으며 너무도 무미건조하게 생겨서 관능미도 느껴지지 않는다. 이것은 성경에 나오는 천사의 모습과는 너무도 다른 것이다. 성경에 나오는 천사들은 "두려워 말라"라는 말을 먼저 하고 하나님의 말씀을 전할 정도로 사람을 놀라게 했다. 루이스는 문학적 상징은 더 위험하다고 말한다. 밀턴은 '악마를 위엄 있고 매우 시적인 존재'로 그려 잘못된 이미지를 만들어 냈다.

가장 잘못된 상징은 괴테의 메피스토펠레스(Mephistopheles)다. 메피스토펠레스가 아니라 "파우스트야말로 지옥의 징표인 무자비하고 잠도 없고 여유도 없는 자아에 대한 강박을 보여 주고 있다. 유머가 있고 문명화되고 사려 깊고 융통성 있는 메피스토펠레스는 악이 자유를 가져다 준다는 환상을 강화시키는 데 한 몫을 했다." 유머는 자신을 객관적으로 볼 수 있는 균형과 능력 없이는 불가능하기 때문에 메피스토펠레스가 보여 주는 유머는 지옥에서는 결코 볼 수 없는 것이다. 지옥은 모든 사람이 끊임없이 자신의 위엄과 진보에 관심을 쏟으며 모든 사람이 불만을 가지고 있다. 또 모든 사람이 죽을 듯한 질투와 자기애 그리고 분노에 사로 잡혀 사는 곳이다. 지옥이 견디지 못하는 한 가지는 자기를 비웃을 수 있는 마음이다.[9]

　루이스는 악마가 '견고한 화합'(firm concord)을 이뤄 냈다는 밀튼의 묘사는 옳지 않다고 말한다. 화합은 우정을 암시하는 데 누군가를 사랑할 수 있는 존재는 아직 악마가 될 수 없기 때문이다. 따라서 루이스는 두려움과 욕심 그리고 적을 말살시키는 성질에 기반한 지옥의 활동상을 보여 주려고 했다. 모든 사람은 다른 사람들이 신용을 잃게 되고 지위가 격하되고 파멸되기를 바란다. 또한 모든 사람은 험담하는 것과 거짓 연합 그리고 중상 모략의 전문가다. 그 외

---

9) D. E. 하딩(D. E. Harding)의 지적과 비교해 보라. "지옥은 우리 모두가 탄복할 만큼 실제적이고 현시적이다. 그 곳에서는 인생의 즐거움을 발견할 수 없으며 우리 자신과 인생을 매우 심각한 것으로 받아들인다. 그러나 나는 천국 전체가 태평스럽고 즐거운 곳이라고 생각한다. 그 곳의 하늘은 하나의 커다란 미소요, 은총을 입은 우주는 지금 이 순간에도 웃으면서 불길같은 갈기를 흔들고 있다고 생각한다. 한편 사탄은 이러한 천국의 모습에 대해 그것이 근엄하지 못하고 진지한 상식이 너무도 부족하다며 큰 충격을 받을 것이다. 『천국과 지구의 위계』(The Hierarchy of Heaven and Earth) p. 128.

의 모든 것은 단지 표면에 발린 껍질 같은 것이며 그 위에 구멍이 뚫리면 검은 증오가 쏟아져 나온다(루이스는 『그 끔찍한 힘』에 나오는 벨버리 집단에서 이와 같은 상황을 전개시켰다). 스크루테이프가 실수로 하나님은 인간을 사랑하신다고 말한 사실을 그의 부하 웜우드가 스크루테이프를 협박하기 위해 비밀경찰에 고발했다. 그리고 스크루테이프는 나중에 웜우드에게 보복하는 순간까지 잠자코 있다가 그를 지옥 중의 지옥에 있는 교정원으로 보내겠다고 협박하게 된다.

거대한 간극

『거대한 간극』(*The Great Divorce*)은 천국의 경계까지 방문하는 사람들의 이야기로 구성되어 있는데 그 주된 내용은 천국으로 들어가자는 제안을 거절하는 지옥에서 온 영혼들에 대해 묘사하고 있다. 이 책에는 인생에서 우리가 하는 수 많은 선택이 우리 영혼의 상태를 영원히 결정지으며 이러한 선택은 개인 의지를 가장 완벽하게 반영하는 것이라는 루이스의 주장이 잘 나타나 있다. 인간이 하나님에게 "당신 뜻이 이루어지소서"라고 말하거나 하나님이 인간에게 결국 하는 수 없다는 듯이 "네 뜻대로 될지어다"라고 말하는 두 가지 경우 중 하나이다. 무엇이든 시간이 흐를수록 자신의 모습을 더 확연하게 드러낸다는 것이 이 두 가지 경우에서의 법칙이다.

이 이야기에는 순수한 영혼들의 따뜻한 초청을 받은 폭력적이고, 화를 잘 내고, 냉소적이며 무엇보다도 이기적인 사람들이 등장한다. 이들로 가득 찬 버스에 루이스도 함께 타고 지옥의 회색 도시를 떠나 영광스러운 천국을 여행한다는 꿈의 형식을 취하고 있다.

지옥은 천문학적 거리만큼 멀리 떨어져 있는 각각의 도시들로 구성되어 있는데, 도시들이 이렇게 멀리 떨어져 있는 이유는 그 시민들이 잘 다투기 때문에 시간이 지날수록 서로가 점점 더 멀어지게 된 것이다. 이들은 처음부터 이기심 때문에 지옥에 오게 되었다. 그런데 지옥에 와서도 계속 서로를 소외시키는 이기심을 품어서 어떤 도시들은 지옥 중심으로부터 수만 광년이나 멀어져 있기도 했다.[10] 그 곳은 늘 어둡고 공포로 가득 차 있으며 그 곳에 사는 사람들은 항상 같은 표정을 하고 있다. "그들은 희망이 아니라 절망으로 가득 차 있으며, 어떤 이들은 수척하고, 어떤 이들은 부었고, 어떤 이들은 어리석은 흉포의 눈으로 노려보고, 어떤 이들은 깨어날 수 없는 꿈 속을 헤매고 있었다. 모든 사람들이 이렇게든 저렇게든 비뚤어지고 시들어 있었다." 지옥에는 불길과 악마 대신에 매우 활동적인 신학 협회(Theological Society)와 그 외에 다른 '매력'이 있다. 지옥은 단순히 생각하는 것만으로도 새로운 집과 다른 물질들을 얻을 수 있는 곳이다. 한 가지 문제는 그 집이 비를 막아 주지 못하며 생활용품들은 실제로 사용할 수 없다는 것이다. 소망적 사고(Wishful Thinking)가 법칙이며 그 곳에는 실체가 존재하지 않는다.

버스가 천국의 영광스런 빛과 색채가 보이는 목적지에 도달한

---

10) 쟝 폴 샤르트르는 『출구는 없다』(*No Exit*)에서 지옥을 하나의 방으로 묘사하고 있는데, 고통의 원인은 루이스가 이 책에서 말하는 것과 동일하다. 즉, 완전히 이기적인 사람들은 영원히 함께 살도록 되어 있다는 것이다.

후, 버스에서 내린 승객들은 몸에서 빛을 발하는 사람들의 환영을 받는다. 이들의 성품은 매우 견실해서 그 버스 승객들의 모습이 거의 보이지 않을 정도로 승객들의 속을 꿰뚫었다. 손님들은 하나씩 안으로 들어오라는 초대를 받지만 그들이 이 초대를 거절하는 변명이 이 책의 주된 내용이다.

처음에는 살인을 저지른 적이 있는 견실한 사람(Solid Person)이 한때 자신의 고용주였던 영혼을 초대했다. 극적으로 살인자와 피살자가 천국에서 만나게 된 것이다. 피살자의 영혼은 살인자는 천국에 갔는데 자신은 회색 도시의 돼지우리에서 살게 되었다는 사실에 충격을 받았다. "나를 봐. 나는 평생을 바르게 살았어. 물론 종교적인 사람은 아니었어. 그리고 흠이 없다고는 하지 않겠어. 아니 오히려 흠이 많지. 그렇지만 나는 평생 최선을 다했다구. 모든 사람에게 최선을 다했단 말이야. 나는 그런 사람이라구. 내 것이 아닌 것을 달라고 한 적이 없어. 음료수를 마시고 싶으면 돈을 내고 마셨고 급여를 받았으며 내 몫의 일을 했다니까…나는 내 권리 외에 다른 것은 요구하지도 않았어…누구한테 치사한 동정 따위를 요구한 적도 없다니까." 견실한 사람은 이렇게 대답했다. "그렇다면 지금 당장 그 피흘린 사랑(bleeding charity)을 요구하세요." 그러나 그는 『순례자의 귀향』에 나오는 도덕 씨처럼 견실한 사람에게 자기 의의 자립심을 버리느니 차라리 망하겠다고 말하고 화가 나서 다시 버스에 올라 탄다.

다음은 변절한 설교자였다. 그는 땅에 있을 때 당당하게 지옥과 천국의 실재를 거부하고 부활과 모든 초자연적인 것에 대한 신앙을 벗어 버린 사람이었다. 그가 정직하게 이 문제에 직면해서 그러한 결론을 내린 것은 아니다. 단지, 그런 사실들을 부인하면 '있는 그 대로의 구원주의(crude salvationism)'를 설교하는 사람들보다 인기를 얻을 수 있었기 때문이었다. 다소 긴 의미론적인 논쟁을 벌인 후 그는 회색 도시의 신학협회에서 '흥미롭고' 새로운 관점으로 성경의 한 구절을 해석하는 강연을 하기로 한 것을 기억하고는 천국의 초대를 성급히 거절했다.

그 다음은 안 가본 곳 없이 다녔다는 완고한 영혼(Hard-Bitten Ghost)이었는데 그는 지옥을 포함한 모든 곳이 관광객을 속이고 시설도 형편없다고 생각했다.

옷을 잘 차려 입은 한 여자 영혼은 비록 그녀의 화려한 치장이 천국의 빛에 반사됐을 때는 섬뜩해 보였지만 천국보다 자신의 외모를 더 사랑했다. 또 하나는 수다스러운 투덜이였는데 그는 투덜 그 자체가 될 지경이었다. 또 유명한 화가는 천국에 들어올 의사를 어느 정도 보이다가 그의 예술적 명성이 이 곳에서는 중요하지 않다는 것을 발견하고 그만두었다. 한 부인은 자신의 남편을 관리할 수 있다는 조건 아래 천국에 머물겠다고 말했다. 이 부인은 땅에 있을 때 그녀의 오만한 사회적 야심으로 인해 남편을 신경쇠약으로 죽음에까지 이르게 했었다. 또 한 여인은 살아 있는 딸과 남편은 무시한 채 죽은 아들만을 애도하는 이기적인 삶을 살았다.

가장 기억에 남는 영혼은 키가 크고 마른 모습의 초라한 배우였다. 그는 거리의 악사가 데리고 다니는 원숭이 크기만한 또 다른 영혼을 사슬에 묶어서 끌고 다니는 듯했다. 그러나 실제로 견실한 사람에게 천국으로 초대를 받은 영혼은 그 배우가 아니라 사슬에 묶인 작은 영혼이었는데 알고 보니 그 작은 영혼이 키가 큰 영혼을 끌고 다니고 있었다. 견실한 사람은 땅에서 그 작은 영혼의 부인이었으며 그녀는 그에게 진지하게 용서를 구했다. 그러나 작은 영혼이 체인을 끌어 당겨서 배우가 격조 있는 어조로 위선적인 대답을 하도록 했다. 진정한 자아를 떠나 보낸 것처럼 보이는 작은 영혼은 대화가 진행되면서 계속해서 견실한 사람의 달콤한 강요로부터 벗어나기 위해 강경한 태도를 취하는 배우를 지배하는 것처럼 보이기도 했다. 그러나 결국에는 그 배우가 이겼다. 그는 자기 존중에 대해서 큰 소리로 열변을 토하고 감상적인 자기 연민을 역설하기 시작했다. 동시에 작은 영혼은 급격하게 작아지면서 나중에는 새끼고양이 정도의 크기가 되더니 결국 사라져 버렸다. 견실한 사람은 그 배우에게 자신의 진짜 남편이 어디로 사라졌느냐고 물을 수밖에 없었다. 그녀는 남편의 가식이 그 자신을 완전히 삼켜버렸다는 것을 알게 되었다.

버스 승객 중에서 오직 한 영혼만이 천국의 초대를 받아들였다. 그는 욕망으로 가득 찬 작고 빨간 도마뱀을 그의 어깨에 얹고 다녔는데 그 도마뱀이 자기 귀에 해대는 끊임없는 속삭임을 못하게 하려고 애를 쓰고 있는 영혼이었다. 거대한 천사가 그에게 다가와 허락만 한다면 도마뱀을 없애 주겠다고 했다. 매우 고통스런 설득 과정이 한참 동안 계속된 후 그 영혼은 빨리 그렇게 해달라고 다급하게 요청했다. 천사는 몸을 비틀며 물어대는 그 파충류의 등을 부러뜨리고 바닥에 내동댕이쳤다. 그 영혼은 충격적인 경험으로 떨며 비틀거렸다. 그러나 이내 그는 천국의 다른 주민들처럼 견실해지기 시작했고 동시에 그 천사보다 조금 작은 크기로 커졌다. 이러한 일이 벌어지고 있는 동안 도마뱀도 형태가 변해 금 갈기와 꼬리를 가진 은빛이 나는 하얀 말이 되어 있었다. 감사의 뜻으로 천사의 발 앞에 엎드렸다가 일어난 새 견실한 사람은 자기 말 위로 뛰어 올라 유성처럼 천국으로 날아갔다. 말발굽 바로 아래 있던 땅은 기쁨의 노래를 불렀다.

『거대한 간극』 중반부에 가면 견실한 사람 중 하나인 풍파를 겪은 늙은 목자와 관을 쓴 불로의 영이 와서 단테의 『신곡』(*The Divine Comedu*)에 나오는 버질처럼 루이스를 안내하겠다고 한다. 그 영은 바로 조지 맥도널드다. 루이스는 맥도널드의 책에 많은 빚을 졌다고 설명하면서 같이 동행하는 것을 기쁘게 받아들였고 이것저것 질문하기 시작한다. 루이스는 그 때 그들이 서있던 곳이 생명의 그림자라는 협곡이며 회색 도시에 있는 거리는 죽음의 그림자라는 협곡으로 불린다는 것을 알게 된다.

지옥에서 벗어나 천국으로 가는 길이 정말 있느냐는 질문에 대해 맥도널드는 선과 악 모두 완전히 성장하면 과거로 소급된다는 이해할 수 없는 대답을 했다. 천국은 '거꾸로 작용해서' 구원받은 사람을 위해서는 모든 고통을 영광으로 바꾸어 놓을 것이며 마찬가지로 멸망받은 자의 과거로 가서 그들의 기쁨을 죄로 오염시켜 놓을 것이다. 예를 들어 '예술을 위해 모든 것을 희생한' 화가는 심판 때에 자신의 예술이 사실은 그의 삶에서 하나님을 뽑아버렸기 때문에 지옥과 같다는 것과 실제로 그가 지옥 외에는 어디서도 살지 않았다는 것을 알게 될 것이다. 그러나 지옥은 의식 안에 있는 마음의 상태를 일컫는다. 즉 '마음의 상태를 있는 그대로 내버려 두면 모든 것을 자신의 마음의 감옥 속에 가두기 때문에' 이것이 결국 지옥을 의미한다는 것이다. 그러나 천국은 그렇지 않으며 오히려 실재 그 자체다. 항상 실재나 기쁨, 또는 하나님보다 못한 그 무엇을 선택하는 영혼은 저주를 받게 된다.[11] 그들은 궁극적으로는 다른 것을 선호하기 때문에 하나님을 찾지 않는다. 하지만 진정으로 구하는 사람은 하나님을 찾는다. 심지어 의미 있는 행위마저 하나님을 대체하는 것이 될 수 있다. 그렇다. 인간은 하나님의 존재를 증명하는 일에 너무도 흥분해서 하나님보다 자신의 변증을 더 사랑하기도 한다. 또 어떤 사람은 기독교 전파에 너무나 열중한 나머지 그리스도를 잊어버리기도 한다.

맥도널드는 지옥에 대해 몇 가지 더 이야기했는데 그것은 루이스가 『페를란드라』(Perelandra)에 나오는 웨스턴(Weston)이라는 인물을 통해서 묘사한 것과 같다. 어떤 의미에서 지옥에 대해 이야기한다는 것은 참으로 어렵다. 맥도널드는 지옥이 거의 아무것도 아니기 때문이라고 말한다. 지옥으로 가는 길은 불만이라는 감정에서 시작된다. 이러한 기분을 가진 사람은 그것이 단지 기분에 불과하며 자신의 자아는 그것과 구분되어 있음을 안다. 자신이 느끼는 기분을 비판함으로써 그 기분과는 다른 자신의 정체성을 증명할 수 있다.[12] 그러나 이러한 기분과 그것을 느끼는 사람이 동일하게 되는 시점이

---

11) 찰스 윌리엄스의 『사자의 자리』(*The Place of the Lion*)에 나오는 한 인물은 선택과 존재는 동일하다는 것을 깨닫는다. 그는 의지란 단지 무엇인가를 선택하려는 결의라는 것을 알게 된다. 그렇다면 선택이란 무엇인가? "좋아하는 것이 없었다면 어떻게 선택이 있을 수 있겠는가? 좋아하는 것이 있었다면 선택은 없었다. 그의 존재 자체라고 할 수 있는 무엇인가를 선호하는 본능에 반하여 어떤 것을 선택할 수는 없기 때문이다. 그러나 이것이 아니라 저것을 선택함으로써 존재는 그 자신을 알 수 있는가, 진정 존재란 불가피한 선택을 하는 바로 거기에 있단 말인가." p. 114.

12) 이것은 바울이 말한 것과 일맥상통하는 부분이 있다. "나의 행하는 것을 내가 알지 못하노니 곧 원하는 이것은 행하지 아니하고 도리어 미워하는 그것을 함이라"(롬 7:15)

온다. 이제 그 사람은 더 이상 불평하는 사람이 아니라 불평 그 자체다. 더 이상 그 기분을 비판하거나 즐길 수 있는 '당신'은 남아 있지 않다. 웨스턴은 영성주의에 너무 오랫동안 그리고 완전하게 사로잡혀 있었기 때문에 결국 악한 영에게 사로잡히고 말았다. "아마도 수년 전부터 그의 인간성을 잡아먹기 시작했을 그 힘은 이제 그 작업을 완성했다…이제는 귀신만 남은 것이다. 즉 영원히 안식이 없는 상태, 폐허와 부패한 악취만 남은 것이다." 그는 이제 웨스턴이 아니었다.

루이스는 맥도널드에게 지옥의 슬픔이 천국의 즐거움을 방해하지는 않느냐고 물었다. 이에 대해 맥도널드는 만약 그렇다면 그것은 지옥에게 천국에 대한 거부권을 주는 것이 된다고 대답한다. 누군가를 바깥 어두움에 내버려 두고 나 혼자 구원받지 않겠다고 말하는 것이 좋게 들릴지 몰라도, 그것은 자기에게 소용 없는 것도 남이 쓰려고 하면 방해하는 '심술쟁이를 우주의 독재자로 만드는' 궤변이다. 치료를 받고자 하는 병은 하나님이 치료하시지만 결코 지옥의 질병이 천국에 영향을 미치도록 하시지는 않을 것이다. 그렇지 않다면 천국은 천국이 아니라 지옥일 것이다. 게다가 저주받은 영혼은 사실상 아무것도 아니다. 그 영혼은 주먹을 움켜쥐고 눈은 꼭 감은 채 자기 안에 똘똘 뭉쳐 있을 것이다. 그리고 땅 속 보이지 않는 틈에 숨을 수 있을 만큼 작을 것이기 때문이다.

루이스가 맥도널드에게 한 마지막 질문은 보편 구제설, 즉 인류는 결국 전부 구원받는다는 설에 대한 것이었다. 맥도널드는 이러한 문제에 대한 많은 질문들이 사람을 현혹시킨다고 대답한다. 한 가지 분명한 것은 인간은 영원한 생명이나 영원한 죽음을 선택할 수 있다는 것이다. 시간은 순간과 순간의 연속이다. 그 순간은 선택이 이루어지는 순간이다. 시간은 망원경의 반대쪽 렌즈를 들여다보는 사람과 같다. 그는 그렇게 하지 않으면 전혀 볼 수 없는 작고도 분명한 그 무엇을 보는 것이다. 그가 보는 것은 선택의 자유인데, ‘인간은 창조주와 그 재능에 있어서 가장 닮았으며 그 재능으로 인해 자신이 영원한 실재의 일부가 된다.’ 이것은 시간의 관점에서 본 대답이다. 영원의 관점에서 본 대답은 인간에게 알려지지 않았다. 시간의 관점을 벗어나 하나님의 영원한 뜻을 알려는 시도는 인간이 가진 자유에 대한 지식을 파괴시킨다. 인간이 알지 못하는 영역이 존재하며 바로 이것 때문에 만인구원설에 대한 사람들의 의견은 단지 추측에 불과하다.

만인 구원설에 대한 문제는 루이스뿐만 아니라 많은 그리스도인들을 성가시게 하는 문제다. 그러나 『거대한 간극』은 천국과 지옥이 분리되어 있음과 어느 쪽으로 가느냐 하는 영원한 운명은 각 사람의 선택에 달려 있음을 분명하게 보여 준다. 루이스는 서문에서 우주는 인간에게 피할 수 없는 ‘양자택일’을 제시한다고 주장한다. 세상은 모든 길이 중앙으로 통하는 곳이 아니라 각 길이 두 개로 갈라지고 그것이 또 네 개로 갈라지는데 각 갈림길에서 결정을 내려야 하는 그런 곳이다. ‘우리가 지옥에(혹은 땅에) 붙어 있겠다고 고집한다면 우리는 천국을 보지 못할 것이다. 우리가 천국을 받아들인다면 우리는 아무리 작고 친숙한 것이라도 지옥의 기념품은 하나도 간직할 수 없을 것이다.’ 악은 선으로 진화할 수 없다. 악은 반드시 파멸해야 한다. 다시 태어나기 위해서는 반드시 죽어야 한다. 『고통의 문제』에서 루이스는 만인구원설을 분명하게 반대한다. “나는

‘모든 사람이 구원받는다’라고 진정으로 말할 수 있다면 어떠한 대가도 치르겠다. 그러나 나의 이성은 반박하고 나선다. ‘그들의 의지와는 상관 없이 구원을 받는 것인가, 아니면 그들의 의지로?’라고.” 내가 ‘그들의 의지에 상관 없이’라고 말하면 나는 당장 모순에 부딪힌다. 자의적인 행동의 절정이라고 할 수 있는 완전한 자기 포기가 어떻게 비자의적인 것이 될 수 있는가? 내가 ‘그들의 의지에 따라’라고 말하면 나의 이성은 ‘그들이 의지적으로 포기하지 않는데, 어떻게 그것이 가능한가?’라고 대답한다.

앞에서 루이스는 밀턴과 괴테처럼 도시적이고, 문명화되었고, 심지어 유머까지 겸비한 악마를 묘사하는 것에 대해 반대한다고 지적했다. 루이스는 천국이 견실한 장소이며 실재하는 장소임을 보여 주고자 했다. 천국의 피조물들은 실체 없이 영혼만 떠다니는 귀신과는 정반대의 존재다. 천국의 실재는 지옥의 실재와는 비교도 할 수 없을 정도로 엄청나서 사람을 보이지 않을 정도로 투명하게 만든다. 맥도널드는 루이스에게 성인(聖人)의 새끼손가락에도 ‘우주에 죽어 있는 모든 것을 생명력으로 깨울’ 만큼의 기쁨이 있다고 말한다. 천국은 진리를 꿀처럼 맛볼 수 있는 곳이며, 영원한 진실의 땅이며 사랑과 빛이 모든 사람 사이로 물처럼 흐르고, ‘빛이 곧 사물’이고, 안으로 더 깊이 들어가고, 위로 더 높이 올라감에 따라 영원히 증가하는 기쁨과 실재의 체험을 하는 곳이다.

『스크루테이프 편지』와 『거대한 간극』 모두 그 인기에 합당한 가치를 지니고 있는 책이다. 보다 철학적인 『순례자의 귀향』과는 달리 루이스는 두 책 모두에서 기독교인의 삶에 보다 직접적이고 실제적인 문제들—이기심, 도덕률, 폭식, 섹스, 나쁜 습관, 위선, 선택 그리고 가족의 문제—을 다루고 있다. 신학적으로 두 책은 그리스도를 대체하는 모든 것은 옳지 않다고 지적한다. 루이스는 밀턴이나 괴테가 묘사한 악마와 같은 도회적인 모습을 회피하면서도 현실감 있게 스크루테이프와 윔우드를 그려 냈고, '지옥은 이러한 곳일 것'이라는 매우 그럴 듯한 모습을 탁월하게 전달하고 있다. 그는 두 소설이 사후 세계의 실제적인 면들에 대한 어떤 교리를 가르치려고 한 것이 결코 아님을 분명하게 말한다.

W. H. 오든(W. H. Auden)은 『거대한 간극』이 매우 재미있고 교훈도 준다고 칭찬했지만 몇 가지 부수적인 문제점들을 지적했다. 그 중 하나는, 단테가 제시한 예에도 불구하고 역사적인 인물인 나폴레옹을 잃어버린 영혼으로 규정하는 것은 신학적으로 정리된 의견이 아니라는 것이다. 오든은 루이스가 언급한 다른 사람들—타머레인(Tamerlane), 징기스칸, 율리우스 시저, 헨리 5세—에 대해서는 별다른 반대 의견을 보이지 않는 것 같다〔"스크루테이프 축배를 올리다"에서 루이스는 메살리나(Messalina), 카사노바, 파리나타(Farinata), 헨리 8세 그리고 히틀러를 첨가시킨다〕. 이야기의 정황으로 살펴보건데 내 개인적인 판단으로는 나폴레옹을 지옥으로 좌천시킨 것은 신학적 오류라기보다는 창작의 오류다.

나는 이 장의 서두에서 『우리가 얼굴을 가질 때까지』(*Till We Have Faces*)를 본 장에서 다루는 이유를 사랑의 가면을 쓴 이기심이라는 극악한 죄를 다루기 때문이라고 했다. 이 죄는 스크루테이프가 너무도 기뻐한 것이며 이 책의 주인공인 오루알(Orual)을 『거대한 간극』에서 천국에서 지옥으로 귀향하는 버스의 승객 중 한 사람으로 만들 만한 것이다. 실제로 오루알의 상황은 그 승객들의 상황과 비슷한데, 특히 자기의 허영심 때문에 살아 있는 딸이나 남편에게는 조금의 친절도 베풀지 않으면서 죽은 아들에 대한 추억만 애지중지했던 여인의 상황과 매우 흡사하다. 그것은 또한 하나님에 대한 반항의 일생을 그린 이야기이기도 하다.

우리가 얼굴을 가질 때까지

글롬(Glome)의 여왕인 오루알은 신들이 그녀를 벌하기 위해 얼마나 비열한 장난을 했는지를 발견하고는 신들에 대한 진상을 기록하기로 결심했다. 그들의 장난 중 하나는 그녀가 자기 여동생 사이키(Psyche)를 질투한다는 것이었다. 그런데 오루알은 자신이 그 누구보다도 사이키를 사랑한다고 확신하고 있었다. 또 하나는 그녀가 강 건너에 있는 사이키의 성을 분명하게 보았다고 기록하였는데, 분명히 본 것이 아니라 얼핏 보았을 뿐이며 그것도 흐릿한 아침에 보았다는 것이다.

신들의 평원에 대한 진상을 밝히기 위해 오루알은 과거로 거슬러 가서 자신이 살아 온 삶을 이야기한다. 그녀는 어머니를 일찍 여읜 공주였다. 오루알의 아버지는 난폭한 왕이었는데 오루알의 어머니가 죽자 두 번째 부인을 들였으나, 그 부인도 사이키를 낳다가 죽었다. 사이키는(너무도 못생겨서 항상 가면을 쓰고 다녔던 오루알과는 달리) 매우 아름다운 소녀로 성장했을 뿐만 아니라 글롬의 야만적인 대중으로부터 병을 치유하는 사람이라는 칭송까지 받았다. 글롬의 여신은 모양이 없는 돌멩이 언기트(Ungit)였는데, 피의 제사를 받았다. 큰 가뭄과 전염병 그리고 주변 적국으로부터의 위협이 있자 언기트의 사제와 글롬 사람들은 언기트를 달래기 위한 희생이 필요하다는 결론을 내렸다. 그 운명이 사이키에게 떨어졌고 그녀는 우아한 의식과 함께 회색산(Grey Mountain) 꼭대기로 끌려가 나무에 묶였다. 이것은 그녀가 언기트의 아들인 산의 신 샤도우브루트(Shadowbrute; '그림자'와 '난폭하다'라는 뜻의 합성어 — 역주)의 신부가 된다는 상징이었다.

이 사건으로 살을 에는 듯한 슬픔에 잠겨 있던 오루알은 폭스라는 별명을 가진 라이시아스(Lysias)의 위로를 받았다. 그는 오랫동안 공주들의 선생이었고 특히 오루알에게 자신의 금욕주의와 합리주의 철학을 열심히 가르쳤던 그리스인 노예였다.

이러한 희생 제사를 지낸지 며칠 후 오루알은 바디아(Bardia)라고 하는 신실한 군인과 함께 성을 빠져 나왔다. 여동생에게 마지막 경의를 표하고 만약 동물들이 사이키를 살해했다면 그녀의 뼈를 묻기 위해 회색산으로 갔다. 그러나 오루알과 바디아는 뼈를 하나도 발견할 수 없었고 산의 저쪽 편 아래 아주 아름다운 곳에 있는 사이키를 보고 무척 놀랐다. 사이키와 그들 사이에는 강이 흐르고 있었다. 사이키는 이들을 따뜻하게 반기면서 오루알이 넘어오도록 도와주었다. 사이키는 흥분해서 묻는 오루알에게 사람들이 그녀를 나무에 묶어둔 채 떠났다고 했다. 그 후, 서풍(Westwind)이 불어 와서 보이지 않는 손들이 맛있는 음식을 가져다 주고, 아름다운 옷도 주고, 영원히 거할 수 있는 멋진 궁전을 주고, 이 새 땅으로 데려 왔다고 했다. 오루알은 지금 자신이 보고 있는 것이 헛것이 아니라면 사이키의 말이 사실이라는 충격적인 현실을 깨닫게 되었다. 가장 충격적인 것은 밤마다 사이키를 찾아 오는 남편이 있다는 것과 절대로 얼굴을 보면 안 된다는 사실이었다.

오루알은 사이키가 현재의 상황을 기쁘게 받아들임에도 불구하고 서서히 그녀를 구출해야겠다는 결심을 하기 시작했다. 그러나 오루알의 노력은 별 성과가 없었으며 그녀는 너무 화가 나고 낙심되어서 강을 다시 건너왔다. 자신은 항상 사이키를 마음을 다해 사랑했고 어머니처럼 대하지 않았던가? 오루알은 이해할 수가 없었다. 다음 날 이른 아침에 오루알은 물을 마시러 강으로 내려갔는데, 강에서 머리를 드는 순간 사이키가 그토록 보여 주려고 했던 그 성을 보았다. 그러나 순식간에 아침 안개에 성이 가려져 버렸다.

집으로 돌아오는 길에 바디아와 나중에 만난 폭스는 이 사건을 자연적인 원인의 결과로 해석했다. 그들은 사이키가 나무에서 나쁜 등산가에 의해 구출되었는데 그 등산가는 사이키가 자신의 존재를 믿도록 설득했다는 것이다. 그렇지 않다면 "어떻게 '남편' 이 아내에게 자신의 얼굴을 보이지 않으려는 사실을 설명할 수 있겠는가?" 라고 말했다. 아주 끔찍한 일이 사이키에게 일어났다고 단정한 오루알은 여동생을 구출하거나 아니면 그녀를 죽이고 자신도 죽겠다는 마음을 먹고 다시 산을 넘었다. 오루알은 사이키처럼 출생이 고귀하고 아름답게 생긴 사람에게는 타락보다 더 끔찍한 일이 없다고 믿었다. 그녀는 다시 강을 건넜고 사이키를 만나 글롬으로 돌아가자고 한동안 설득했다. 그러나 사이키는 자신은 행복한 결혼 생활을 하고 있으며 지금처럼 있기를 바란다는 간단한 변명을 반복할 뿐이었다. 몹시 화가 난 오루알은 결국 자신의 팔을 단검으로 찔러서 자신이 어떤 위험을 무릅쓰더라도 구하려 한다는 의지를 보여 주었다. 오루알을 살리기 위해 사이키는 내키지는 않았지만 그 날 밤 남편이 자기 침대로 오면 램프를 켜겠다고 했다.

밤이 되자 오루알은 강가에서 건너편을 열심히 바라보았다. 드디어 어두움 가운데 불빛이 이는 것을 본 오루알은 이제 곧 사이키가 강을 건너 와서 자기 남편이 사기꾼이라는 것을 알았다며 자기에게 집으로 데려다 달라고 재촉할 것을 생각하며 기뻐했다. 그러나 그 대신에 번개와 천둥이 치며 큰 폭풍이 일어났는데, 그 가운데서 오루알은 매우 아름다운 얼굴을 한 남자가 강 저편에 아니 어쩌면 강 위에 서 있는 것을 보았다. 그는 오루알에게 사이키는 이제 세상을 울면서 돌아다녀야 한다고 말했고 오루알은 망명 길에 오르는 사이키의 희미한 목소리를 들었다.

오루알은 신들이 그녀에게 무서운 벌을 내리려고 한다고 생각하며 글롬으로 돌아왔다. 그러나 아무런 벌도 없자 오루알은 길고도 불행한 삶을 살 것이라고 생각했다. 아버지가 돌아가시고 오루알은 왕위를 물려받았다. 그녀는 파르(Phars)의 아곤(Argon)과 싸워 이겼고, 에수르(Essur)와 성전(聖戰)을 치렀고, 세월이 지나면서 여왕으로서의 입지를 굳건히 했다. 오루알은 그리스 학문에 심취한 언기트의 새로운 사제와 친구가 되었는데 이 사제는 전임 사제보다 쌀쌀맞거나 거룩한 분위기를 덜 풍겼다. 시간이 흘러 폭스는 나이가 들어 죽었다. 이제 자신도 나이를 먹은 오루알은 이웃 나라들을 방문하기로 했다. 이 여행 도중에 오루알은 우연히 신들의 계획을 알게 되었고 신들의 주장에 대항하는 진술서를 기록하기로 결심했다. 오루알은 숲 속에서 작지만 깨끗한 사원을 발견했는데, 거기에서는 피 대신 꽃과 과일을 제물로 바쳤다. 그 사원의 사제는 오루알에게 이 사원이 이스트라(Istra)라는 이름을 가진 사이키를 숭배하기 위해 세운 곳이라고 말해 주었다. 그는 오루알에게 큐피드와 사이키의 원래 신화를 이야기해 주었다. 그 신화를 자신의 전기로 생각한 오루알은 매우 중요한 사실의 일부가 틀렸다는 데에 충격을 받았다. 그 중 하나는 사실은 오루알이 사이키를 사랑한 것이 아니라 질투했다는 것이다. 또 하나는 오루알은 사이키가 본 것처럼 분명하게 사이키의 성을 보았다는 것이다. 오루알은 얼마나 많은 신화들이 이렇게 꾸며졌을까를 생각하며 이것이 신들이 그녀를 벌하는 방식이라는 생각에 비통해 하다가 그들의 속임수를 밝히기 위한 책을 쓰기로 마음먹었다.

소설 후반부에서 오루알은 일련의 꿈과 환상을 보게 된다. 그 중 하나는 자신이 강제로 땅을 깊이 파는 환상인데, 거기에 있는 거울을 보고 사실은 자신이 이기적으로 '인간의 삶을 빼앗아 게걸스럽게 먹어치우는' 언기트라는 것을 발견하게 되었다. 오루알은 큰 충격을 받고 자살을 시도하지만 그렇게 한다고 해서 그녀가 언기트로부터 벗어날 수 없다는 신의 목소리를 듣게 되었다. 그 목소리는 "네가 죽기 전에 죽어라. 그 후에는 기회가 없다"라고 말했다. 그 후 오루알은 자신의 흉한 영혼을 아름다운 것으로 바꾸려고 애썼다. 그러나 끈질긴 노력에도 불구하고 그녀는 자신이 결코 언기트가 아닌 다른 무엇이 될 수 없다는 결론을 내리게 된다. 그녀가 상상할 수 있는 유일한 행복은 적어도 한 사람―즉 그녀의 동생 사이키―만큼은 진정으로 사랑했다는 것이다.

이러한 생각으로 스스로를 위로하기도 전에 오루알은 다른 환상들을 본다. 그 중 하나는 자신이 누군가의 강요로 그릇에 물을 가득 채우는 환상이었다. 그런데 바위가 굴러 떨어지고 셀 수 없이 많은 뱀과 전갈이 살고 있는 울퉁불퉁한 바위산 중간에서 물을 길어 와야 했다. 또 다른 환상에서는 오루알이 시체 더미가 있는 산에 들어갔는데, 거기서 신들에 대한 고소장을 읽으라는 명령을 받았다. 그녀가 읽기 시작하자, 그녀는 자신이 썼다고 생각하는 논리적인 진술을 읽는 것이 아니라 야만성으로 가득한 더러운 낙서를 읽고 있다는 사실을 깨달았다. 오루알은 자신이 40년 동안 신들이 실재한다는 사실을 너무도 잘 알고 있었으며 사이키가 있었던 성은 진짜였고 신들이 사이키의 사랑을 자신으로부터 뺏어갔다는 단순한 이유 때문에 신들을 미워했다고 고백해야 했다. 그녀는 가장 근본적인 어려움은 인간과 신들이 한 세상에 살기에는 공간이 부족한 것이라고 결론지었다. 신들은 인간이 번성할 수 없는 그늘을 만드는 나무다. "우리는 우리 자신이 되기를 바란다구. 나는 내 자신이었고 사이키는 내 것이었어. 아무도 그녀에 대한 권리가 없었어…사이키는 내 것이었어. 내 것이었다구." 갑자기 오루알은 재판관의 제재를 받았는데, 자신이 같은 내용을 계속해서 읽고 있었다는 것을 깨달았다. 충격을 받은 오루알은 자신의 진술이 그 고소의 해답이었다는 사실 또한 발견했다. 그 때 오루알은 왜 신들이 사람들에게 공개적으로 이야기하지 않고 또 사람들이 왜 그들에게 대답하게 하지 않는지를 알았다. 그녀는 자신의 삶의 동기가 처음부터 틀렸으며 신들에 대한 그녀의 '진술'은 사실이 아니었고, 신들은 '우리가 그들의 뜻을 안다고 생각하며 지껄이는' 이상 인간과는 사실상 아무런 의사소통도 할 수 없다는 것을 깨달았다. 오루알은 스스로에게 이 소설에서 가장 핵심적인 질문을 하게 된다. 그것은 인간이 제대로 얼굴을 가질 때까지 신들은 어떻게 인간과 얼굴을 대하고 만날 수 있는가 하는 것이었다.

그 다음에 폭스가 오루알에게 다가와 그가 가르친 모든 그리스 사상들은 사실 쓸모없는 격언에 불과하며 물처럼 얕팍하고 투명하다는 비겁한 고백을 했다. 그는 오루알에게 자신이 말로만 가르쳤으며 자신의 쉬운 논리보다는 오히려 언기트가 진실에 더 가까왔다고 했다. 그리고 사실은 언기트를 통해 참신들에게 이르는 길을 찾는 것이 더 쉬웠다고 말했다.

그러나 이제는 상황이 완전히 역전되어 오루알이 그녀에 대한 신들의 고소를 들어야 했다. 폭스는 오루알을 데리고 벽에 그림이 그려진 아름답고 시원한 방으로 갔다. 그 그림은 사람이 쳐다보면 살아서 움직이며 이야기로 변하는 것인데 오루알에게 맡겨진 일을 전부 사이키가 하는 그림들이었다. 그 일은 오루알이 환상 속에서 본 것으로 자신이 하도록 임무를 받았지만 실패한 일이었다. 이들 그림 중 가장 마지막으로 그려졌고, 가장 위대한 것은 사이키가 죽음(Death)으로부터 미(美)를 가져와서 오루알이 아름다워질 수 있게 하려고 죽음의 나라(Deadland)로 가는 여정을 그린 것이었다. 성공적인 여행을 위해 사이키는 자신의 임무를 다하지 못하도록 유혹하는 사람들을 물리쳐야 했다. 그러나 놀랍게도 사이키를 유혹하는 사람들은 글롬 사람들과 폭스 그리고 오루알 자신이었다. 그 임무를 저버리라고 하는 사람들의 진지한 호소를 무시하면서 사이키는 결국 미의 상자를 가지고 돌아와 오루알에게 주었다. 오루알은 이제 영광스럽도록 아름다운 사이키의 발 앞에 무릎을 꿇고 그녀를 향한 자신의 사랑은 완전히 이기적인 것이었다고 고백했다. 그리고 오루알은 "이제 다시는 너를 나의 것이라고 하지 않겠어. 그러나 내 것은 모두 너의 것이야"라고 선언했다.

오루알은 이제 자신의 영혼이 진정으로 충만해졌다는 생각에 기뻐서 할 말을 잊어 버렸다. 그런데 갑자기 앞으로 더 큰 일이 일어날 것이라는 사실을 깨달았다. 두려움에 떨리는 목소리로 "그가 온다. 신이 그의 집으로 들어온다. 신이 오루알을 심판하러 온다"라고 말하는 소리가 들렸다. 오루알은 공포에 떨면서 사이키의 손을 꽉 잡았다. 강렬한 달콤함이 화살처럼 그녀를 뚫고 지나가는 것 같았다. 주변은 그가 접근하며 발휘하는 광채로 이글거렸다. '가장 무서운 자, 가장 아름다운 자, 유일한 두려움과 아름다움이 오고 있었다.' 그것은 글롬 사람들이 샤도우브루트라고 부르는 회색산의 신이었다. 그는 그들이 생각하는 것과는 얼마나 다른 모습을 하고 있었던가. 오루알은 감히 올려다보지도 못했다. 그러나 그들 앞에 있는 아름다운 물웅덩이에 자신과 사이키의 모습이 반사된 것을 보았는데, 그들은 둘 다 아름다웠다. 여자들 중 가장 추한 모습이었던 오루알이 이제는 말할 수 없을 정도로 아름다워져 있었다. "너도 또한 사이키다"라고 위대한 목소리가 말했다. 이것이 신들의 심판이었다.

오루알은 이제 거의 죽음에 이르러 자신이 드디어 진실을 말할 수 있음을 깨달았다. 이전에 그녀는 신들이 자신의 진술에 대답할 말이 없다고 주장했었다. 그녀는 "이제 저는 당신이 왜 아무런 대답을 하지 않는지 압니다. 주님! 당신의 얼굴 앞에서는 질문이 사라집니다. 다른 어떤 대답이 그보다 만족스러울까요? 오직 말들, 말들…"이라고 말했다.

이 소설의 주요 주제가 무엇인지 논의하기 전에 먼저 등장 인물에 대해서 몇 가지 이야기하자 루이스는 독자들이 이 소설을 풍유가 아니라 신화로 보아 주기를 바랐다는 것을 기억했으면 좋겠다. 비록 루이스는 사이키를 신성한 사랑의 상징이라기보다는 그저 자신이 믿는 이방 종교의 틀 안에서 최선을 다하는 한 사람으로 본다고 말하지만 사실 신성한 상징으로 보기가 쉽다. 사이키는 부드럽고 희생적인 사랑을 보여 준다. 그녀는 기꺼이 가난한 사람들을 섬기려 하고, 아픈 사람을 고쳐 주려 하고, 적을 용서하고, 자신이 어쩌면 희생적으로 죽기 위해 태어났다고 생각하며, '저주받은 자' 라고 불리고, 완벽한 희생 제물이 되고, 사제들과 사람들이 요구하는 부당한 죽음에 기꺼이 굴복하여 산에 있는 거룩한 나무(Holy Tree)에 묶이고, 거기서 고통스럽게 기도하고, 자신을 '모든 글롬 사람을 위한 속죄 양' 으로 생각하며, 자신이 '집' 으로 돌아간다고 생각한다. 산 위에서의 체험 후 이 신성한 성품은 전형성에서 다소 벗어나기도 한다. 하지만 이야기 끝에 사이키가 지옥으로 가서 죽음으로부터 아름다움으로 가득한 상자를 얻어 오는 위대한 일을 하는 장면에서 다시 한 번 신성한 사랑을 상징하는 듯이 보인다. 사이키는 이 상자를 오루알에게 가져오고 오루알은 자신이 신들로부터 기대한 끔찍한 보복적인 대가 대신에 자신의 추한 삶을 대체할 아름다움을 얻는다. 즉 오루알이 절대 스스로 할 수 없는 일을 사이키나 신성한 사랑이 대신 해 준 것이다.

사이키를 그리스도의 상징으로 보는 일부 견해에 대해 루이스에게 물어보았을 때 그는 "사이키는 이방 종교 안에서 태어나고 자라났기 때문에 그 이방 종교가 인도하는 길을 따라 참 하나님을 향해 가는 자기 종교에 최선을 다하는 모습의 한 사례다(그러나 그 인도는 항상 '구름 아래 있는 것처럼' 희미하며 항상 자신이나 자기 민족의 상상력에 의존하여 인도를 받는다). 그러나 그녀는 어떤 면에서는 그리스도 같기도 하다. 하지만 그것은 그녀가 그리스도를 상징해서가 아니라 모든 선한 사람은 그리스도와 같기 때문이다"라고 답했다.[13]

오루알은 이 책의 중심 인물이다. 그녀 나름의 틀 안에서 사이키에 대한 사랑은 진실하고도 다정다감했다. 그러나 소설을 읽으면서 우리는 오루알의 사랑이 갈수록 독재적인 소유욕을 드러내고 결국 사이키가 자신의 손아귀에서 벗어나자—오루알은 어쩔 수 없이 이 사실을 시인하게 된다—증오로 발전하는 것을 볼 수 있다. 이것은 마치 해외선교사가 되겠다고 하는 자녀 때문에 마음이 상하는 부모들과 같다. 그 아이는 자기들 것이고 자녀의 이러한 결정에 화를 내게 된다. 오루알은 친척들과 친구들 그리고 모든 것들의 자리를 강탈하고 나중에는 이 세상에 자기 소유물 이외의 것을 위한 공간은 없다고 생각한다. 심지어 하나님을 위한 자리도 없다고 생각하는 그런 사람의 전형이 되어 버린다.[14] 오루알은 일반적으로 『네 가지 사랑』(*The Four Loves*)의 '애정(Affection)' 이라는 장의 마지막 부분에 묘사된 사람의 유형이다. 그는 자신이 꼭 필요하다고 생각하는 사람이다. 그리고 그녀는 "나에게 하나님을 보여 주면 내가 믿겠다"라고 말하는 유형의 사람이다. 오루알은 사실상 초자연적 존재를 믿

---

13) 1957년 2월 10일자 편지
14) 이 역시 앞에서 언급한 루이스 박사가 내게 보낸 편지에 나와 있다.

을 만한 충분한 증거를 가지고 있었다. 그러나 그녀는 너무도 자신에게만 몰두해 있었고 그녀는 신들이 존재한다는 것을 알았지만 자신의 의지를 꺾지 않았다. 그녀는 '당신의 뜻이 아니라 나의 뜻'을 주장했다.

『우리가 얼굴을 가질 때까지』에 나오는 인물 중 한 사람은 그가 어떤 유형의 사람인지 금방 식별할 수 있다. 일명 폭스라고도 불리는 라이시아스는 그리스인 합리주의자이며 사이키와 오루알의 선생으로서 이성과 자연만으로도 모든 현상을 설명할 수 있다는 생각을 조심스럽게 그들에게 주입하려 했다. 루이스는 소설『그 끔찍한 힘』처럼 여기서도 과학의 한 부류가 세상의 모든 것을 다 아는 양 잘난 체하는 것을 비난하는데 여기서는 기름칠을 잘한 철학적 자연주의를 비난하고 있다. 폭스는 사후에 그의 무기력한 고백이 있기 이전에도 자신의 쉬운 논리에 대한 일관성을 잃어버리기도 하고 그 논리를 불편해 하기도 했다. 그의 논리대로라면 눈물이라는 것은 존재하지 않음에도 불구하고 그는 때때로 눈물을 흘렸다. 또 그의 논리는 기쁨과 경쾌함도 인정하지 않았지만 시와 노래에 심취하는 것을 즐겼다. 결국 그는 자신의 합리주의는 분명하기는 했지만 물처럼 얄팍하다고 고백할 수밖에 없었다.『순례자의 귀향』에서 도덕 씨도 겉으로는 훌륭해 보이지만 그 뿌리는 벌레 먹은 사상 체계를 둔감하게 따랐다는 점에서 폭스와 같다.

적어도 두 개의 조연급 인물들이 인간 행위의 전형을 잘 보여 준다. 바디아는 선하고 도덕적인 삶을 사는 사람의 전형이다. 그는 종교를 자신이 생각하는 대로 경솔하게 받아들인다. 그는 언기트에게 예의바르게 인사를 하지만 그 여신과의 가까운 접촉은 신중하게 피한다. 라이시아스의 철학을 주입받은 언기트의 새로운 사제 아놈(Arnom)은 언기트의 사원에서 피의 제사를 없애 버리고 얼굴이 없는 언기트를 대신해 그리스식(式)의 아름다운 조상을 준비한다. 그러나 사람들은 이 근대적이고 합리적인 종교를 거부한다. 여기서 루이스는 비록 둘 다 옳지는 않지만, 사람의 마음과 미학적 감각을 매혹시키나 피를 거부하는 종교보다는 타락했으나 피가 있는 종교가 낫다는 것을 이야기하고자 하는 것 같다.

이 소설의 중요한 사상은 인간은 말을 예배 의식으로 대체한다는 것이다. 하나님 앞에 엎드려 '우리 영혼 중심에 수년 동안 담아 왔던 말'을 쏟아 내는 대신, 인간은 가능하면 오랫동안 그것을 회피하려 한다. 소설 『릴리스』에서 조지 맥도널드는 달빛이 비치는 숲 속에서 얼굴이 없고 감각적이고 흉악한 사람들이 굉장한 춤을 추는 장면을 묘사하고 있다. 이 무서운 광경을 본 어떤 사람은 그들이 이렇게 하고 있는 이유를 이렇게 자문한다. "이 사람들이 자신의 얼굴을 의사소통을 하거나, 생각과 감정을 이야기하거나, 자신의 존재를 이웃과 나누는 데 사용하는 것이야. 이 사람들은 자신들이 보여 주고 싶어하는 것만 보여 주고 자신의 진짜 모습을 숨기는 데 그들의 얼굴을 사용하고, 자신들의 얼굴을 가면으로 만들어 버렸어. 결국 그 때문에 이제는 가면을 빼앗기고 회개할 때까지 얼굴 없이 살도록 벌을 받았단 말인가?" 『우리가 얼굴을 가질 때까지』에서 루이스는 인간과 하나님 사이에 있을 수 있는 유일한 관계는 인간이 하나님께 항상 회개와 순종으로 답하는 것이다. 그렇게 하는 것이 인간의 수다스러움과 요란함과 속 빈 말 그리고 얼굴 없음에 대한 유일한 치유를 받는 관계라고 말하고 있다.

이 방대하고도 복잡한 책은 그 뜻을 쉽게 드러내지 않는데 그것은 루이스가 자신의 생각을 분명하게 전달하는 데 실패했다기보다는 너무도 많은 생각을 하나의 복잡한 이야기 구조 속에 결합시켰다는 데에 그 원인이 있다. 이 책에는 적어도 다음과 같은 세 가지의 주된 주제가 있다.

첫째, 세상에 대한 합리주의적 해석 대 기독교적 해석

둘째, 신들에 대한 오루알의 고소와 오루알에 대한 신들의 고소

셋째, 인류의 위대한 신화가 가지는 중요성

이 소설의 마지막 문단에서는 세상에 존재하는 유일한 신은 자기 내면의 신이라고 믿으며 모든 사건을 자연적 원인의 결과로 설명할 수 있다고 생각하는 라이시아스와 같은 사람들을 위해 이 책이 특별히 쓰여졌음을 지적하고 있다. 즉 이 책은 초자연적인 것은 무엇이든 부정하고 루이스가 그의 책 『기적』(*Miracles*)에서 지적한 것처럼 자연과 이성만이 '보여지는 모든 것'이라고 생각하는 사람들을 위한 것이다. 폭스는 온유하고 친절하고 온건했다. 그렇지만 그는 신들이 시인들의 거짓말에 불과하고 다시 말해 단순히 신화적일 뿐이라고 주장했다.[15] 그리고 그는 인간은 죽으면 아무런 실질적 인격도 남지 않는다고 생각했다. 오루알이 사이키가 죽은 것으로 알려진 후에도 그녀를 보았다고 이야기하자 폭스는 그것에 대해서도 미리

---

15) 여기서 폭스가 말하는 신화적이란 니버(R. H. Niebuhr)가 말한 '비역사적인 사실에 대한 상징적 재현'이란 의미에서의 신화다. 반대로 루이스는 신화를 '역사적인 사실일 수도 있었던 것의 기록이라고 하는 것이 보다 정확하다고 생각했다.

대답을 준비해 놓았다. 즉 어떤 방랑자들이 사이키가 나무에 묶여 있는 것을 발견하고 그녀를 풀어주었다고 했다. 폭스는 사이키가 자신이 보다 나은 세상에 살고 있다고 생각하는 것은 단지 글롬 사람들이 자신을 언기트에게 희생 제물로 바친 체험이 너무도 고통스러웠으며 그로 인한 정신 착란으로 헛소리를 한 것에 불과하다고 말한다. 그 방랑자는 그녀의 상태를 이용해 자신을 신으로 생각하도록 설득했고 사이키를 어둠 속에서만 만나 그녀가 자신을 보지 못하도록 했다는 것이다. 오루알에게 있어 폭스는 모든 것에 대해 합리적인 설명을 해 주는 지혜의 기둥과 같은 존재가 되었다. 그러나 그는 때때로 앞에서 지적한 것처럼 약간은 수치심을 느끼며 자신의 마음과 관련된 일에 열중했다. 그의 '섬'은 『순례자의 귀향』에 나오는 존의 섬보다 더 희미했지만 갈망을 자아내기에 충분할 만큼 실제적이라고 할 수 있다.

한편, 오루알은 신들에 대한 진술에서 정말로 신들이 존재한다면 신비적인 그림자나 어두움 또는 언기트의 예배당처럼 피로 얼룩진 곳에 숨어 있지 말고 자신을 드러내야 한다고 주장했다. 폭스가 그녀에게 가르쳐 준 논쟁 방식을 이용하여 만약 신들이 존재한다면 왜 그들이 비밀스럽고 신비스러워야 하느냐고 물었다. 왜 그들은 글롬 사람들에게 그리스 사람들처럼 간단하고 분명하게 그 뜻을 전달하지 못하는가? 오루알은 언기트의 집과 늙은 사제가 발산하는 거룩함의 냄새를 경멸했다. 나중에 오루알은 신들이 있을지도 모른다는 말에 설득당했다. 하지만 그 신들은 자기를 미워하고 벌하려 하며 사이키를 자기에게서 뺏어 갔다는 생각을 지울 수 없었다. 아버지가 돌아가신 후로 오루알은 의지가 강하고 매우 바쁜 여왕이 되었고 자신의 생각으로부터 신들을 몰아냈다. 그러나 그녀가 죽기 얼마 전 그 생각은 다시 그녀를 괴롭혔고 결국 신들은 오루알이 잘못 알고 있었음을 분명하게 말해 주었다.

신들은 오루알이 사는 동안 항상 그녀에게 속삭여 왔으나 오루알이 그것을 인정하지 않았다는 사실을 상기시켰다. 오루알은 초자연적인 것을 두 번이나 직접 보았다. 한 번은 안개 낀 아침에 사이키의 성을 보았던 때였다. 또 한 번은 오루알이 사이키에게 그녀의 남편을 시험해 보라고 설득하였고, 폭풍이 일던 날 밤에 그녀를 무한정 거부하는 표정으로 바라보던 한 남자의 빛나는 얼굴을 보았을 때였다. 그리고 그녀의 삶을 지속적으로 침투하는 그 무엇이―비록 오루알이 폭스의 이론을 받아들이고 있음에도 불구하고―신을 부인하는 폭스의 생각은 틀린 데가 있다고 말해 주었다. 그녀가 언기트의 집에서 나는 거룩한 냄새를 두려워하고 증오한다는 바로 그 사실도 그녀에게 무엇인가를 말해 주는 것이었다. 그리고 그녀의 삶이 두 개로 나뉘어져 있다는 느낌―한 쪽은 폭스를 따르고 또 다른 한 쪽은 직관적으로 신들을 따르고 있다는―과 그렇게 나뉘어진 두 개의 반쪽 때문에 실체와 견고한 접촉을 하지 못한다는 느낌이 들었던 것도 그녀에게 무엇인가를 말해 주는 것이었다.

신들을 고소하는 오루알의 진술은 동시에 그녀에 대한 신들의 진술이었으며 신들이 그녀에게 주는 대답이었다. 그들은 단지 입을 다물고 있는 것만으로도 충분했다. 스크루테이프는 웜우드에게 논쟁은 위험한 것이라고 말했다. 왜냐하면 논쟁을 통해 사람은 하나님을 만날지도 모르기 때문이다. 오루알은 바로 그 지점까지 자신의 논쟁을 몰고 갔다. 폭스는 '말의 예술과 즐거움은 하고자 하는 바로 그 말을 하는 데에 있다'고 말한 적이 있다. 그러나 오루알은 그러한 생각이 얼마나 내용이 없는 것인가를 깨달았다. 그녀가 자기 영혼의 중심에 40년 동안 담고 있었던 말을 쏟아 내었을 때 거기에는 예술과 즐거움보다는 어리석음이 더 많다는 것을 알았다. 그녀는 자신이 의도하는 것을 말한다는 착각 속에서 이야기했음을 깨달았다. 이제서야 오루알은 왜 신들이 공개적으로 인간과 이야기하거나 인간이 그들에게 대답하는 것을 거절하는가를 이해했다. 사람들이 얼굴을 가지지 않는다면 신들이 어떻게 인간과 얼굴을 맞대고 만날 것인가? 성 어거스틴은 같은 의미의 말을 다르게 표현했다. "당신은 당신을 위해 우리를 만드셨으며 우리는 당신 안에서 쉬기 전에는 쉼이 없습니다."

오루알은 이제 자신의 꿈과 환상에 대한 뜻풀이를 했다. 이 꿈과 환상은 그 사람이 이기적인 마음을 가지고 있느냐, 사랑의 마음을 가지고 있느냐에 따라 서로 정반대의 결과를 낳는다.[16] 빈 그릇을 가지고 불타는 모래 위를 걸으며 죽음의 물을 찾고 있는 환상은 두 가지를 증명하는 것이다. 오루알이 살려면 죽음의 나라로 꼭 가야 하지만 죽음의 물은 전혀 닿을 수 없는 곳에 있다. 사이키가 같은 상황에 처했을 때는 얼마나 달랐던가. 신들이 보낸 독수리가 와서 빈 그릇을 가져다가 물로 채워 주었다. 사이키를 기꺼이 섬겼으며 신들이 보낸 그 독수리가 오루알에게 재판과 심판을 선언했다. 오루알이 결

---

16) 『최후의 대결』의 마지막 부분에 나오는 난쟁이들의 모습도 이와 비슷하다. 아슬란은 이들에게 가장 값비싼 음식과 술을 주었다. 그러나 그들의 악한 마음은 자신들이 묵은 토란과 날 양배추를 먹고 더러운 여물통의 물을 마시고 있다고 생각했다.

코 가려낼 수 없었던 거대한 씨앗 더미들은 스스로 신이 되려고 한 그녀의 의도가 좌절되는 모습이었다. 동일한 임무를 완수하기 위해 개미들이 와서 도왔던 사이키에게는 그 일이 얼마나 쉬웠던가. 자신의 힘으로 양털을 얻으려고 할 때 금색 수양들이 오루알을 납작하게 넘어뜨렸다. 그런데 사이키를 위해서는 금색 숫양들이 가시덤불에 뜯긴 자기 털을 기꺼이 남겨 두어 사이키가 즐겁게 거두게 하지 않았던가? 마지막으로 가장 중요한 것은 오루알은 죽음의 나라로 가서 미의 상자를 가져오는 일에 실패했지만 사이키는 성공하지 않았던가? 글롬 사람들과 폭스 그리고 오루알 자신이 평생토록 지니고 산 오루알의 박색한 얼굴을 변화시킬 수 있는 미(美)의 상자를 가져오는 일을 힘써 방해하지 않았던가? 오루알은 다른 누군가가 자신을 대신해서 죽음의 나라를 방문해 줘야 하는 의존적인 상황에 처해 있음을 발견했다. 브라우닝의 "사울"에 나오는 다윗처럼 오루알은 수세기 동안 계속된 것 같은 긴 고통과 어두움의 시간이 흐른 후에 '천사와 권력과 듣지도 보지도 못한 것, 살아 있는 것, 깨어 있는 것'을 체험했다.

『우리가 얼굴을 가질 때까지』의 세 번째 주제는 루이스의 작품 중에서 그가 정의한 신화에서 가장 잘 그려 내고 있다. 특히 세상의 위대한 신화들은 완전한 희생과 죽음 그리고 재탄생의 필요성을 제시하고 있다는 그의 주장을 가장 잘 뒷받침해 준다. 루이스는 신화란 지금 우리가 보는 것처럼, 풍요의 여신 언기트의 이미지처럼 거의 형체를 알아볼 수 없는 덩어리와 같다고 말하려 했다. 덩어리는 마치 얼굴이 없는 것 같지만 천 개의 얼굴을 가지고 있으며 아울러 숨겨진 얼굴도 가지고 있다. 면밀히 살펴보기만 한다면 우리는 그것이 근본적으로 유신론적인 우주의 생성 요소를 드러내고 있다는 것을 발견할 수 있을 것이다.『우리가 얼굴을 가질 때까지』는 큐피트와 사이키의 신화를 토대로 하고 있다. 이 신화도 그러한 예 중 하나이며 루이스는 자신의 특정한 목적을 위해 그 내용을 약간 수정했다. 비록 언기트의 숭배에는 악한 면이 많지만 '진실의 심연에서 나오는 진실의 배수구' 라는 그 기본적인 전제는 옳다. 즉 인간은 무엇인가를 경배해야 하며 비를 오게 하는 것은 물론 자신의 생명도 신에게 의존할 수밖에 없고, 피는 올바른 제사이며 모든 사람의 죄를 위해서 한 사람이 죽어야 할지도 모른다는 사실과 사원에서 위로를 찾을 수 있다는 것이다.

　루이스는 이 의미를 보다 분명하게 하기 위해 신화 속에 또 하나의 신화를 소개한다. 이방 나라를 방문하고 있던 오루알은 자신과 사이키의 실제 경험이 신화로 변했다는 것을 알았는데 오루알이 보기에 퍽이나 타락한 신화였다. 오루알은 그 사제에게 진상을 밝히려고 했지만 그 '이야기와 숭배가 이미 그의 마음 속에서 하나로 되어 있다' 는 것을 발견하고는 포기했다. 그러나 오루알 자신이 그 신화의 원형임에도 불구하고 사실은 그 주제가 전부 종교적인 것임을 깨닫지 못했다. 이렇게 이야기 속의 이야기는 신화의 성질을 보여 준다. 오루알은 땅을 파서 이 방에서 저 방으로 옮겨가야 했는데 그 방들은 갈수록 작아지고 어두워져 마침내는 아주 작은 방에 다다르게 되었다. 그 방은 작지만 '살아 있는 바위' 로 만들어져서 벽에 물이 흘러내리고 있었다. 신화 속에 나오는 처음 신화의 내용인 희생과 같은 주제는 한 나라에서 다른 나라로 전파되는 성향이 있다는 것을 보여 준다. 두 번째 신화는 신화의 핵심적 진실을 알기 위해서 가능한 한 밑바닥까지 철저하게 살펴봐야 한다는 것을 말해 주고 있다. 살아 있는 바위로 만들어진 방에서 오루알은 거울에 비친 자신을 보고 자신이 언기트라는 사실을 깨닫는다. 오루알은 '보는 것에 흠뻑 빠져들어' 처음으로 자신의 이기심을 깨닫게 된다. 그리고 글롬을 거미줄로, 자신을 '인간의 생명을 마구 잡아먹어 가운데가 땅딸막하고 퉁퉁해진 거미'로 보게 되었다. 그러나 여러 지층 밑으로 깊이 내려가서야 비로소 그녀에게 이런 것들을 이해시키는 살아 있는 실체를 만날 수 있었다. 방바닥을 파면서 오루알은 폭스가 팔 수 있는 그 어떠한 굴보다도 깊이 내려와 있다는 소리를 들었다. 즉 오루알이 참 진리를 깨닫기 훨씬 전에 이미 폭스의 얄팍한 추상적 개념은 저 뒤에 두고 왔다는 것이다. 반면에 사이키는 직관적으로 신화의 중심을 꿰뚫어 보는 선물을 받았다. 사이키는 어려서부터 계몽되지 않은 글롬 사람들이 샤도우브루트라고 부르는 서풍을 기다렸다. 그리고 그와 결혼하기를 원했다. 결국 그와 결혼한 사이키는 그가 난폭하지도 그림자처럼 어둡지도 않으며 오히려 진실하고 사랑을 베푸는 남편이며, 그 사람 앞에 서면 자신이 유한한 존재라는 것이 부끄러울 정도로 그가 위대한 사람이라는 것을 발견했다.

『우리가 얼굴을 가질 때까지』는 루이스의 다른 책들 만큼 널리 읽히지는 않았지만 그 자신은 이 책을 가장 잘 쓴 책으로 평가했다. 이야기 속에 깔린 여러 가닥의 복선과 그 복선들의 정교한 융합은 루이스의 작품을 깊이 연구함으로써 얻는 보상을 모르는 사람들을 당황케 한다. 나의 논의도 이 소설을 완전하게 설명하지는 못한다. 이 소설에 흥미를 느끼는 사람은 다브니 A. 하트(Dabney Adams Hart)의 박사 논문 가운데 이 소설에 대해 다룬 부분을 읽으면 도움이 될 것이다.[17] 이 연구는 야만과 계몽, 아름다움과 추함, 현상과 실재, 척박함과 풍요 그리고 사랑과 증오와 같이 서로 대비되는 주제들을 예를 들어 지적한다. 또한 『우리가 얼굴을 가질 때까지』에서는 대속의 원리에 대해서도 다루고 있다. 오루알이 사이키의 고통을 자신의 옆구리에서 느낀 것처럼 한 사람이 다른 사람의 고통을 느끼는 것은 아마도 루이스가 찰스 윌리엄스를 통해 배웠을 것이다. 오루알이 언기트도 되고 사이키도 될 수 있다는 것도 이러한 원리의 적합한 예라고 생각한다.

---

17) 위스콘신대학의 비출판 박사 논문 「C. S. 루이스 시의 변호」 pp. 257~278. 마조리 E. 라이트의 비출판 논문 「신화의 우주적 세계」 'The Cosmic Kingdom of Myth' 또한 다양하고 유익한 논평을 하고 있다. 특히 55~56, 114, 152 그리고 155페이지를 권한다. 이 논문은 일리노이대학에서 집필되었다.

3

고통과 사랑

　세상의 고통과 악 때문에 하나님을 믿지 않는 것에 대해 런던대학의 C. E. M. 조드 교수의 탁월한 표현을 이 장의 서두에 쓰고 싶다. 조드 박사는 다음과 같이 말했다. "수년 동안 고통과 악의 문제는 내게 기독교에 대해 극복하기 어려운 거부감을 안겨 주었다. 하나님이 고통과 악을 제거할 수 있었지만 그렇게 하지 않았다면 하나님이 세상의 악한 상태를 일부러 내버려 둔 것이 되기 때문에 하나님을 선하다고 할 수 없다. 아니면 하나님이 고통과 악을 제거하고 싶었으나 그렇게 못한 것—만약에 그렇다면 나는 하나님을 전능하다고 할 수 없다—이 두 가지 중 하나라고 생각했다." [18] 이 문제는 생각이 깊은 사람이라면 누구나 한 번쯤은 고민해 보았을 것이다.

　나아가서 조드 박사는 고통이 자비로운 하나님과 모순되지 않는다는 기독교적인 관점을 받아들이고 있으며 왜 그런지를 말하고 있

---

18) 이것과 뒤에 나오는 글은 《애틀랜틱》지 1950년 8월호에서 인용한 것이다.

다. C. S. 루이스가 조드 박사의 표현이 『고통의 문제』(The Problem of Pain)에서 그가 주장하는 것과 매우 비슷하다고 말했기 때문에 여기서 다시 한 번 조드 박사의 말을 인용하겠다.

"하나님은 자동 조작체(virtuous automata)로 구성된 종(種; species)을 창조하려고 한 것이 아니다. 자동 조작체의 '도덕'은 자신이 행하는 그것 이외에는 행동할 수 없기 때문에 의례적인 호칭에 불과하다. 그것은 언덕을 굴러 내려오는 돌멩이나 섭씨 0도에서 어는 물의 도덕과 같다. 하나님이 어떤 목적으로 그러한 피조물을 만들었겠는가? 그들의 찬양을 받기 위해서? 그러나 자동적인 찬양은 단지 소리의 연속에 불과하다. 그렇다면 그들을 사랑하기 위해서? 그러나 그들은 본질적으로 사랑스럽지 않다. 조작된 대로 움직이는 꼭두각시를 사랑할 수는 없는 것이다. 그래서 하나님은 인간에게 자유 의지를 주어 스스로의 노력으로 자신의 도덕성을 높이고 자유로운 윤리적 존재로서 하나님의 사랑을 받을 만한 대상이 되도록 했다. 자유는 잘못될 수 있는 자유까지도 포함한다. 인간은 실제로 하나님의 선물을 잘못 사용하고 악을 행함으로써 잘못되었다. 고통은 악의 부산물이다. 따라서 고통은 인간이 하나님의 선물인 자유 의지를 잘못 사용한 결과로 이 세상에 들어오게 되었다."

후에 조드 박사의 말을 다시 살펴보도록 하고 우선은 『고통의 문제』의 내용을 요약하면서 좀 더 자세하게 논의할 필요가 있겠다.

고통의 문제

루이스는 한때 자신이 견지했던 무신론적 신념을 잘 나타내는 진술로 이 글을 시작한다.

"만약 이 세계 배후에 영혼이 있다면 그 영혼은 악한 영혼일 것이다. 거대하고 생명체가 거의 없는 우주 속에서 그가 우선 관찰할 수 있는 이 세계는 보다 열등한 생명체가 '안간힘을 쓰는 모습' 이었다. 인간은 그보다 더 형편없었는데 동물과는 달리 인간은 양심과 이성을 가지고 있기 때문이었다. 양심때문에 인간은 끊임없이 고통의 실체를 느끼며 이성때문에 인간은 최후의 가장 심한 고통인 죽음에 이르기까지 그 고통의 실체를 항상 예견하며 산다."

그러나 그는 한 가지 매우 중요한 문제를 한 번도 생각해보지 않았다고 한다. 즉 '우주가 그렇게 악하다면 아니 그 반 정도 만이라도 악하다면 인간은 도대체 어떻게 지혜롭고 선한 창조주의 활동의 결과로 우주가 생겼다고 결론짓게 되었는가?' 고통이라는 항존적 사실과 함께 우리는 의롭고 사랑의 하나님이라는 또 하나의 항존적 사실도 알고 있다. 우리가 만약 하나님을 선하지 않다고 생각했다면 고통의 문제도 생기지 않는다. 문제는 조건부다. '만약 하나님이 선하시다면 하나님은 그분의 피조물들이 완전한 행복을 누리기를 원하실 것이며, 하나님이 전능하시다면 그분이 원하는대로 할 수 있을 것이다. 그러나 피조물들은 행복하지 않다. 따라서 하나님은 선하지 않거나 힘이 없거나 아니면 둘 다 아니다.' 이것이 과제이며 그 대답은 이 말이 암시하는 몇 가지의 의미에 달려 있다.

행복의 문제를 들어 보자. 루이스는 이렇게 말한다. 예를 들어, 완벽하게 행복하기를 바라는 나의 열망 때문에 하나님께 모든 일반 조건을 내 소원대로 바꾸어 달라고 날마다 조른다고 가정하자. 만약 모든 조건이 나의 소원대로 된다면 그 조건은 당연히 당신의 소원에는 적합하지 않을 것이며 따라서 당신은 자유를 빼앗긴 셈이 될 것이다. 기분에 따라 변하는 세상에서 자유란 있을 수 없다. 두 사람이 같은 언덕에서 서로 반대 방향으로 여행을 한다면 한 사람은 올라가고 한 사람은 내려가야 한다. 만약 그 언덕이 가만히 있지 않는다면 의미 자체가 곧 무너진다. 전능한 존재도 '상대적으로 독립적이고 굽힐 줄 모르는 성질'을 동시에 만들어 내지 않고서는 자유로운 영혼을 만들어 낼 수 없다. 장기를 두는 자유는 장기판과 장기를 놓는 것에 대한 고정된 규칙에 달려 있다. 자유롭고 의미 있는 행동을 하게 하는 경험은 동시에 선택의 결과를 고통스러운 것으로 만들기도 한다. 필요에 의해 규칙은 항상 범칙(犯則)에 우선한다. 그리고 규칙을 어길 때 그 규칙의 효력은 더 실제적이 된다.

하나님의 전지전능함으로 피조물이 자유 의지를 남용하는 것을 바로잡아 버리기 위해 우리가 적에게 몽둥이를 들려할 때 그 몽둥이가 풀잎처럼 흐늘거리게 하는, 그런 세계를 만드셨다고 가정해 보자. 이러한 조건하에서는 어떠한 자유로운 세상도 가능하지 않다. 자유는 나에게 보상을 할 수도 있고 나를 벌할 수도 있는 이 세상의 질서를 따를 때에 진정한 의미를 갖는다. 내가 적에게 사용하는 몽둥이는 적이 나에게 그것을 사용할 때도 그 '주어진 성질'을 유지해야 한다. G. K. 체스터톤은 양이 사자의 뱃속에 있는 한, 양과 사자가 함께 누워 있다는 말은 있을 수 없다고 했다. 양이나 사자가 그 본질적인 특성을 상실한다면 성경적 예언의 의미는 사라져버리게 된다.

그러나 하나님이 나의 개인적인 소원을 들어 준다는 것에 기초한 행복의 개념 중 가장 끔찍한 것은 그것이 하나님을 모든 것의 중심으로부터 밀어 낸다는 것이다. 우리가 하나님을 중심에 둔다면 고통은 우리가 이해하고 있는 것보다 더 나은 것을 위해 우리를 훈련시키는 하나님의 방법이라고 생각할 수 있다. 만약 인간이 자기 개를 정말 아낀다면 그는 동물의 관점에서 볼 때 때로 주인의 선함에 위배되는 일들을 그 개에게 하게 될 것이다. 따라서 사랑은 무관심과는 달리 벌을 주기도 한다. 만약 무관심하다면 주인은 자신의 개가 제 맘대로 하도록 내버려 둘 것이다. 우리가 하나님께 우리를 사랑해 달라고 요청할 때 우리는 우리가 거래한다고 생각하는 것 이상의 것을 받을 수도 있다. 사랑하는 대상의 완전함을 구하는 것은 사랑의 본질이다. 하나님은 우리가 그럴듯하게 짐작하는 노쇠한 할아버지가 아니다. 사랑하기 때문에 우리를 바르게 교정해서 더 사랑스럽게 만드는 아버지라고 할 수 있다.

하나님이 자신의 뜻을 따라야 한다고 주장하는 사람은 대개 성경의 이야기를 제대로 읽지 않았거나 심지어 도 또는 인류의 우주적 도덕성조차도 제대로 알지 못하는 사람이다. 이 두 가지 모두 분명하게 주장하는 것은 인간이 자신의 자유 의지로 악해졌다는 것이다. 루이스는 오늘날 죄에 대한 인식을 회복하는 것이 절실하다고 말한다. 특히 정신분석학은 사람이 자신의 행동에 대해 수치심을 갖는 것은 위험한 일이며 문제의 원인이 된다는 인상을 우리에게 심어주었다. 그런데도 기독교는 수치심은 생각과 영혼의 궁극적 건강을 의미한다고 늘 가르쳐 왔다.[19] 루이스는 전적 타락(total

---

19) 일리노이대학 심리학 연구교수인 O. H. 모우러(O. H. Mowrer) 박사가 쓴 『정신분석학과 종교의 위기』(*The Crisis in Psychiatry and Religion*)에는 이러한 생각을 확증하는 글이 길게 실려 있다.

depravity)의 교리를 부인하지만 인간은 하나님 앞에서 끔찍스런 존재이며 거룩한 사람일수록 이 사실을 더 분명하게 인식한다고 했다. 인간의 타락이 원래 어떻게 일어났는지에 대해 특히 우리의 현재 상태의 인간의 '선함'은 개선이나 교정의 의미에서의 선이라는 사상을 논의하는 데 한 장(章)을 할애했다. 또한 루이스는 개선과 교정의 도구로서의 고통을 논의한다.

그는 세상에서 겪는 고통의 80퍼센트는 자유 의지를 잘못 사용한 인간의 악함으로부터 비롯된다고 말한다. 이미 불붙었거나 부푼 자기 의지는 쉽게 자신을 포기하지 않는다. 포기한다는 것은 죽음과 같은 것이라고 말할 수 있다. 고통은 인간이 자기 의지에 직면하게 하고, 그 자기 의지가 자신을 파괴하기 전에 먼저 자기 의지를 파괴하도록 하는 하나님의 방법 중 하나이다. '하나님은 우리가 즐거워할 때는 속삭이시며 우리의 양심에 보통 목소리로 이야기하신다. 그러나 우리가 고통 중에 있을 때에는 외치신다. 고통은 듣지 않는 세상을 깨우는 하나님의 메가폰이다'〔도(道)에서도 악한 사람은 고통받는다는 보편적인 인간의 신념을 드러내고 있다〕. 자기 의지는 인류에게 너무도 뿌리 깊이 박혀 있어서 인간이 제 정신을 찾도록 하려는 하나님의 노력, 즉 하나님이 주시는 고통은 쉼이 없다.

지옥에 관한 장에서 루이스는 영원한 벌에 이의를 제기하는 다섯 가지 의견에 대한 해답을 제시한다.

먼저 '보복적 처벌이 부당하다'는 의견에 대해 루이스는 "평생 동안 지옥 같은 삶, 즉 너무도 이기적인 삶을 살아온 사람을 과연 어떻게 해야 하겠는가?"라고 반문한다. 하나님이 이 악을 단순히 묵과하실까? 묵과한는 것은 그 일을 선한 것으로 간주하는 것이다.

‘죄는 일시적인 데 반해 멸망은 영원하다’는 반론에 대해서는, “인간의 삶은 항상 그 길이에 상관없이 하나님이 그 방향을 보시기에 충분히 길다”고 루이스는 말한다. 인간이 조금이라도 선하다면 하나님은 그 기회를 마련해 주실 것이다. 그러나 본질적으로 하나님 대신 자아를 선택하는 인간의 악함에는 아무런 차이가 없을 것이라고 그는 말한다.

세 번째 반대 의견은 “지옥의 고통이 지나치다”는 견해로 여기서 루이스는 예수님이 지옥에 대해 묘사한 몇 가지를 거론한다. “벌, 파괴, 하나님으로부터의 격리 혹은 박탈 등의 이 이미지들은 모두가 ‘말할 수 없이 끔찍한’ 것을 묘사하지만 임의로 하나를 빼버린다거나 해서는 안 된다”는 것이다.

네 번째 반론은 “한 영혼이라도 지옥에 있다는 것을 알고 있는 사람은 천국에서도 기쁠 수 없다”는 것이다. 이것이 만약 사실이라면 “인간은 하나님보다 더 자비롭다는 말이 된다”고 루이스는 반박한다. 게다가 우리는 사탄이 하나님과 동급이 아닌 것처럼 지옥도 천국과 동급이 아니라는 것을 알아야 한다. 오히려 지옥은 ‘존재가 아무것도 아닌 것으로 사라지는 밖에 있는 어두움’이다. 루이스는 지옥에 있는 자들은 자신들의 상황을 전달할 수 있는 의사소통 능력을 상실한다고 말한다. 결국 지옥으로 들어가는 것은 인간이 아니라 인간의 ‘잔재’인 것이다.

마지막으로 ‘하나의 영혼이라도 잃어버리는 것은 하나님의 패배를 의미하는 것’이라고 하는 의견이다. 루이스는 이 말에 동의하면서도 ‘그것은 하나님이 자유로운 영혼을 창조하시면서 선택한 위험 부담이다’라고 말한다. 하나님의 모든 업적 중에서 신(Deity)이 ‘피조물을 만들되 자신을 배척할 수도 있는 존재를 만들었다' 는 것 이상 위대하고 기적적인 일은 없다. 멸망된 사람들이란 그저 반항하는데 성공한 사람들에 불과하다(그 자체로 어떤 독창적인 존재가 아니라 선의 왜곡에 불과하다는 뜻— 역주). 지옥의 문은 밀턴이 말한 것처럼 안쪽에서는 열 수가 없다. 지옥에 있는 사람들은 막연하게나마 나오기를 바랄 수도 있으나 그들이 계속해서 하나님 보다 우선 선택한 자아를 포기하는 지점까지는 도달하지 못한다. 나는 앞에서 이미 스크루테이프도 천국의 인력을 느꼈다고 언급했다. 남아프리카에 있는 작은 원숭이들은 원숭이를 잡기 위해 일부러 콩을 담아 둔 구멍이 작은 병에 발을 넣었다가 절대로 손아귀에 움켜쥔 콩을 놓으려 하지 않기 때문에 그 자리에서 잡혀서 죽게 되는 이야기를 들은 적이 있다. 지옥은 인간이 자신의 개인적 관심을 결코 놓으려 하지 않기 때문에 생기는 것이다.

　만약 지옥이 자아를 영원히 부양하는 곳으로 정의할 수 있다면, 천국은 자아를 영원히 포기하고 그렇게 함으로써 그리스도가 당신 자신을 하나님께 희생함으로 천상의 계획에 참여하는 곳이다. 자아는 하나님께 포기하기 위해 만들어진 것이다. 천국의 역설은 자아를 포기함으로 오히려 하나님의 방식에 따라 보다 진정한 자아가 된다는 것이다. 자아를 내어주는 것 이외의 모든 것은 사탄적이다. 그러나 자아를 내어주는 행위 안에서 우리는 말로 표현할 수 없는 갈망, 즉 영혼을 위한 깊은 갈망의 충족을 얻게 된다. 하나님께 우리의 자아를 기꺼이 그리고 완전하게 내어드릴 때 그것은 영원토록 '하나님이 채우시는 구멍' 이 되는 것이다.

　동물의 고통을 다룬 장에서 루이스는 인간과는 달리(하나님의 목적에 부합할 수 있는) 영혼을 가지지 못한 존재들인 동물의 고통을 다루는 어려움을 인정한다. 그는 동물의 고통은 엄격하게 인간적인 의미에서 고난이 아닐지도 모른다고 추측한다. 왜냐하면 동물들은 인간과 같은 양심이 없기 때문이다. 동물의 고통은 그 성격상 인간의 타락이 있기 이전에 동물의 사탄적 타락으로 설명할 수 있을지도 모른다고 말하며 동물 불멸성의 가능성도 제안한다.

　루이스는 자신이 이 책에서 고통과 악에 따르는 모든 문제들을 해결하고 있지 않다는 것을 잘 안다. 그러나 이렇게 작은 책에서 이보다 더 정직하게 고통의 문제에 직면하거나 효율적으로 고통의 문제를 다룰 수는 없을 것이다. 이미 언급한 것처럼 조드 박사는 루이스의 『고통의 문제』가 자신이 아는 한 고통이라는 주제를 가장 정교하고 신중하게 다룬 책이라고 하면서도, 동물의 고통에 대한 루이스의 생각—물론 루이스 자신은 이 논의가 그 성질상 순전히 이론적일 수밖에 없음을 조심스레 지적했지만—에 대해서는 의견을 달리한다. 찰스 하트숀(Charles Hartshorne)은 이 책을 '활기 있고, 예리하고, 정직한 책'이라고 평가했으나 몇 가지 오류들을 이야기한다. 특히 루이스가 이 세상에서 느낄 수 있는 고통의 가장 큰 분량은 어떤 특정한 시기에 한 개인이 느끼는 분량만큼이라고 한 말에 그는 동의하지 않았다. 하트숀은 고통의 합산 그 자체가 고통이라고 주장했다.[20] 그 외에 다른 사람들도 이 책의 난점을 지적했지만 모두 부수적인 문제들에 불과하다.

　혹 루이스가 동물의 고통에 냉담한 것은 아닌가 하는 오해가 있을까 해서 하는 말인데, 루이스는 동물을 무척 사랑했으며 생체해부 반대자였다. 런던국립 생체해부 반대협회(National Anti-Vivisection Society of London)를 위해 쓴 작은 책에서 루이스는 동물은 의식 혹은 '영혼'이 없다는 주장을 증명하기 위해 동물 실험을 정당화하는 사람들을 공격하고 있다. 그러나 만약 그들의 주장이 사실로 드러난다해도 생체해부가 정당화되기는 어렵다. 그 이유는 그런 동물들은 고통을 받을 가치가 없고 고통을 통한 훈련에서 유익을 얻지도 못하며 이 세상에서 받은 고통에 대해 다음 세상에서 보상을 받을 수 있는 것도 아니기 때문이다.

루이스는 기독교만이 생체해부를 정당화할 수 있는데, 그것은 하나님이 세운 계보에서 인간이 실제로 동물보다 우월하다는 성경의 가르침을 근거로 했을 때 가능하다고 했다. 그러나 이러한 그의 입장도 문제가 없는 것은 아니라고 그는 말한다. 어떻게 하면 동물을 학대하는 인간의 특권이 인간이 인간을 학대하는 특권까지 확대 적용되지 않도록 할 수 있을 것인가? 그리고 인간이 동물보다 우월하다는 것은 동물을 고통스럽게 하지 않는다는 것까지 포함한 것은 아닌가? 루이스는 이 문제에 대해 정직한 의견의 차이가 있을 수 있다는 데에 동의하지만 엄격한 규칙 하나를 내세운다. "우리가 하나님으로부터 부여받은 실질적인 우월성을 근거로 기독교 병리학자가 생체 실험을 옳다고 생각하고, 아주 작은 양이라도 불필요한 고

<hr>

20) 《윤리》지의 1944년 7월호 「철학과 교리」 "Philosophy and Orthodoxy". 루이스의 『헤아려 본 슬픔』은 그가 자신의 아내를 잃음으로서, 고통에 관련된 그의 신념이 일부 수정되고 심화됐음을 보여준다. "육체는 정신보다 20배 이상 고통을 받을 수 있다. 정신은 항상 도피할 수 있기 때문이다"라고 루이스는 이 책에서 말한다. "생각은 절대로 정적(靜的)이지 않으나 고통은 종종 정직하다." 그러나 정신은 고통을 증가시킬 수 있다. "나는 끝이 없는 날들을 슬픔 속에서 살 뿐만 아니라 날마다 슬픔 속에서 살 것이라는 것을 생각하며 그 날들을 산다."

통을 피하기 위해 세심한 노력을 한다. 그리고 그가 지니는 책임을 두려워하며 인간을 위해서 하는 이 희생을 정당화하기 위해서는 인간이 얼마나 양식 있게 살아야 하는가를 생생하게 의식하며 그 실험을 한다면(우리가 그의 의견에 동조하든 안 하든) 우리는 그의 생각을 존중할 수 있다."

루이스는 대부분의 생체해부 찬성론자들이 이러한 기준에 턱없이 미치지 못한다는 것을 알고 있었다. 이들 대부분은 '자연주의자며 다윈주의자' 인데 이러한 사실은 동물 실험을 반대하는 의견을 쉽게 무시하는 이들이 나중에는 인간에게 하는 동일한 실험도 옹호할 가능성이 크다는 놀라운 사실을 말해준다. 인간과 동물은 그 종(種)이 철저하게 다르다는 기독교의 사상을 인정하지 않는다면, 열등한 인간 혹은 전쟁 포로에게 생체실험을 하는 것을 방지할 논리적인 기반을 상실하는 것이다. 이것이 바로 『침묵의 별 탈주』(Out of the Silent Planet)에 나오는 웨스턴과 디바인(Devine) 그리고 『그 끔찍한 힘』에 나오는 벨버리(Belbury)의 철학이었다. 물론 많은 나치스의 철학이기도 했다. 루이스는 "우리 시대에 생체해부 찬성론자들이 이겼다는 것은 무자비함과 비윤리적인 전체주의가 윤리적 법칙을 따르던 구(舊) 세계에 대해 큰 승리를 얻은 지표"라고 했다. 『가슴없는 사람』(The Abolition of Man)에서 그는 역사를 통해 전통적인 도덕성에서 벗어나 권력을 얻은 사람이 그 권력을 자비롭게 사용하는 예를 본적이 없다고 말한다.

이 주제에 대한 루이스의 태도는 많은 현대인들에게 어처구니없다 못해 이상하게 여겨질 것이다. 그러나 그것은 버나드 쇼, 조드 박사 그리고 조지 맥도널드와 같은 사람들이 그랬던 것처럼 그의 마음 깊이 흐르는 신념이었다. 앨버트 슈바이처도 이와 비슷한 견해를 가지고 있었다. 그는 "인간은 자기 동료 인간의 생명처럼 식물과 동물의 생명도 그에게 신성한 것일 때 비로소 윤리적이다"라고 말했다.[21] 『그 끔찍한 힘』에서 루이스는 벨버리의 실험가들이 나중에는 그들이 실험해 온 동물들의 피의 희생자가 되게 한다. 『마법사의 조카』(The Magician's Nephew)에서는 기니아 픽(guinea pig; 일명 모르모트—역주)에게 실험을 했던 이야기 그래서 어떤 것들은 죽고 어떤 것들을 작은 폭탄처럼 폭발했던 이야기들을 침착하게 해주는 앤드류 삼촌을 혐오스러운 인물로 그리고 있다. 보다 중요한 사실은 루이스가 모든 것의 개성을 깊이 존중한다는 것이다. 본 장 뒷부분에서 나는 루이스가 요구하는 사랑(need-love)을 거부한 것에 대해 언급하도록 하겠다. 요구하는 사랑은 때때로 애완 동물을 '모든 야생 동물들의 행복'으로부터 차단시켜 영원히 유아적으로 만든다고 했다. 『가슴없는 사람』에서 그는 재생 과학을 옹호하는데 이 재생 과학은 '현대 과학이 인간 자신에게 적용시키려고 위협하는 것을 광물이나 채소에도 적용하지 않는 과학'이다. 즉 해명하지 않고 설명하는 그리고 마틴 부버(Martin Buber)가 구분한 그것(It)과 당신(Thou)의 차이를 확고하게 지키는 과학이다. 마조리 E. 라이트는 루이스가 '종 간의 대우에 구분을 두는 중요한 계급적 원리'를 주장한다고 지적한다.[22] 『카스피안 왕자』(Prince Caspian)와

---

21) 『내 삶과 사상의 기록』(Out of My Life and Thought), Mento Edition, p. 126.

22) 「신화의 우주적 세계: 찰스 윌리엄스, C. S. 루이스 그리고 J. R. R. 톨킨의 신화철학 연구」"The Cosmic Kingdom of Myth; A Study in the Myth-Philosophy of Charles Williams, C. S. Lewis, and J. R. R. Tolkien" p. 20.

『사자, 마녀 그리고 옷장』(*The Lion, the Witch and the Wardrobe*)에서 나니아 왕국의 말하는 동물들이 다음과 같이 지적했다. 인간이 자신의 목적을 위해 자연을 학대했기 때문에 그들은 도망가서 은밀한 곳에 숨은 채 카스피안과 같은 선한 사람이 나타나서 친절함을 보여 주기까지 다른 도움이나 사귐은 거부한다는 내용이다. 이 이야기에는 실제로 어떤 신화적인 암시가 있는지도 모른다. 루이스는 『고통의 문제』에서 에덴 동산에서 아담과 뛰놀던 동물들을 상징적이라기보다는 사실적이라고 하는 것이 더 정확하다. 오늘날도 우리가 그럴 기회만 적절하게 준다면, "우리가 기대하는 것 이상으로 동물들은 우리를 사랑할 준비가 되어있다"고 말함으로써 이러한 견해를 확고하게 주장했다.

루이스가 쓴 다른 여러 책들과 마찬가지로 『고통의 문제』도 지옥에 대해서 많은 것을 이야기하고 있다. 루이스가 하나님의 사랑을 특별히 강조하면서 쓴 사랑의 연구서를 여기에 나란히 놓는 것이 좋을 듯하다. 지옥과 사랑은 동전의 양면과 같다는 그의 견해는 지옥은 '사랑의…모든 위험으로부터 완벽하게 안전한' 천국 밖의 유일한 장소라는 그의 표현에 잘 나타나 있다.

네 가지 사랑

루이스는 사랑의 종류를 구분하면서 이 책을 시작한다. 요구하는 사랑은 한 여자를 두고 "그녀 없이는 못살아"라고 하는 사랑이다. 주는 사랑(gift-love)은 그녀에게 완전한 행복을 주려고 한다. 감사의 사랑(appreciative love)은 비록 그녀가 당신의 상대가 아니라 하더라도 그녀의 존재를 조용히 즐거워한다. 하나님에 대한 요구하는 사랑은 우리가 가난할 때 그에게 울부짖고 주는 사랑은 그를 섬기려 하고, 감사하는 사랑은 그의 위대한 영광으로 인해 그에게 감사하게 한다.

네 가지 사랑 중 가장 겸손한 사랑은 애정이다. 그것은 심지어 동물에게까지도 어느 정도 적용되는 가장 광범위하게 확산된 사랑이기도 하다. 애정은 겸손하고 개인적이며 심지어 은밀하기까지 하다. 이 사랑은 그 자체로도 존속할 수 있으나 대개는 다른 세 가지 사랑에 색깔을 주고 그 사랑이 성장하고 번창하는 수단이 된다. 애정은 특별히 감사하는 사랑도 아니다. 애정은 차별하지 않기 때문에 그 안에는 마음을 넓히고 인간성을 '맛보게' 하는 잠재력이 내재되어 있다. 애정은 매력이 없는 것을 사랑하게 하고 애정이 없다면 우리가 보지도 못했을 것들의 선함을 드러낸다. 그것은 자연스러운 사랑이 아니라 사랑 자체가 인간의 마음 속에서 자신의 최상의 임무를 하는 것이다. 그러나 애정은 모호하여 좋은 일을 하기도 하지만 해치기도 한다. 많은 현대 음악들이 선함 혹은 '기쁨을 위해 미리 만들어진 것 같은 비결'을 암시할 때 잘못된 애정을 보여 주는 것이다.

애정은 요구하는 사랑과 주는 사랑 모두를 포함한다. 우리는 다른 사람의 애정을 간절하게 갈망한다. 리어 왕은 요구하는 사랑을 너무도 갈망해 슬픔으로 그 대가를 치렀다. 이러한 사람들의 극단적인 요구는 그들로부터 다른 사람들을 도망가게 하고 자신이 목마름을 축여주던 바로 그 분수를 막아버린다. 애정은 오래된 옷과 같다. 오래된 옷들도 그들 나름의 대우를 받아야 한다. 가정도 그 나름의 좋은 예우와 가치를 인정받아야 하는 것이다. 진정한 애정은 상처를 받게 하거나 굴욕감을 느끼거나 지배하려는 욕구로부터 완전히 자유롭기 때문에 애정이 없는 교만과 악의와 무자비함이 무엇인가를 자상하게 설명할 수 있다. 애정은 사내가 아내를 '돼지'라고 불러도 그녀가 그 말이 애정의 말이라는 것을 알게 할 수 있다.

애정은 오래되고 익숙한 것과 친밀하지만 그렇기 때문에 특히 질투를 유발하기 쉽다. 수년 동안 두 사람이 같은 관심사를 나누어 왔는데 그 중 하나가 보다 차원 높은 관심을 가지게 되면 다른 하나는 매우 심한 질투를 느낄 수 있다. 『우리가 얼굴을 가질 때까지』에 나오는 오루알이 그랬다. 때로 예수를 믿지 않는 가정의 모든 식구들이 예수를 믿게 된 식구 한 사람을 공격하기도 한다. 빅토리아 문학에서는 아들들이 술을 마시거나 도박을 함으로써 어머니의 마음을 아프게 했지만 때로는 가족들의 공통된 윤리를 벗어나 혼자 튀는 것만으로도 그렇게 할 수 있다.

주는 사랑으로서의 애정도 왜곡될 수 있다. 가족을 '위해 사는' 어머니는 그 가족을 완전히 불행하게 만들 수 있다. '남에게 필요가 되기 위해서' 주는 사랑은 포기보다는 지배를 택하며 없어도 되는 것이기보다는 곳곳에 편재하기를 바란다. 학생들을 너무도 잘 돌보는 교수가 있었는데 그 학생들이 자신들의 능력으로 학자가 되기 시작했다. 그러나 그러한 과정에서 그 교수의 마음 속에 엄청난 질투가 생겨 났다. 자기 애완 동물이 자신을 너무 따르게 해서 그 동물을 자기 부류의 세계로부터 격리시키는 사람이 있다. 이러한 왜곡에도 불구하고 애정은 우리 삶에 존재하는 가장 멋진 행복을 가져다 준다.

네 가지 사랑 중 두 번째 사랑인 우정은 오늘날 사랑의 유형으로 인식되지 않고 있다. 그러나 옛날 사람들은 우정에 가장 큰 가치를 두었다. 다윗과 요나단, 필리드(Pylades)와 오레스테스(Orestes), 롤랜드(Roland)와 올리버(Oliver) 그리고 아미스(Amis)와 아마일(Amile)의 예가 그렇다. 오늘날 우정이 가치 있게 여겨지지 않는 것은 자주 경험하지 못하기 때문이며 우리가 자주 경험하지 못하는 이유는 두려워하기 때문일 것이다. 학교에서 열심히 가르치는 '연대감'은 고독을 비난하는 것과 같은 이유에서 우정을 비난한다. 가장 좋은 형태의 우정은 같은 관심사에 동참하는 몇몇 사람들 사이에서 나타난다. 연인들을 상상하면 서로 얼굴을 마주 보고 있는 모습을 떠올리지만, 친구들을 생각하면 앞에 놓인 자신들의 공통 관심사로 눈을 향한 채 나란히 서 있는 모습을 상상하게 된다. 이러한 이유 때문에 우정은 사랑의 형태 중 가장 질투를 적게 느낀다. 또한 루이스는 우정에는 생물학적 요소가 가장 적다고 말하고 일반적인 동성애 이론을 부인한다.

동료애는 진정한 우정이 아니라 동료들이 지금까지는 자신만의 것이었다고 생각해 온 공통된 취미나 생각을 발견했을 때 우정으로 발전한다. 동료애는 한 그룹의 사업가들 사이에서 가능하지만 우정은 그 그룹 내에서 보다 많은 것을 공유하는 소수 사이에서 가능하다. 우정은 단지 친구를 원하는 사람들은 얻을 수 없다. 우정은 다른 무엇을 바람으로써 얻는 부산물이며, 자기와 동일한 것을 바라는 다른 누군가를 발견하는 것이다. 곧 "그와 당신이 유리창의 빗방울처럼 뭉치는 것이다."

우정은 서민적인 가치(civic value)를 지니고 있지만 그 가치는 결코 명확하게 드러나지 않는다. 사실, 우정을 가장 잘 자라게 만든 세상에 등을 돌리는 만드는 것은 친구들 간의 작은 그룹이다. 우정은 한 사람의 개인적 혹은 전문적 지위나 사건에 개입하지 않는다. 남성의 세계에 동참하겠다고 주장하는 현대 여성들은 주로 자신들에게는 아무 유익도 없지만 남성의 우정을 없애 버린다. 또 한편으로는 "절대로 두 남자를 같이 앉게 하지 말라. 그렇지 않으면 그들은 어떤 주제에 대해서 이야기할 것이고 그렇게 되면 재미가 없다." 라고 말하는 호전적인 여자도 있다. 이들은 많은 이야기를 하기 원하지만 어떤 주제에 대해서는 제대로 이야기하고 싶어하지 않는다. 현명한 여성들은 남성의 대화 그룹에 동참하기보다는 자기들 나름의 토론에 몰입하기를 원한다.

모든 우정은 대다수의 사람과는 다른 사람들을 같이 모이게 한다는 의미에서 일종의 반항이기 때문에 권위 있는 자리에 있는 사람들은 그것을 꺼려할 가능성이 크다. 선한 목적을 위해서건 악한 목적을 위해서건 독립적인 사람들의 작은 모임은 항상 윗사람들에게 위협적인 존재다. 고귀하고 심지어 천사 같기도 한 우정의 가치는 영광인 동시에 위험이다. 단순한 친구로 시작하는 한 그룹이 자신들을 '영혼들' 이라고 부르고 자기들 무리의 주요한 특징으로 배타성을 내세울 수 있기 때문이다. 가장 좋은 우정은 자신들이 가지고 있는 차별성을 주장하는 대신에 그것을 하나님의 선물로 받아들이는 것이다.

세 번째 사랑인 에로스는 '사랑에 빠진 상태' 라는 뜻이다. 이 사랑은 섹스 자체를 원하는 것이 아니라 무엇보다도 사랑 그 자체를 사랑하기를 원한다는 점에서 성적 욕망과는 다르다. 에로스는 인간으로 하여금 자신을 벗어나 사랑하는 이에게로 향하게 하지만 섹스는 그렇지 않다. 루이스는 그가 비너스(Venus)라고 부르는 성행위가 인간의 가장 진지한 관계와 연관되어 있긴 하지만 그것 자체는 놀이와 즐거움의 태도로 대해야 한다고 믿었다. 섹스 자체를 심각하게 여기는 것은 매우 위험한 일이다.

루이스는 죄된 사랑도 정당한 사랑만큼 질적으로 고귀해질 수 있다고 주장한다. 에로스는 항상 신처럼 이야기한다. 우리는 그 신성을 부인하지 않으면서 하나님의 부름을 거부할 수 있어야 한다. 어떤 이들은 에로스를 완전히 포기하도록 부름 받을 수 있고 어떤 이들은 결혼으로 부름 받을 수 있다. 그러나 결혼 안에서의 에로스는 대중가요와 소설들이 말하는 것같이 궁극적인 생각의 대상이 될 수 없으며 항상 고귀한 원리를 따라야 한다. 만약 에로스가 그의 마음대로 무제한적으로 용납된다면 그는 악마가 되어 버린다.

에로스는 종교적 회심과 평행선 상에 놓여 있다. '영원토록 진실하겠어요'라고 서로에게 약속하지만 이들은 머지 않아 그 감정을 잃어버리는 위험하고 '메마른' 시기에 직면하게 된다. 그러나 많은 사람들이 생각하는 것과는 달리 에로스나 종교 모두 에로스 신과 하나님이 우리에게 장난을 친 것은 아니다. 그 메마른 시기는 오히려 우리가 겸손과 자비 그리고 하나님의 은혜 아래서 조용하고도 확신 있게 앞으로 나아가야 한다는 것을 의미한다. 하나님이 '우리 본성의 정원을 만드시고 거기에 꽃을 피우고 열매를 맺는 사랑들이 자라도록 하셨을 때 그 분은 우리가 우리의 의지로 그 나무들에게 옷을 입히도록 하셨던 것이다.'

네 번째 사랑인 자비는 세상의 모든 사랑을 초월한다. 자연적인 사랑은 사실상 하나님의 사랑과 경쟁 관계에 있기 때문에 그 질서를 지키려면 하나님의 도움에 의존해야 한다. 모든 인간의 사랑은 한편으로는 위험하다. 사랑한다는 것은 항상 마음이 깨질 위험을 감수하는 것이다. 그러나 사랑이 없는 것은 더 위험하다. 깨어진 마음은 기독교인을 성장시키는 하나님의 방법인지도 모른다. 물론 우리가 하나님을 더 사랑하기 때문에 다른 피조물들을 덜 사랑해도 된다는 것은 아니다. 그것은 다른 것에 대한 사랑에 앞서 하나님에 대한 사랑을 먼저 할당해야 하는 것의 문제다.

하나님 안에는 어떠한 요구도 없으며 '주려고 하는 욕구로 가득한 풍성함만 있기' 때문에 하나님은 주는 사랑의 완전한 예다. 하나님은 아무것도 창조할 필요가 없었다는 것은 단순히 학문적인 추론이 아니라 본질적인 사실이다. 그렇지 않다면 하나님은 단순히 이 우주의 관리인 정도로밖에 보이지 않을 것이기 때문이다. 하나님에 대한 가장 좋은 정의는 그가 '피조물들을 사랑하고 완성하기 위해 실제적으로 사랑하신다' 는 것이다. 하나님은 인간에게 주는 사랑과 요구하는 사랑 모두를 심어주셨다. 인간의 주는 사랑은 그 절정에서도 하나님의 사랑처럼 이해 타산과는 무관할 수 없다. 인간의 주는 사랑은 하나님의 사랑과는 달리 본질적으로 사랑스러운 대상을 향하기 때문이다.

인간은 하나님을 위해 창조되었고, 세상의 모든 사랑은 어떤 면에서 하나님의 사랑과 대칭된다. 동시에 천국의 완전함을 상징하기도 한다. 이러한 것들을 생각할 때 인간은 자신의 존재의 절정에 달하는 초자연적인 감사의 사랑을 깨닫게 된다.

루이스가 앞서 쓴 다른 책들과 같은 가치가 이 책에서는 돋보이지 않는다고 해서—적어도 나 개인에게는—이 책이 이류(二流)라고 생각하지는 말기 바란다. 루이스는 논쟁적인 의제와 우리가 이미 오래 전에 정리되었다고 생각하는 주제 그리고 체스터톤과 다른 몇몇 사람들처럼 우리 앞에 새로운 관점을 제시하는 주제를 가장 편안하게 그리고 탁월하게 다루고 있다. 우정에 대해 다룬 장을 제외한 이 논의는 전통적인 관점을 벗어나지 않으며 주제만큼이나 부수적인 진술과 예증에도 그 가치가 충분히 발휘되고 있다.

우리는 여기서도 루이스가 산책과 토론을 깊이 사랑했으며, 현대교육, '적응된' 아이 그리고 일체감의 개념을 반대했음을 볼 수 있다. 그리고 루이스가 나이 든 사람보다는 젊은이들 편을 든다는 것도 알 수 있다. 루이스는 아이가 부모에게 반항하는 것보다 부모가 아이에게 함부로 대하는 것이 훨씬 더 나쁜 영향을 미친다고 말한다. 그는 사랑의 왜곡을 매우 날카롭게 분석하지만 이러한 왜곡만 있는 것은 아니라는 그의 주장에 독자들은 놀란다. 루이스가 말하고자 하는 주요 주제는 네 가지 사랑 모두 하나님의 선물이며 왜곡되지 않을 때 그것은 하나님과 천국의 본질을 반영한다는 것이다.

4

깊은 천국의 신화

런던 《타임스》지는 공상 과학 소설이라는 말이 나오기 훨씬 전부터 '루이스가 상상력이 뛰어나고 흥미로운 공상 과학 소설을 쓰고 있었다고 했다. 그리고 그가 쓴 동화에서처럼 그 소설을 통해서도 하나님에 대한 깊은 확신과 이 세상에서 우리는 정확하게 묘사할 수 없는 그 무엇, 즉 상징적인 권력과 함께 산다는 확신을 전달하려 했다고 지적했다.' 이러한 사상은 아마도 루이스가 사랑한 에드먼드 스펜서(Edmund Spencer)의 작품 속에서나 볼 수 있을 것이다. 우주 소설 3부작(Space Trilogy)으로도 알려진 이 공상 과학 소설은 『침묵의 별 탈주』, 『페를란드라』(Perelandra) 그리고 『그 끔찍한 힘』이며, 순서대로 읽어야 한다. 『그 끔찍한 힘』은 『가슴없는 사람』이라는 루이스의 작은 책자와 함께 읽는 것이 좋다. 왜냐하면 『가슴없는 사람』의 내용을 소설로 풀어 쓴 것이 『그 끔찍한 힘』이라고 했기 때문이다.

우주 소설 3부작은 루이스가 쓴 책 중에서 가장 인기 있는 책에 속한다. 길버트 하이에트(Gilbert Highet)는 3부작 모두를 최소한 여섯 번은 읽었다고 했다. 그는 이 3부작에 대해 시적이며 동시에 종교적인 신비주의를 통해 '무시무시하고도 아름다운' 하나의 세계를 그려 낸 이야기가 자신의 머리를 떠나지 않았다고 했다.[23] 마조리 호프 니콜슨(Marjorie Hope Nicolson)은 『침묵의 별 탈주』를 "우주 여행 소설 중 가장 아름다우며 어떤 의미에서는 가장 감동적인 소설"이라고 했다.[24] 로버트 라일리(Robert J. Reilly)는 이 세 책이 "비의(秘儀)적 풍경 위에 기쁨의 거룩한 빛을 비추려는 시도를 하고 있다"고 말했으며, 코빈 S. 카넬은 이 소설을 위대한 산문시라고 평가했다.[25] 비평가들은 『그 끔찍한 힘』이 중요하고 영향력 있는 요소들을 내포하고 있긴 하지만 전체적으로 처음 두 소설만큼 성공적이지 못하다는 데에는 의견을 같이 하고 있다.

이 네 가지 책을 요약하고 논의하기 전에 먼저 신화를 바라보는 루이스의 신념에 대해 좀 더 설명을 해야겠다. 이 주제를 떠나서는 이 소설들을 비롯한 루이스의 창작들을 전체적으로 완전하게 이해할 수 없다고 생각하기 때문이다. 루이스는 신화를 만드는 것은 인간의 가장 깊은 욕구이며 가장 위대한 업적 중 하나라고 생각한다. 그리고 루이스는 그의 모든 책에서 어떤 방식으로든 이 주제를 논

---

23) 『사람, 장소 그리고 책』(*People, Places, and Books*) p. 133.

24) 『달로의 여행』(*Voyages to the Moon*) pp. 251~252.

25) 라일리의 말은 미시간주립대학의 비출판 논문 「오엔 바필드, C. S. 루이스, 찰스 윌리엄스 그리고 J. R. R. 톨킨의 작품에 나오는 낭만주의 종교」 "Romantic Religion in the Work of Owen Barfield, C. S. Lewis, Charles Williams, and J. R. R. Tolkien"에서 인용했으며, 카넬의 말은 플로리다대학 비출판 논문 「욕망의 변증학: 갈망에 대한 C. S. 루이스의 해석」 "The Dialectic of Desire' C. S. Lewis Interpretation of Sehnsucht"에서 인용했다.

의하거나 묘사하고 있다.

루이스가 최근에 쓴 『비평에서의 실험』(*An Experiment in Criticism*)에서는 한 장을 할애해서 신화라는 주제를 다루었다. 루이스는 "신화는 단순히 한 민족이 가지고 있는 이야기의 모음이 아니다. 단순하지만 필연적인 어떤 요소를 가졌기 때문에 종종 잔인하고, 음란하고, 어리석은 다른 이야기들 가운데서 두드러진 몇 안 되는 그런 이야기를 의미한다"라고 정의했다. 그는 어느 시대이건, 심지어 현대에 와서도 신화가 씌어졌다고 생각했다. 스티븐슨의 『지킬박사와 하이드』(*Dr. Jekyll and Mr. Hyde*), 카프카(Franz Kafka)의 『성』(*The Castle*) 그리고 웰스의 『벽의 문』(*The Door in the Wall*)과 같은 작품들이 신화에 포함되어야 한다고 말한다. 그는 신화를 이야기라기보다는 사실에 가깝다고 생각하며 이야기적 요소는 거의 없다고 믿는다. 플라톤은 위대한 신화를 만들었던 사람이었다. 신화는 다양한 작가들, 심지어 형편없는 작가들도 만들 수 있다. 조지 맥도널드는 일류 작가는 아니지만 이 세상에서 신화를 가장 잘 만드는 사람들 중 하나다. 이것은 어쩌다가 신화가 같은 부류로 인정되게 된 기타 산문과는 그 형식이 좀 다르다는 증거다.

위대한 신화는 보편적 진실을 내포하고 있다. 신화는 주어진 인물의 슬픔보다는 모든 인간의 슬픔에 더 관심을 가지게 한다. 신화는 또한 불가능한 것과 불가사의한 것이 연관되어 있으며 항상 엄숙하다. 또한 그것은 항상 경외심을 불러일으키고 신성하다. 저급한 문학에서는 독자가 플롯을 따라 논리적인 귀결대로 읽고는 책을 옆으로 치운다. 그러나 위대한 신화를 읽으면 독자는 새로운 의미의 세계가 그에게 영원한 뿌리를 내리는 것을 느낄 수 있다.[26]

그렇다면 무엇 때문에 신화를 만드는가? 사물의 중심에는 위대하고, 독립적이며, 자존적이며, 무조건적인 실재가 있다. 신화는 한편으로 인간이 이 실체를 이해할 수 있도록 도와 주는 그림을 그리는 것이며 또 한편으로는 그 실체로부터 나오는 외침의 결과다. 신화는 비록 신성한 진리를 어슴푸레하게 비추지만 표현할 수 없는 것들을 표현 가능하게 하는 인간의 상상력과 마주치고 있으며 실재하는 것이다. 새벽별의 영광으로는 우리에게 충분하지 않다. 우리는 더 많은 것을 원하며 바로 이 시점에서 시와 신화가 우리를 도와 준다. "우리는 우리 자신의 아름다움을 단지 보기만을 원하는 것이 아니다…우리는 말로 표현될 수 없는 다른 무엇을 원한다. 우리가 보는 아름다움과 하나가 되고, 우리가 그 안으로 들어가고, 우리 안으로 그것을 받아들이고, 그 안에서 헤엄치고, 그 일부가 되기를 원한다. 그것이 바로 우리가 공기와 땅 그리고 물에서 신들과 여신들 그리고 요정과 꼬마 요정과 함께 살도록 한 이유다."

거기에는 또한 영원한 갈망이라는 의식 자체와 공존하는 것 같은 그리움이 있다. 루이스가 『그 끔찍한 힘』에서 곰 벌티튜드 씨(Mr. Bultitude)의 의식을 묘사한 것을 인간에게 적용시킨다면 아마도 신화를 만드는 이유에 대한 설명이 될 것이다. "그의 삶에는 평범한 것이란 없었다. 사람의 생각으로는 타산적인 사랑이라고 경멸할 본능이 그에게는 자신의 온 존재를 집어삼키는 전율적이며, 황홀한 열망이고 무한한 갈망이었다. 또한 그것은 비극의 위협이 칼을 들

---

26) 여기 나오는 인용들 중 일부는 루이스가 쓴 『조지 맥도널드: 명문집』(*George Macdonald: An Anthology*)의 서문에서 따온 것이다. 그 외의 것들은 루이스에 대한 여러 자료에서 얻은 것이다.

이밀고 낙원의 빛깔이 뚫고 지나간 그런 열망이고 갈망이었다. 만약 우리 종족 중 한 사람이 잠시 동안이라도 따뜻하고, 떨리며, 무지개 빛을 띤 아담 이전의 의식의 연못으로 돌아가 그 곳에 빠진다면, 그는 자신이 절대적인 것을 붙잡았다고 믿으며 떠오를 것이다. 이성 이하의 상태와 그 이상의 상태는 둘 다 우리가 알고 있는 인생과 대조된다는 점에서 일종의 표면적인 유사성을 가지고 있기 때문이다. 때로 우리에게 어떠한 즐거운 것 혹은 무서운 것과도 연관되어 있지 않은 이름 없는 즐거움 혹은 공포의 기억이 유년시절로부터 되살아난다. 그것은 아직은 아무것도 명명되지 않은 진공 속에서 떠다니는 유력한 형용사(potent adjective), 즉 순수한 가치이다. 바로 그때 우리는 그 연못의 여울을 체험한다. 그러나 그런 기억이 우리를 데려갈 수 있는 그 어떤 곳보다도 훨씬 더 깊은 곳, 가장 따뜻하면서 침침한 바로 그곳에서 그 곰은 평생을 살았다.”

  소설 『침묵의 별 탈주』와 『페를란드라』는 인간이 절실하게 바라는 존재의 통합이 어느 정도 이루어진 세계를 루이스 나름대로 제안하는 신화다. 랜섬(Ransom)이 화성과 금성으로 여행하면서 배운 가장 중요한 것 하나는 “진실과 신화의 차이 그리고 그 둘과 사실과의 차이는 순전히 현세의 문제라는 것, 즉 타락으로부터 연유된 영혼과 육체의 비극적 분리의 일부라는 것이었다. 심지어 지상에서도 그 분리가 영원하거나 종국적인 것이 아니라는 사실을 지속적으로 상기시키기 위해 성례식이 존재한다. 성육신은 그러한 분리가 해결되는 시발점이었다. 페를란드라라는 곳에서는 그러한 것들이 아무런 의미가 없다. 그곳에서 일어나는 모든 일은 지구 사람들이 신화적이라고 부르는 그런 일이다.” 따라서 신화—적어도 신화의 기독교적 요소—는 성만찬과 흡사하다. 그것은 인간과 하나님의 관계를 상징하는 것이며, 스스로 계시며 제한 받지 않으시는 실체와 낙원의 교제에로의 영광스런 귀환을 상징하는 것이다.

이렇게 수준 높은 신화의 개념을 가지고 루이스가 신화를 많이 쓴 것은 전혀 놀라운 일이 아니다. 『페를란드라』에서 랜섬은 아레스(Ares; 화성)와 아프로디테(Aphrodite; 금성)와의 대화를 통해 '천국 연방(celestial commonwealth)'의 흔적을 완전히 잃어버린 곳은 아무 데에도 없다는 사실을 알았다. 이 연방은 모든 인간의 고향이며 선함이란 단순히 상대적이라기보다는 계급적이기 때문에, 위대한 신화 작가 중 하나인 플라톤이 그의 주변 사람들로부터 사악한 괴물로 간주되고 결국에는 포박되어 채찍을 맞고는 십자가에 처형된 완전한 의인을 상상하는 일이 가능했다. 물론 플라톤은 무엇보다 악한 세상에서 진정한 선함이 처한 운명을 그리고 있었다. 그것은 한편으로는 선함의 성질에 관한, 그리고 또 다른 한편으로는 이 세상의 성질에 관한 매우 논리적인 통찰이었다. 이러한 통찰을 통해 루이스는 의로운 사람의 전형을 상상할 수 있었고 그리스도의 수난과 흡사한 이야기를 그려낼 수 있었다.[27] 다른 말로 표현하면 위대한 신화는 심오한 진실의 그림이다. 그것이 바로 신화가 위대한 이유이다.

이러한 개념을 받아들인다면 루이스가 말하는 신화의 효력을 쉽게 이해할 수 있다. 그는 위대한 신화는 우리를 '묵상해야 할 영원

---

27) 『순례자의 귀향』 제3판에서 루이스는 다음과 같은 머리말을 달아 설명을 한다: "심지어 이교적인 신화도 신성한 소명을 내포하고 있다"라는 글에서 인용한 것이다.

한 대상'에게로 안내하며 무한한 가치를 가진 어떤 것을 우리에게 제시함으로써 우리의 존재를 확장시킨다고 단언한다. '신화는 우리 안에 이전에는 우리가 경험하지 못했고 경험하리라 기대하지도 않았던 감동을 불러일으킨다.' 마치 우리의 일상적인 의식의 틀을 깨고 우리가 태어났을 때 약속되어 있지 않았던 기쁨을 얻게 된 것처럼 말이다. 신화는 우리의 마음을 사로잡으며, 우리의 생각과 심지어 우리의 열정보다 깊은 곳을 건드리며, 다시 모든 것에 대해 의문을 느낄 정도로 과거의 확신을 흔들며, 우리 삶 전체를 통해 체험하는 것 이상의 충격을 준다. 신화는 피할 수 없는 성질의 것이다. 위대한 신화를 묵상하면서 인간은 깨달음을 얻게 된다.

　루이스는 존 가워(John Gower)의 *Confessio Amantis*의 한 단락을 논의하면서 신화가 어떤 방식으로 풍유를 초월하는지를 지적한다. 루이스는 가워가 말하는 '상징들은 비록 그것이 한 가지 의미만을 나타내도록 구성되긴 했지만 새로운 생명력을 지니며 오히려 원리들을 대표한다…이 원리들은 개념의 모든 부류들을 통합하는 원리들이다. 모든 것이 의미로 꿰뚫어지는 것이다.' 작가가 이러한 여러 의미들을 인식하고 있었느냐 그렇지 않았느냐 하는 것은 문제가 되지 않는다. 루이스는 "작가가 반드시 자신이 쓴 이야기의 의미를 그 누구보다 더 잘 이해하는 것은 아니다"라고 말했다. 이야기가 풍유와 상징으로부터 좀 더 신화에 가까워질수록 그 이야기는 더 나은 것이 된다.[28]

---

28) 기독교적 관점에서 본 신화에 대해서는 150페이지 이하를 보라. 마조리 호프 니콜슨은 루이스가 『침묵의 별 탈주』에서 사실상 신화를 만드는 데 성공했다고 믿고 있다.

침묵의 별 탈주

캠브리지대학의 언어학자 엘윈 랜섬 박사(Dr. Elwin Ransom)는 도보 여행을 하던 중에 한 어두침침한 오두막집에서 묵게 되었다. 거기서 그는 옛날에 사이가 좋지 않았던 학교 친구 디바인과 몸집이 크고 목소리가 큰 그의 동료이자 유명한 물리학자인 웨스턴이 살고 있는 것을 보고는 몹시 놀랐다. 이들은 이웃 농장에 사는 여인의 우둔한 아들을 뒷뜰에 있는 '물체' 안으로 억지로 밀어 넣으려고 몸싸움을 하고 있었는데 랜섬이 나타나자 그 계획을 포기했다. 랜섬의 친구들과 가족들이 그가 어디에 있는 지를 모른다는 사실을 알게 된 디바인과 웨스턴은 그 소년 대신에 랜섬을 이용해야겠다는 생각을 하고는 그에게 약을 먹였다.

랜섬이 잠에서 깨어 보니 벽이 뜨겁고 머리 바로 위로는 어두운 하늘에 반짝이는 아름다운 별이 보이는 방이었다. 랜섬이 일어나려고 하자 벽이 바깥쪽으로 볼록하고 움직이는 물체처럼 조용히 흔들리는 방에서 자신의 체중을 거의 느낄 수 없음을 깨달았다. 이러한 사실들을 종합해 본 결과, 그가 창문을 통해 달일 것이라고 생각했던 그것이 사실은 지구였다는 것을 알게 되었다. 그리고 자신은 지구로부터 85,000마일이나 떨어진 곳에서 우주선을 타고 말라칸드라(Malacandra; 화성)로 가고 있다는 사실을 깨닫고는 공포에 사로잡혔다.

'그 신화는 전 인류 중 적어도 몇몇 사람들 속에 깊이 내재된 욕망과 갈망으로 점철된 신화다.' 또한 그녀는 이 책을 읽으면서 '랜섬처럼 모험을 하는 데에서 오는 감흥이 아니라 신화를 만드는 데에서 오는 감흥을 느꼈다고 한다.' 『달로의 여행』 pp. 224~255.

그는 이 여행이 디바인과 웨스턴에게는 두 번째 여행이라는 것과 그 우주선이 어떻게 작동되는지에 대한 설명을 들었다. 그러나 랜섬을 잡아들인 두 사람은 그가 이 여행에서 어떤 역할을 하게 되는지에 대해서는 말해 주지 않았다. 그는 디바인이 웨스턴의 과학적 이상주의에는 관심이 없었으며 금을 실은 화물에만 열중해 있다는 사실을 알게 되었다.

랜섬은 두려워하기보다는 하늘의 영광스러운 모습과 자신을 사로잡는 고요함과 생명력의 깊이에 신비하게 반응하고 있는 자신을 발견했다. 그는 하늘이 검고 차가운 진공이 아니라 '빛을 발하는 가장 높은 하늘'〔empyrean; 고대 우주론의 오천(五天) 중 가장 높은 하늘인 최고천(最高天), 불과 빛의 세계로서 후에는 신과 천사들이 사는 곳으로 믿어졌다 — 역주〕이며, 생명을 주입시켜 주며, '우주'라기보다는 '천국'이라고 부를 만한 가치가 있음을 발견하고는 기뻐했다. 그는 행성들은 천국의 영광에 비하면 창백하고 생기 없는 비실체라고 확신했다.[29]

22일 간의 여행 후 우주선을 나섰을 때 랜섬이 받은 첫 인상은 밝고 창백하나 너무나 아름다운 세상이었다. 이 행성의 기온은 지구의 겨울 아침과 비슷했다. 그는 멀리서 풀이 무성한 보라색 산 같은 것과 그 너머에 보다 높은 희미한 녹색의 형상들, 그리고 그 위에는 빨간색 덩어리가 마치 정교하고 아름다운 거대한 꽃양배추처럼 덮

---

29) 우주를 처음으로 여행한 사람이 이와 비슷한 경험을 보고한 사실을 여기서 지적하는 것도 좋을 듯하다. 지구를 우주 공간에서 한 바퀴 돈, 두번째 미국인 스콧 카펜터(Scott Carpenter)는 "살아 있는 빛이 이글거렸다"라고 말했으며, "해가 지면서 그리는 띠가 나중에는 사라지면서 푸른 테두리만 남기는 광경을 지켜 보았다"고 했다. 그는 이 경험이 오직 초월적이라고 밖에 할 수 없었다고 했다.

여 있는 것을 보았다. 말라칸드라에서는 생명체가 모두 수직의 모양을 하고 있었다.

랜섬은 얼핏 엿들은 친구들의 대화를 통해 자신이 말라칸드라인들에게 희생물로 바쳐질 것이라고 생각했다. 그리고 우주선에서 짐을 내리면서 도망갈 길을 살폈다. 그 때 갑자기 우주선이 착륙한 곳 가까이에 있는 웅덩이 너머로 여섯 소온(sorn)이 나타났다. 이들은 사람보다 세 배나 컸으며 가늘고 긴 다리에 몸체는 무겁고 갸름한 얼굴에 길고 늘어진 코와 입을 가지고 있었다. 이 소온들은 그들을 향해 천천히 걸어 왔으며 그 중 하나가 커다란 뿔나팔 소리를 냈다. 그와 동시에 반대 방향에서는 크고 반짝이는 짐승이 물을 가로질러 다가왔다. 웨스턴이 그 짐승을 향해 총을 쏠 때 랜섬은 혼란한 틈을 타서 도망쳤다. 그는 영국의 느릅나무보다 두 배가 더 큰 채소들의 보랏빛 그늘을 가로질러 있는 힘을 다해 뛰었다.

그는 방향에 아랑곳없이 그가 할 수 있는 한 멀리 그리고 빨리 달렸다. 푸른빛을 띠고 증기가 새는 소리를 내는 따뜻한 물줄기를 건넜고 계속 몸을 숨겼다. 밤이 되자 자기 연민과 피로가 홍수처럼 밀려와 폭포 아래에 있는 따뜻한 강 옆의 깊은 계곡에서 휴식을 취했다. 다음날 아침, 그는 대담하게 그 물을 마셨고 상쾌해지는 것을 느꼈다. 그가 먹을 만한 채소를 찾기 위해 이것저것 실험을 해 보고 있을 때였다. 기린과 비슷하게 생겼지만 기린보다는 훨씬 키가 크고 털이 북실북실한 창백한 무리가 나무 꼭대기 부분을 먹으며 다가왔다. 그들이 지나가고 나자 또 한 소온이 나타났고 랜섬은 쏜살같이 달아났다. 그가 넓은 강가에서 물을 마시려고 엎드리자 수달과 물개 그리고 펭귄을 섞어 놓은 것과 같은 윤기가 나는 검은 동물이 근처에 나타났다. 얼마 후 이 동물은 랜섬에게 마실 물을 권했다.

랜섬은 공포가 채 가시기도 전에 대화를 시도할 기회를 찾았다. 곧 몇 가지 말라칸드라어를 배워 그 동물이 효이(Hyoi)라는 이름의 (이것은 나중에 알았지만) 흐로쓰(hross)라는 것을 알았다. 효이는 랜섬을 배로 데려가 음식을 주고 몸짓으로 그에게 앉을 것을 권했다. 그리고 그를 화려한 색상의 전원 속으로 태우고 갔다. 한편 랜섬은 흐로쌰(hrossa)는 핸드라밋(handramit)에 살고 세로니(seroni; sorn의 복수)는 하란드라(harandra)에 살고 있다는 사실을 알았다. 해가 질 무렵에 랜섬과 효이는 흐로쌰 마을에 도착했고 랜섬은 지금까지 일어난 일의 충격에서 여전히 벗어나지 못하고 있었다.

3주가 지나서야 그는 흐로쌰들과 편안하게 지낼 수 있게 되었다. 덕망 있는 흐로쓰인 흐노흐라(Hnohra)가 그에게 언어와 그 외의 것들을 가르쳐 주었다. 랜섬은 처음에 말라칸드라의 문화를 석기시대 정도로 추정했으나 흐로쌰가 천문학과 튤칸드라(Thulcandra; 지구) ― 그들은 이것을 침묵의 별이라고 은밀히 부르고 있었다 ― 도 알고 있다는 사실을 발견하고는 생각을 바꿔야 했다. 랜섬이 지구에 대해 좀 더 묻자 그들은 그를 좀 더 지혜로운 세로니라고 불렀다. 그들은 랜섬에게 세로니뿐만 아니라, 개구리처럼 생겼고 금을 캐서 예술적인 물건들을 만드는 데 뛰어난 피플트리기(pfifltriggi)와, 흐로쓰나 소온은 아니지만 모든 것을 알고 있고 지금까지 살아 있고 말라칸드라에 사는 모든 사람들을 지금까지 계속해서 통치해 온 오야사(Oyarsa)에 대해서도 이야기해 주었다. 랜섬이 오야사가 세상을 만들었냐고 묻자 흐로쌰는 놀라면서 튤칸드라 사람들은 젊은 말 엘딜(Maleldil)이 세상을 만들었고 지금까지도 그가 세상을 다스리고 있다는 사실을 모르느냐고 물었다. 말엘딜에 대해 물으면서 랜섬은 그가 늙은 사람(the Old One)과 함께 살고 있으며 그는 육체나 신체의 일부분도 없고 정욕도 없는 영(靈)이라는 사실을 알아 냈다. 그는 또한 오야사가 서쪽으로 열흘 길에 있는 멜딜론(Meldilorn)에 산다는 것도 알았다.

랜섬은 계속해서 교육을 받으면서 말라칸드리아인들은 본능적으로 정숙하고 일부일처제를 지키며, 전쟁이 무엇인지 모른다는 사실을 알게 되었다. 간단하게 말해서 이들의 생활은 지구에서는 도달하지 못한 인간의 이상과 비슷한 모습을 하고 있었다. 지구의 모습에 부끄러움을 느꼈지만 랜섬은 우주선에서 내리자마자 웨스턴이 총을 쏘았던 흐나크라(hnakra)라는 사나운 동물은 말엘딜이 만들었다고 흐로싸에게 반박했다. 그러나 효이는 그것은 좀 다르다고 했다. 흐나크라는 물론 그들의 적이지만 그들의 사랑을 받고 있기도 하다고 했다. 흐나크라의 위협때문에 세상은 더 밝고 인생은 더 의미 있다고 했다. 사실상 흐로싸들은 흐나크라의 상(像)을 집에 가지고 있었고 아이들은 흐나크라 놀이를 좋아했다. 그 짐승과 싸우면서 몇 사람이 죽은 것에 대해 흐로싸는 그들이 죽으면 말엘딜에게 가기 때문에 죽음을 좋은 경험이라 말하고 대수롭지 않게 생각했다. 흐로싸를 정말 슬프게 하는 것은 이 세상을 어둡게 하는 '타락한' 창조물이었다.

하루는 흐로싸 무리가 랜섬을 데리고 흐나크라를 사냥하러 나갔다. 희열이 넘치는 결전은 효이의 승리로 끝났고 흐나크라가 물 속에 죽은 채로 누워 있었다. 그러나 랜섬이 흐로싸와의 형제애에 사로잡혀 기쁨에 빠져 있을 때 어디선가 총알이 날아와 효이를 쓰러뜨렸다. 랜섬은 이 총알이 웨스턴과 디바인의 총에서 날아온 것이라고 말했다. 자신의 종(種)에 대해 수치심을 느낀 그는 흐로싸에게 자신과 다른 두 명의 지구인의 생명을 가져가라고 말했다. 랜섬은 오야사만이 생명을 가져갈 수 있다는 말을 들었다.

이러한 일이 있기 며칠 전, 랜섬은 젊은 여자 흐로쓰가 혼잣말을 하고 있는 것을 발견했다. 그가 다가가 묻자 그녀는 자신이 엘딜(eldil)에게 말하고 있었다고 대답했다. 그러나 랜섬은 아무것도 볼 수 없었고 그녀가 단지 연기를 하고 있는 것이라고 생각했다. 나중에 효이는 랜섬에게 엘딜라(eldila)가 햇살이나 움직이는 나뭇잎과 같은 것으로 여겨질 때가 많지만, 엘딜라는 실체라고 말했다. 그 후 흐나크라 사냥을 나가던 날 랜섬은 비록 보이지는 않았지만 엘딜이 효이에게 랜섬은 사냥에 나가지 말고 오야사에게 가야 한다고 경고하는 것을 들었다. 효이의 죽음은 아마도 엘딜의 말에 복종하지 않았기 때문인지도 모른다. 그 결과 랜섬은 지름길이 있는 산길을 통해 서둘러 멜딜론으로 갔다.

무섭도록 가파른 산을 오른 랜섬은 산꼭대기에서 오그레이(Augray)라고 하는 소온과 정면으로 마주쳤다. 오그레이는 랜섬에게 용기에서 산소(酸素)를 꺼내 주었다. 랜섬은 오그레이를 통해서 오야사는 말라칸드라가 처음 만들어진 때부터 보내져 그곳을 다스리도록 임무를 받은 엘딜라이며, 그 중에서 가장 위대한 존재라는 사실을 알았다. 엘딜라는 벽과 바위를 통과해 다닐 수 있다는 사실을 알게 된 랜섬은 예전부터 밝은 빛을 내면서 잘 잡히지 않는 지구의 물체에 대해서도 인류학자의 설명 외에 다른 해석이 가능하지 않을까 생각했다. 랜섬에게 잠자리를 마련해 주기 전에 오그레이는 그에게 소온이 만든 망원경으로 지구를 보여 주었다.

다음날 아침, 오그레이는 랜섬을 자신의 어깨에 태우고 멜딜론까지 데려가 주겠다고 제안했다. 18피트나 되는 오그레이의 어깨 위에 조심스럽게 올라 탄 랜섬은 처음에는 두려움을 느꼈다. 그러나 그들을 둘러 싼 밝은 천상의 빛과 저 아래 펼쳐진 돌꽃양배추 모양의 연한 장미빛의 성당 크기만한 초목들의 광경을 보며 그 두려움은 이내 기쁨으로 바뀌었다. 보다 밑으로 내려 간 그들은 동굴로 된 집에 많은 두루마리 책을 가지고 있는 과학자 소온과 함께 밤을 보냈다. 거기 사는 세로니는 랜섬에게 튤칸드라에 대해 물어 보았고, 랜섬으로부터 전쟁, 노예 그리고 매매춘에 대해 듣고는 무척 놀랐다. 그들은 튤칸드라는 오야사가 없기 때문에 또는 거기에 사는 모든 사람들이 스스로 작은 오야사가 되기를 원하기 때문에 지금의 모습이 되었다는 결론을 내렸다.

멜딜론에 이르자, 랜섬은 자기 아래 펼쳐진 핸드라밋의 아름다움에 황홀함을 느꼈다. 그는 보랏빛 숲을 테두리로 한 지름 12마일의 사파이어 연못을 보았는데 그 연못 가운데에는 웅장한 나무와 암석 기둥으로 된 가로수 길이 놓인 섬이 있었다. 랜섬을 건네다 준 흐로쓰가 그에게 이 섬은 예전에 엘딜라로 가득했다고 말해 주었는데, 그 섬을 걸어다니면서 랜섬은 곁눈질로 볼 때를 제외하고는 엘딜라를 거의 볼 수 없었다. 그가 정면으로 보려고 하는 순간 아무것도 보이지 않았다. 그리고 나서 그는 피플트리기가 역사와 신화를 암석 기둥에 그림으로 새기는 것을 발견했다. 랜섬은 그들이 태양계를 새기면서 지구가 다른 행성과는 달리 오야사가 없는 곳으로 새겨지는 것을 보고 충격을 받았다.

숙소에서 밤을 지낸 후 그는 아침 일찍 오야사 앞으로 불려 갔다. 그는 돌기둥 길이 말라칸드라인들로 가득 차 있고 땅과 하늘은 엘딜라로 가득 차 있는 것을 보았다. 오야사가 나타나서 랜섬에게 자신이 침묵의 별 튤칸드라로부터 그를 데려오도록 했다는 사실을 밝히자 랜섬은 크게 놀랐다. 이 침묵의 별은 지구의 오야사가 타락해 천국으로부터 추방당하고, 그가 다른 세계까지 망치려고 했기 때문에 지구 공중에 묶이게 된 그 때부터 침묵하게 되었다. 오야사는 말엘딜과 타락한 자와의 전쟁이 어떻게 되었는지 그 결과가 궁금해서 랜섬을 불렀던 것이다.

랜섬이 이야기하기 시작했을 때 흐로싸 한 무리가 죽은 흐로싸의 시체 세 구를 들고 들어 왔다. 그 뒤에는 디바인과 웨스턴이 따라 들어왔다. 살인 혐의를 받고 있는 이 지구인들은 죄책감이라고는 전혀 없었고 그들이 원시적이라고 생각하는 이 동물들로부터 풀려 나려고 날뛰고 있었다. 한편 죽은 흐로싸의 시체는 장례식 후 순간적으로 밝은 빛을 내며 사라졌다.

웨스턴은 긴 연설을 하겠다고 고집을 부렸는데 랜섬이 그 연설을 말라칸드라어로 통역을 했다. 웨스턴은 오야사가 그와 디바인을 죽이는 것은 상관없지만 어쨌든 인간은 모든 세계를 지배할 운명을 타고났으며 그 어떤 것도 이러한 진화의 현상을 막을 수는 없다고 했다. 오야사는 결국 웨스턴은 침묵의 별에 있는 다른 타락한 신처럼 완전히 미쳤으며, 욕심으로 가득 찬 디바인은 말을 할 줄 아는 동물에 불과하다는 결론을 내렸다. 그리고 오야사는 자신이 지구인의 생명을 가져가는 것은 옳지 않다고 생각했기 때문에 이들에게 당장 지구로 돌아가라는 벌만 내렸다. 그들의 우주선이 정확히 90일 후에 망가지도록 하겠다고 했다.

지구와 특히 그 타락한 상황에 대한 오야사의 여러 가지 질문에 성의껏 대답한 랜섬은 말라칸드라에 남거나 지구에 돌아가는 것 중 하나를 선택을 할 수 있었다. 쉬운 선택은 아니었지만 랜섬은 돌아가기로 했다. 다음날 우주선은 떠났다. 랜섬은 떠나 온 말라칸드라를 돌아다보며 그가 실제로 그곳에 대해 아는 것은 거의 없고 또 그의 경험을 남들에게 전달하기도 어렵다는 사실을 깨달았다. 위험한 비행 후 우주선은 가까스로 90일 기한 안에 지구에 도착했다.

『침묵의 별 탈주』과 『페를란드라』의 목적은 그럴 수도 있었던 것을 보여 주기 위해서 그리고 『그 끔찍한 힘』은 아직은 그렇지 않은 것을 보여 주기 위해서 쓰여졌다고 말할 수 있겠다. 『침묵의 별 탈주』을 읽어 보면 루이스가 『페를란드라』나 『그 끔찍한 힘』에서처럼 한 가지 생각에 매여있지 않다는 인상을 받는다. 화성이 완전한 세상을 형상화하는 것이었을까? 찰스 무어맨(Charles Moorman)과 에드먼드 풀러는 그렇게 생각한다.[30] 코빈 S. 카넬은 "오야사가 어떠한 악도 자라나지 못하게 하며 따라서 이들은 어떠한 윤리적 의미에서든 자유 의지가 없다"고 한다.[31] 그것은 천국에서 내려 온 완전한 세상이라기보다는 지구보다 우위에 있다는 의미의 완전한 세상인 것 같다. 말라칸드라 곳곳에는 엘딜라들이 있지만 완벽한 페를란드라에는 이들이 필요하지 않다. 루이스가 이 소설에서 분명하게

---

30) 『아더의 3부작』 p. 108. 『책과 그 저자』 p. 145.
31) 「욕망의 변증학: 갈망에 대한 C. S. 루이스의 해석」 "The Dialectic of Desire: C. S. Lewis' Interpretation of Sehnsucht" pp. 99~100.

말하는 한 가지는 지구가 그 잠재력을 선하게 사용하지 않았다는 것이다. 이 소설에는 때로 다른 곳에서의 여행이 집에서는 때로 풍자의 수단이 되는 스위프트(Jonathan Swift; 『걸리버 여행기』의 저자 — 역주) 기법이 사용되기도 한다. 말엘딜의 목소리가 사실상 들리지 않는 곳은 침묵의 별이다. 태양계의 다른 모든 행성은 같은 언어를 사용한다. 지구만이 예외다. 지구에서 온 두 명의 악한이 멀리 떨어져 있는 이 행성을 침공하는데 한 사람은 자신의 타락한 욕망을 채우기 위해 금을 얻으려 하고, 또 한 사람은 미래의 초인의 이익을 위해 말라칸드리아인들과 심지어 자신마저도 희생하려 든다. 이 행성에서 두 사람은 '타락'은 두려워하지만 죽음은 두려워하지 않는 존재들을 발견한다. 오히려 그들에게 죽음은 즐거운 일이다. 이들은 원수를 갚지 않으며 오야사에게 항상 복종한다. 그리고 지구의 노예와 전쟁, 매매춘 그리고 적자 생존에 대한 이야기를 이해하지 못한다. 이들의 계급은 밑에서부터 흐나우(hnau) 혹은 사람, 엘딜라, 오야사 그리고 말엘딜 순이다. 이 계급 안에서 말라칸드라인들은 만족하게 되고 즐겁고 완전한 의미를 가진 존재가 된다.

말엘딜은 성삼위를 나타낸다. 그가 오야사 또는 수호의 영에게 능력을 주며, 지구의 타락한 오야사와 그의 거짓된 엘딜라와의 전쟁을 그치게 한다. 『페를란드라』에서 말엘딜은 녹색 여인(Green Lady)과 함께 걸으며 그녀를 가르친다. 말엘딜이 지구에서는 인간의 모습을 입었다. 그리고 우리는 이제 더 이상 완전한 세상은 불가능하다는 사실, 즉 모든 사물의 구조가 변했다는 사실을 알게 된다. 이성 자체도 다른 형태를 띠게 되었다. 모퉁이가 방향을 틀었으며 이쪽 편의 것은 모두가 변해 버렸다.

페를란드라

이제 『페를란드라』를 한번 보자. 나는 개인적으로 공상소설 3부작 중 이 책이 가장 재미있다고 생각한다. 이 소설에서 엘윈 랜섬 박사는 또 한 번의 우주 여행을 하는데 이번에는 우주선을 타고 가지 않는다. 그는 오야사보다 높은 분의 명령으로 말라칸드라의 위대한 오야사가 인도하는 특별한 상자를 타고 페를란드라(금성)로 이동한다. 그는 지구의 검은 오야사가 페를란드라를 막 침략하려고 하기 때문에 페를란드라로 불려 간 것이다.

랜섬은 1년 이상을 떠나 있다가 돌아와서 그의 경험담을 들려 준다. 그 상자는 페를란드라의 강에 착륙한 후 사라졌다. 랜섬은 형용할 수 없는 기쁨으로 가득했고 정교한 아름다움의 세계에서 거대한 파도를 타고 있는 자신을 발견했다. 일렁이는 파도의 테두리를 그리며 떠 있는 섬 위에는 채소들이 헝클어져 있었다. 랜섬은 이 섬들 중 하나에 올라타고 그 위를 걸어다니는 방법을 터득했다. 섬에는 지구의 것보다 더 맛있는 과일로 가득한 숲이 있었다. 그 향기가 너무도 달콤해 숨쉬는 행위가 하나의 의식이 될 지경이었다.

랜섬이 본 첫 번째 동물은 금색의 작은 용이었는데, 곧 그 동물들과 친해졌다. 이 용과 자신이 이 섬의 유일한 거주자인가 하고 생각할 무렵, 그는 먼 곳에 있는 또 한 사람을 보게 된다. 나중에 그는 이 사람이 녹색 돌을 깎아 만든 여신처럼 생긴 여자라는 것을 알게 된다. 그녀는 즐겁고 흥겨운 기분으로 수많은 새들과 짐승들에 둘러싸여 있었으며, 이 세상의 사람과 같지 않은 평정을 지니고 있었다.

그녀 역시 말라칸드라어를 사용했기 때문에 랜섬은 그녀와 대화할 수 있었다. 그는 이 행성에는 그녀와 왕 한 사람만이 살고 있다는 사실을 알게 됐다. 그가 그녀의 어머니에 대해 묻자 그녀는 자신이 어머니였다고밖에 말할 수 없었다. 지금까지 그녀는 말엘딜과 깨지지 않고 지속되는 관계 속에서만 인생을 알았다. 그러나 이제 그녀는 랜섬을 통해 다른 이상한 것들을 배우기 시작했다. 우선 그녀는 무엇인가를 선택한다는 것에 대해 배웠다. 그녀는 악에 대해 알지 못했기 때문에 어떤 것이 다른 것보다 선하다는 것의 개념을 이해하지 못했다. 그녀 자신이 이러한 선택의 자유를 소유하고 누리고 있었지만, 그것이 선택이라는 것은 인식하지 못했다. 그녀는 이제 자유를 아주 대단한 것으로 보게 되었다. 왜냐하면 그것은 말엘딜이 자신과는 별개의 세계를 만들었다는 것을 의미하기 때문이다. 그러나 자신의 자아를 인식하게 되자, 이 녹색 여인은 말엘딜에게 복종할 수 있는 가능성은 물론 복종하지 않을 수 있는 가능성도 있음을 자각하게 되었다.

그러나 새로운 것을 배우는 것은 랜섬도 마찬가지였다. 그 여인은 랜섬에게 자신이 말엘딜 아래서 항상 깊은 만족을 누리며 살아왔고 그에게 복종하는 것 외에는 바라는 것이 없다고 말했다. 그녀 자신이 자기가 다스리는 바다와 땅과 하늘의 동물들에게 ― 이들은 그녀를 기쁘게 하는 것이 가장 큰 즐거움이다 ― 사랑스러운 주권자인 것처럼 말엘딜도 그녀의 주권자였다.

그들이 타고 있는 섬이 커다란 녹색 바위산으로 뒤덮인 육지를 향해 흘러가자 그 여인은 자신과 왕이 거기에 머무는 것이 금지되어 있기는 하지만 자신도 뭍에 내려서 왕을 찾으러 가겠다고 했다. 랜섬과 그 여인은 함께 육지 안쪽으로 들어가서 위로 올라 갔다. 꼭

대기에 거의 다다랐을 때 그들은 거대한 녹색 기둥에 둘러싸인 아름다운 평지를 발견했다. 그 위에서 그들은 아래에 있는 바다를 내려다 보았지만 왕을 발견하지 못했다. 그러나 그들은 예전에 보지 못했던 둥그런 물체를 보았다. 그보다 앞서 이들은 하늘을 가로지르는 무엇을 보았는데 그것이 바로 이 우주선이라는 것을 알았다. 랜섬은 그가 예전에 말라칸드라에 같이 갔던 웨스턴이 타고 있을 것이라고 생각을 하는데, 그 여인이 침착하게 내려가서 방문객을 환영하자고 제안하자 충격을 받았다. 웨스턴이 말라칸드라에서 흐로싸를 어떻게 죽였는지 기억하고 있던 랜섬은 그녀보다 앞서 해변으로 나갔다.

　파도가 거칠게 쳐서 마음먹은 대로 방문객들을 환영할 수 없게 된 그녀는 자신의 충직한 동물의 등을 타고 떠났으나, 랜섬은 웨스턴이 겨눈 총 때문에 남아 있을 수밖에 없게 되었다. 후에 웨스턴은 웅변적인 장광설을 늘어 놓았다. 그는 자신이 더 이상 전에 말라칸드라에 있었을 때처럼 인간의 물질적 관심이 최고라고 생각하지 않으며, 이제는 인간의 영적인 관심에 매달리고 있다고 했다. 그는 외형적인 신학적 용어 외에는 랜섬과 자신이 같은 것을 지지하고 있는 것이라고 했다. 랜섬은 어리둥절하여 자신이 성령을 믿는 것은 웨스턴이 설명하는 맹목적이고 모호한 고의성과는 전혀 다르다고 말했다. 웨스턴이 불가사의한 거대한 힘이 인간 안에 들어와 인간을 도구로 사용하는 것에 대해 이야기하자, 랜섬은 그에게 영에는 선한 것과 악한 것이 있다고 상기시켰다. 그러나 웨스턴은 하나님과 악마는 둘 다 동일한 우주적 힘이라고 고집했다. 랜섬이 그에게 조금 더 질문하자 그는 이 힘이 일반적인 개념의 윤리를 초월하기 때문에 자신은 거짓말이나 살인을 서슴지 않으며, 생명력이 명령한 다면 배신자도 될 수 있다고 했다. 웨스턴이 이 장광설의 절정에 이르러 생명력에게 자신을 사로잡으라고 요청하자, 그는 갑자기 경련을 일으키며 감각을 잃은 채 땅에 쓰러졌다.

웨스턴을 도우려 시도해 본 후, 랜섬은 먹을 것을 찾으러 나섰는데 그 사이에 밤이 되었다. 다음날 랜섬은 웨스턴을 찾을 수가 없었다. 그날 오후 랜섬은 해변가에 커다란 물고기 하나를 발견하고는 그 고기를 타고 떠다니는 섬으로 갔다. 어두울 무렵 그 섬 중 하나에 도착한 랜섬은 잠이 들었는데, 근처에서 웨스턴과 그 여인의 목소리를 듣고 잠이 깼다. 악마에 사로잡힌 웨스턴은 그 여인을 마치 에덴의 하와처럼 끈질기게 유혹하고 있었다. 이 악마적인 목적이 그 윤곽을 드러내자 랜섬은 오야사가 자신을 페를란드라에 보낸 의도를 알아챘다. 그것은 랜섬 대 웨스턴, 아니 랜섬 대 사탄의 대결이었으며 이 여인과 그 남편의 모든 미래 세대가 위험에 처해 있었다.

그 후 수일 동안 그리고 여러 차례에 걸쳐 웨스턴은 초인간적인 명석함으로 그의 악의 있는 일을 그치지 않았다. 이제는 인간이 아니라고 하는 것이 더 적합한 웨스턴의 시체 같은 외모와 기계적인 매너리즘이 못견디게 싫었지만, 랜섬은 그 여인을 위해서라도 웨스턴 근처에 있어야 할 의무를 느꼈다. 때로 랜섬은 논쟁을 방해했지만, 악마의 명석함과 진리에 가까운 말에 그는 종종 할 말을 잃었다.

유혹은 크게 두 가지로 왔다. 하나는 말엘딜이 육지에 머무는 것을 금지한 명령의 합리성에 대한 의문이었다. 웨스턴은 그 여인에게 말엘딜은 분명 그녀를 가르치기 위해 자신과 랜섬을 페를란드라로 보냈다고 했다. 그녀는 이미 랜섬을 통해 말엘딜이 그녀를 그 자신과는 분리된 하나의 개체로 만들었다는 놀라운 사실을 배우지 않았는가? 이제 말엘딜이 그녀와 그 왕에게 좋지 않은 것은 절대로 준적이 없기에 그는 육지에 관련된 그의 유일한 금지 사항에 대해서도 뭔가 즐거운 요소를 마련해 놓았을 것이다. 이 금지 사항은 말엘딜의 계획에 불과한데, 그것은 그녀가 자신의 개체성을 온전히 이해한다는 것을 증명해 보이기 위해 그녀가 눌러야 할 단추 같은 것이라는 사실을 그녀는 이해하지 못하겠는가? 말엘딜의 지시 사항을 단순히 거부하는 것만으로도 그녀는 자신의 자유를 증명하게 될 것이다. 그것은 진정 말엘딜이 그녀 스스로 걷도록 마련해 놓은 길이다. 이것은 그가 그녀를 '완전한 여성'으로 만들기 위해 세심하게 계획한 것이다. 그녀가 이것을 배우기만 한다면 그녀는 그녀의 남편인 왕도 가르치고 도울 수 있을 것이다. 또한 그녀는 말엘딜이 늘 말해 주지 않아도 무엇이 선한 것인지 스스로 아는 지구의 여성과 같아질 것이다. 그리고 지구의 여성은 이러한 지혜를 가지고 있기 때문에 아름다우며, 남자들은 그녀들을 사랑한다고 웨스턴은 덧붙였다. 이미 랜섬을 통해 지구에서는 사람들이 떠다니는 섬이 아니라 육지에서 산다는 사실을 듣지 않았던가? 어떻게 말엘딜이 지구와 페를란드라에 서로 다른 법칙을 세울 수 있단 말인가?

그 여인이 말엘딜 자신은 늘 그런 것처럼 그녀에게 아무런 말도 하지 않았다고 하자, 웨스턴은 그것이야말로 말엘딜이 그녀가 그의 인도와는 상관없이 스스로 결정하고 의도적으로 그에게 불복종하라고 말해 왔다는 것을 증명하는 것이라고 대답했다. 랜섬은 웨스턴이 그녀를 오도한다며 끼어 들었다. 유일한 금지 사항은 불복종을 위한 계획이 아니라 사랑에서 우러나오는 복종을 위해 '고안'된 것이라고 하는 것이 더 낫지 않은가? 물론 말엘딜은 그녀를 자신과는 다른 개체로 만들었고 그녀가 개별적인 자아를 가진 존재이기를 바라지만, 고의로 말엘딜에게 불복종하면 파급 효과가 큰 악을 불러 올 뿐이다.

그러나 웨스턴은 참되고 심오한 삶은 말엘딜에게 불복종하고 진정한 자신이 되어야 비로소 얻을 수 있다며 그의 주장을 재개했다. 이에 대해 랜섬은 불복종 때문에 지구의 아담과 하와에게 무슨 일이 일어났는지를 설명했다. 웨스턴은 재빨리 이 불복종 때문에 말엘딜이 인간이 되었고 지구는 그 외의 다른 위대한 이익을 얻게 되었다고 반박했다. 웨스턴의 설득력은 너무도 강력해서 랜섬 자신도 흔들릴 정도였다.

두 번째 유혹은 웨스턴이 그 여인에게 스스로를 영웅으로 생각하게 하고 영웅의 비극적 웅장함을 강하게 느끼도록 하기 위해 들려준 이야기였다.[32] 그는 복종에 대한 말엘딜의 단순한 명령에 장엄함과 희생이라는 복잡한 이미지들을 씌웠다. 그는 또한 그녀에게 옷을 입고 거울을 보는 법도 가르쳤다. 이러한 일에 대해 왕에게 물어보라는 그녀의 제안에 웨스턴은 그녀의 남편을 연루시키지 말고 스스로 자비롭게 위험을 감내해야 한다고 했다. 그리고 나면 왕에게 가서 이 놀라운 일을 가르칠 수 있을 것이라고 했다. 이렇게 해서 그 여인은 이미 완전했음에도 불구하고 서서히 아주 조금씩 부자연스러운 모습을 띠기에 이르렀다.

____

32) 루이스는 여기서 『실낙원』으로부터 몇 가지 이미지를 빌려 왔다. 그가 쓴 『실낙원 서문』 (*Preface to Paradise Lost*)의 68페이지에 나오는 묘사를 보라.

랜섬은 이 비인간(Un-man)이 서서히 그 목적을 달성하기에 이르렀다고 생각하고 왜 천국은 조용한데 사탄 혼자 일을 벌이는가를 자문했다. 그러나 그가 이렇게 질문을 하는 그 순간에 말엘딜은 존재하며 항상 존재했다는 사실을 깨달았다. 랜섬은 이 경험을 하기 위해 자신이 지구에서 여기로 왔다는 것 자체가 기적이며 페를란드라의 운명은 그의 이러한 씨름의 결과에 달려 있다는 사실도 깨달았다. 그는 처음으로 온 세계는 항상 궁극적으로 개인의 행동에 달려 있다는 것과 그의 경우 천국은 이 엘윈 랜섬이 어떻게 하는가를 보기 위해 조용히 기다리고 있다는 사실을 분명하게 깨달았다. 이러한 부담이 처음에는 그를 압도했지만 그는 이 적(敵)을 주어진 순간에 적합한 방법으로 대적하기만 하면 된다는 것을 기억했다. 그러자 한 목소리가 그에게 말했다. "너의 이름이 괜히 랜섬이 아니다. 나의 이름 또한 랜섬이다." 그는 자신의 손에 쥐어진 무서울 정도의 자유에 압도되었으나 시험이 오면 자신이 옳은 행동을 할 것이라는 사실을 깊이 확신했다.

그러던 어느 날 랜섬은 자신의 적을 파멸시켜야 할 때가 왔다는 것을 알았다. 비인간을 찾던 그는 그가 새를 갈기갈기 찢고 있는 것을 발견했다. 랜섬은 비인간에게 다가가 그의 턱을 힘을 다해 쳤다. 그 비인간은 다시 랜섬에게 다가가 긴 손톱으로 그의 등을 할퀴었다. 곧 둘 다 피투성이가 되었다. 순수한 증오가 밀려오자 랜섬은 힘이 강해졌고 비인간은 후퇴할 수밖에 없었다. 그는 바다로 달려가 거대한 물고기 하나를 타고 도망갔다. 랜섬은 다른 물고기를 타고 그를 따라갔는데, 이 추격전은 밤이 깊도록 계속되었다. 다음날 아침, 그와 비인간은 페를란드라의 넓은 바다에 둘만 있게 되었다. 얼마 후 반쯤 의식이 든 상태에서 랜섬은 비인간이 자기 옆에 와 있는 것을 발견하고 긴 시간 동안 그가 벌이는 우주의 무의미함에 대한 논쟁을 듣고 반박해야 했다. 그러나 그들이 파도 속에 휘말려 바위로 된 해변가에 부딪혀 죽을지도 모른다는 갑작스러운 깨달음과 함께 이 논쟁은 중단되었다. 비인간(아니면 웨스턴이었던가? 랜섬은 종종 어느 쪽인지 분간하기가 어려웠다)은 비명을 질렀고, 랜섬은 그에게 기도하고 죄를 회개하라고 했다. 그러자 랜섬은 그를 잡아당기는 적의 손에 끌려 물밑으로 가라앉았다.

랜섬이 더 이상 숨을 참지 못하겠다고 느끼는 순간, 그는 다시 물 위로 올라와 있는 자신을 발견했고 비인간은 여전히 그의 다리를 붙잡고 있었다. 이 싸움은 자갈 해변가에서 랜섬이 적의 숨통을 끊는 것으로 끝이 났다. 이제는 아침을 기다리는 것 말고는 다른 방법이 없었다. 그러나 긴 시간이 흐른 후 랜섬은 물에서 비인간과 싸우면서 오르락내리락 하다가 밤처럼 검은 동굴로 들어와 버렸기 때문에 더 이상 아침은 없다는 사실을 깨달았다. 공포에 휩싸인 랜섬은 더듬더듬 다니다가 올라갈 수 있는 장소를 발견하고는 발 밑의 물 소리가 점점 더 조용해지는 것을 느끼며 짐작으로 암봉에서 암봉으로 옮겨 다녔다. 그 후 그는 위에 있는 보다 큰 동굴로 더듬어 올라갔다. 그 동굴 안에는 불길이 타오르는 웅덩이가 빛을 발하고 있었다. 멀리서 들리는 바다의 소리 외에 그는 무언가 가까운 곳에서 들리는 소리를 감지할 수 있었다. 그 소리는 비인간이 자신의 몸을 질질 끌며 오고 있고 그 뒤에는 거대하고 기이한 괴물이 기어 오는 소리였다.

그때 랜섬은 그가 최근에 품은 무서운 의심은 사탄적이며 비인간

가까이 있었기 때문에 옮겨온 것이라는 것을 깨달았다. 그래서 랜섬은 이번에는 확실하게 비인간의 망가진 몸을 불길이 이는 웅덩이로 밀어버림으로써 완전하게 그를 멸망시켰다.[33] 랜섬이 괴물과 싸우려고 돌아서자 그는 그 괴물이 자신이 처음 생각했던 것보다 훨씬 덜 위험하다는 것을 발견하고 그가 자기 구멍으로 다시 미끄러져 들어가는 것을 지켜보았다. 피로로 죽을 지경이 된 랜섬은 깊은 잠에 빠졌다.

랜섬은 산에서 내려와 수일 동안 꿈인지 생시인지 모를 여러 개의 환상을 보았으며, 한편 그의 상한 몸은 차차 회복되었다. 그러나 발뒤꿈치에 있는 상처는 아물지 않았는데 그 상처는 그가 지구로 가져가야 할 상처였다. 그 상처가 언제 생겼는지 랜섬이 기억할 수 없었지만 비인간과 싸우는 동안 그에게 물린 자국이 분명했다. 그 후 그는 신비한 광경과 냄새 그리고 음악이 주는 흥분되고 무한한 기쁨으로 가득한 새롭고 신기한 풍경 속을 여행했다. 그리고 그는 거룩한 산을 올랐고 거기에 있는 매우 아름다운 계곡에서 그가 페를란드라에 타고 온 것과 똑같은 상자를 발견했다. 그 옆에는 두 명의 엘딜라가 있었는데 하나는 말라칸드라에서 왔고 하나는 페를란드라에서 온 엘딜라였다. 말라칸드라에서 온 엘딜라가 랜섬에게 "세상은 오늘 태어났다"고 말했다. 왕과 왕비를 만나기에 적합한 구현물을 찾던 엘딜라는 두 개의 빛나는 몸으로 변신하기로 결정했다. 그들이 변신하자 랜섬은 그들이 인간의 신화에 나오는 마르스

---

33) 톨킨의 『왕의 귀환』(*The Return of the King*)에서 프로도(Frodo)가 악의 반지를 파괴하는 장면과 이 장면의 유사성은 아마도 우연은 아닐 것이다.

와 비너스임을 발견하고 놀랐다. 그는 신화가 견고한 실체에 기초한 것임을 깨달은 것이다.[34]

다른 것과 비교할 수 없는 영광스러운 의식이 진행되는 가운데 '두 인격이 낙원으로 손을 잡고 들어왔는데', 이들은 너무도 위엄 있고 완전해서 엘딜라 자신도 그들 앞에 몸을 숙였다. 랜섬은 아담과 하와가 타락했을 때 지구가 얼마나 엄청난 것을 잃었는가를 생각하자 마음이 답답해졌다. 이 의식 후 새로운 왕과 왕비는 랜섬에게 깊은 감사를 표하며 그가 페를란드라를 타락으로부터 구하는 말엘딜의 도구가 되었다고 했다.

왕비—물론 그녀는 녹색 여인이다—는 랜섬에게 그가 비인간을 물리치자 비인간이 자신을 오류에 빠뜨리려 하고 있었다는 사실을 분명하게 깨달았으며, 그 오류는 한 개인의 의지를 말엘딜에 반(反)해서 사용하도록 하는 오류였다고 말했다.

이야기 내내 왕이 그 모습을 드러내지 않는데 그 사실이 이 책을 읽는 독자들을 의아하게 했다면 이제 그 이유가 나온다. 말엘딜이 그를 루르(Lur)로 보내 선과 악을 포함한 많은 것을 배우도록 했다. 거기서 그는 페를란드라가 타락할 수도 있다는 사실을 직접 보게 된 것이다. 그는 피조물이 자신들을 내던져야 하고 계속해서 따라야 하는 영원한 파도(Eternal Wave)만이 있을 뿐 정지된 땅은 없다는 사실 배웠다. 그는 또한 랜섬이 모든 것의 마지막이라고 부른 것

---

34) 소설 전반에 걸쳐 랜섬은 이 사실에 감명을 받는다. 이것은 부분적으로 찰스 윌리엄스의 생각을 빌려 온 것인데, 루이스와 윌리엄스 모두 이 개념을 히브리서 8:5의 "저희가 섬기는 것은 하늘에 있는 것의 모형과 그림자"라는 말씀에서 가져온 것 같다.

은 사실 시작일 뿐이며, 말엘딜이 마침내는 깊은 천국(Deep Hea-ven)의 엘딜라를 데려다가 지구의 검은 오야사인 아르콘(Archon)과 전쟁을 일으키려 한다는 것을 알았다. 그리고 종국에는 말엘딜 자신이 전쟁에 나가서 영광스러운 새 시작을 확립하려고 한다는 사실도 배웠다.

지금까지 있었던 그리고 앞으로 있을 영광을 여러 번 섬광처럼 본 후에 랜섬은 엘딜라의 초대를 받아 그 상자 안에 들어갔다. 그가 햇빛으로부터 자신의 눈을 보호하기 위해 눈을 가려 달라고 하자, 근처에서 자라고 있는 셀 수 없이 많은 장밋빛 백합들이 그의 얼굴에 뿌려졌다. 중년의 나이에 접어든 캠브리지대학의 언어학자인 그가 있는 힘을 다해 검은 오야사에게 저항했기에 그는 자신에게 영원히 아름답고 선하게 남아 있을 그 땅을 마지막으로 볼 수 있었다.

『페를란드라』의 위대한 주제는 자신을 악마에게 내어준 지구의 방문객을 통해 유혹이 들어오게 된 타락하지 않은 세계 그리고 지구의 다른 방문자의 선한 임무를 통해 타락하지 않은 채로 남게 되는 세계다. 그 세계는 아담 이전의 의식과 죄와 고통이 없는 세계며 랜섬이 한 작은 거짓말에도 그 자신이 혐오스러워지는 그런 세계다. 그곳은 음악과 황홀의 세계며 말엘딜과 그 피조물 간에 교통이 있는 세계다. 그 곳은 표현할 수 없는 선함의 세계이며 동물들 사이에서도 웃음과 깊은 곳에서 우러나오는 기쁨이 있는 세계다. 그곳은 녹색 여인처럼 어린 아이같은 세계다. 페를란드라의 피조물들이 벌거벗고 있는 것은 아마도 상징적 의미를 가질 것이며 랜섬이 벌거벗은 것조차도 그저 하나님의 뜻을 이행하기 위한 독창적인 의도를 암시하는 것으로 볼 수 있을 것이다. 웨스턴이 페를란드라에 옷을 입은 채로 도착하는 것은 우연이 아닐 것이다. 에드먼드 풀러는 이 소설이 독자에게 연민과 공포의 정화가 아니라 오히려 열광적인 기쁨과 경외심을 준다고 말한다.[35]

고정된 육지는 아마도 말엘딜이 명령한 것이기 때문에 복종해야 하는 그의 명령을 상징하는 것일 것이다. 그러나 그것이 내포하는 다른 암시도 생각해 볼 수 있다. 바닷물의 흐름에 따라 떠다니는 섬은 기독교인이 날마다 하나님이 인도하시는 대로 온전히 자신을 내어 맡기는 것을 상징하며 고정된 육지는 단순히 율법대로 따르는 것을 상징하는 것은 아닐까? 녹색 여인과 그녀의 남편에게는 고정된 육지에 가는 것이 금지된 것이 아니라 거기에 머무는 것이 금지되어 있었다. 나는 『페를란드라』 후반부에서 고정된 육지는 인간의 의지를 의미하고 떠다니는 섬은 인간이 항상 자신을 내던져야 하는 영원한 파도를 의미하는 것은 아닌가 하는 인상을 받았다.

『페를란드라』와 『그 끔찍한 힘』 모두에서 루이스는 지구에서 온 타락한 엘딜라, 즉 인간의 정신을 사로잡고 자신의 목적에 따라 인간을 이용하는 악마를 묘사하는 데 주저하지 않는다. 랜섬이 웨스턴을 낯설다고 느꼈다는 사실과 그가 하나님과 악마는 결국 같다는 사악한 철학을 제안한 것으로 보아 웨스턴이 페를란드라에 도착했을 때는 이미 부분적으로 악마에게 사로잡혀 있었던 것 같다. 랜섬이 어떻게 페를란드라에 오게 되었는지를 묻지 않았다는 사실은 그의 이러한 편집광적인 생각을 확인해 준다. 얼마 되지 않아 웨스턴

---

35) 『책과 그 저자』 p. 157.

은 완전히 악마의 힘에 사로잡혔기 때문에 그가 정상적인 순간은 매우 드물었으며 풀려나기를 바라는 고통스런 열망으로 가득했다. 그가 제대로 사고할 수 있는 기간은 『은 의자』(*The Silver Chair*)에 나오는 릴리안 왕자(*Prince Rilian*)처럼 드물었다. 릴리안은 회복됐지만, 웨스턴은 그렇지 못했다.

『그 끔찍한 힘』에서 우리는 마침내 진정한 싸움은 보이지 않는 선과 악의 거대한 힘싸움이라는 사실을 배우게 된다. 지구의 오야사인 검은 아르콘 밑에 있는 타락한 엘딜라―프로스트(Frost)는 그들을 거대한 세균이라고 불렀다―들은 벨버리(Belbury)에 있는 헤드(Head)의 통치자였고 이 헤드를 통해 다른 모든 것을 통치했다. 랜섬은 이 악의 힘은 그들이 사로잡고 있는 인간들을 사실 증오하고 있으며 그들이 쓸모 없게 되면 곧 없애 버린다고 설명했다. 살육과 불 그리고 파괴를 통한 벨버리의 계시적 죽음은 랜섬의 말이 옳았다는 것을 증명한다. 반면에 말엘딜의 현존과 능력은 이 세 편의 소설이 절정에 도달하면서 분명해진다.

『페를란드라』의 가장 탁월한 요소 가운데 하나는 풍유적이 아니라 신화적으로 유혹과 인간의 타락을 설명하기 위해 루이스가 제시하는 엄청난 양의 세부 묘사다. 루이스는 유혹과 인간의 타락은 인간의 본성 자체에 분명하게 자리잡고 있으며 심층적이고 흠이 없는 논리적인 논쟁의 결과라고 주장한다. 그리고 타락은 순식간에 벌어진 우연적인 일이 아니라 오히려 인간이 논리의 저울질을 하는 가운데 그 자아와 인간의 의지가 자신이 하나님께 의존적 존재라는 사실을 거부하기로 결정한 결과라고 루이스는 말한다. 그러나 이 책은 모든 신학적 분석을 포괄하려고 하지는 않는다. 또한 자기 인식은 악과는 별개로 존재한다고 주장한다. 녹색 여인이 자신의 정체성을 발견한 것은 옳은 일이지만 그에 따르는 자유를 오용하는 것은 옳지 않다. 녹색 여인은 소설에서 타락 직전까지 가지만 랜섬의 설득을 통해 하와의 실수를 범하지는 않는다.

마조리 E. 라이트는 이 소설에서 루이스는 유혹의 형식과 구원의 형식을 섞었다고 지적한다. 그 중 하나는 비인간이 랜섬과 초인적인 싸움을 하면서 그에게 치료되지 않는 상처를 주는 것이다. 그것은 그리스도가 사탄과의 싸움에서 얻은 상처를 상징한다. 랜섬의 상처는 그가 페를란드라로 다시 돌아갈 때까지 치료되지 않는다는 것을 『그 끔찍한 힘』을 통해 알게 된다. 즉 그것은 모든 것이 화합되는 때를 의미하는데, 인간의 죄를 위한 그리스도의 상처가 궁극적으로 위대한 화합을 이룰 것이라는 사실을 암시하는 것이다.

랜섬이 C. S. 루이스인가 하는 것은 매우 흥미로운 질문이다. 랜섬이 루이스의 친구였을 뿐이라는 사실을 듣고도 우리는 그들이 하나요, 같은 존재라는 생각을 지우기가 쉽지 않다. 루이스처럼 랜섬은 전쟁에서 얻은 상처가 있으며 '앉아서 연구하는 학자'이면서 또한 언어학자였다. 탁월함의 경지에 이른 유일한 스포츠가 수영인 랜섬은 독신이다. 그는 반생체실험주의자였고 짐작하는 대로 랜섬은 루이스처럼 말을 많이 하는 사람이었다. 다브니 A.하트는 루이스의 목소리가 직접적으로 드러나는 것이 『페를란드라』의 흠이라고 말한다.[36] 작가는 작중 인물들이 스스로 이야기할 수 있게 해야 한다는 문학의 원칙을 부인하지 않더라도 피콘(Gaëtan Picon)이 알

---

36) 『C. S. 루이스의 시의 변호』 p. 227.

베르트 까뮈의 『페스트』에 대해, 작가가 이 소설이 결코 윤리적 의도를 상실할 만큼 강박적으로 되지 않기를 바랐다고 한 말[37]을 이 소설에도 적용할 수 있지 않을까 생각한다.

가슴없는 사람

공상 과학 소설 3부작의 마지막 작품을 논의하기 전에 먼저 『그 끔찍한 힘』의 해설적 토론서인 『가슴없는 사람』이라고 하는 루이스의 책을 먼저 살펴보아야겠다.

이 연구서에서 루이스는 객관적 가치의 문제를 다루고 있다. 예를 들어 폭포가 '장엄'하다고 하는 것은 그것을 바라보는 주체가 장엄함을 느끼는 것을 의미하는가에 대한 문제다. 폭포가 한 사람에게는 장엄하고 또 다른 사람에게는 하찮은 것이라고 하자. 그러면 모든 가치는 주관적이며 심지어 하찮은 것이라 말인가? 아니면 '주어진' 가치, 즉 우리가 그러한 반응을 하든 하지 않든 간에 일정한 반응을 요구하는 어떤 가치가 외부로부터 주어졌다는 말인가? 폭포는 단지 그것을 보고 느끼는 사람의 마음에 달려 있다고 주장하는 사람들이 이러한 원리를 아이들에게 가르치는 책을 쓴다는 것은 참으로 이상한 일이 아닐 수 없다. 그가 만일 진실로 가치란 순전히 주관적인 것이라고 믿는다면 굳이 그것에 대해 무슨 말이 필요하단 말인가? 객관적 가치 개념을 밝히는 책을 쓴다는 것은 쓰는 행

---

37) 저메인 브리 전집 중 『에세이 비평모음집: 까뮈』에서 「페스트」의 각주("Notes on The Plague," in Camus, *A Collection of Critical Essa*) p. 146.

위를 통해 자신이 주장하고자 하는 그 생각을 부인하는 것이다. 왜냐하면 그러한 행위는 그 작가가 어떤 가치들은 주관적이고 사소하지 않다는, 즉 자신의 생각은 그렇지 않다는 것을 증명하기 때문이다. 그가 어떤 '선한 것'을 자신의 주관 안에서만 믿었다고 할지라도 그것을 역설하는 자신은 감정에 의존하지 않고 이성에 의존하기 때문에 더 이상 객관적 가치는 허상이라고 할 수 없다는 것이다.

루이스는 모든 인간은 궁극적으로 가치가 단순히 자기 안에만 있다거나, 자신이 그 가치에 대해 느끼는 감정과는 분리된 객관성을 가진 가치라고 하는 것을 믿게 되어 있다고 말한다. 이 두 가지 관점 사이에는 무한한 차이점이 있다. 만약 가치가 객관적인데, 한 사람의 생각은 옳고 다른 사람의 생각은 틀린 것이라면 옳은 가치를 찾아내야 하고 그 가치를 옹호해야 한다. 객관적인 가치가 없는 세상이라면 '이러해야 한다'라고 하는 말은 있을 수 없다. 선과 악에 대한 도(Tao)의 사상이나 보편적인 사상에서 일부 증명되었듯이 이러해야 한다는 것은 사물의 핵심에 내재되어 있다. 모든 가치 판단을 거부하지 않고서는 결국 도를 부인할 수 없다. 근본적으로 새로운 가치는 가능하지 않기 때문이다. '인간의 지성은 새로운 원색을 생각해 내거나, 혹은 새로운 태양을 만들고 그 태양이 머물 수 있는 새 하늘을 만들 수 없는 것처럼 새로운 가치를 만들어 낼 능력은 없다.' 우리는 오직 도 또는 도덕적 질서 안에서만 비판할 수 있으며 그 밖에서는 할 수 없다.

법을 지키는 선량한 사람이 단순한 실수로 이러한 주관적인 입장을 지지하는 것과 개인이나 집단이 고의적으로 주관적인 입장 자체를 목적 삼아 그것을 주입하기로 결정하는 것은 별개의 문제이다.

루이스는 후자를 매우 위험한 것이라고 말한다. 루이스는 히틀러나 공산주의자들과 같은 악명 높은 정치 지도자들보다는 자신들의 성공이 필연적으로 문명을 말살시킬 것이라는 점을 모르는 선의의 철학자, 과학자, 사회학자 그리고 교육학자들을 더 걱정한다. 그는 오늘날 이러한 일들이 어느 정도 일어나고 있다고 생각한다.

옛날의 객관적이고 윤리적인 관점이 젊은이들에게는 가치가 실재하는 세계 속에서의 인간의 위치와 책임을 확신시키는 역할—즉 인간에게 '인성을 전달하는 일'—을 한 반면 새 철학은 새롭고 계속해서 변하는 개념에 기초한 선전을 통해 사람을 '길들이려는' 경향이 있다. 자연에 대해서는 변명하지 않고 설명하던 옛날 과학이 우리가 저항할 수 없는 전권을 가진 과학 기술로 대체되고 있다. 이러한 과학 기술은 인류 전체를 완전하게 조정해야 비로소 만족스러워 한다.

이상한 것은 자연은 이러한 계획수립자들 대부분이 전혀 모르는 비장의 방책을 가지고 있다는 것이다. 루이스는 오늘날의 우리 상황에 대해서 다음과 같은 좋은 이유가 있다고 결론을 내린다.

첫째, 인간은 '살아 있는' 실체를 보다 작은 부분으로 축소시켜 나감으로써 자연을 '정복한다'. 또한 심리학적 연구를 통해 인간을 '단순히' 이것 아니면 저것으로 규정함으로써 인간도 '정복한다.'

둘째, 초과학적 계획이 진보할 때 그것은 소수의 사람의 수중에 떨어지는 경향이 있다.

셋째, 이러한 사람들 대다수는 가치에 대한 개인적 생각을 위해 의도적으로 또는 생각 없이 도를 버렸다.

넷째, 모든 사고의 체계는 끊임없이 변하는 것이 필연적이기 때문에 비이성적이다. 따라서 그것이 사회적 '선' 을 위해 세우는 계획이라면 신뢰할 수 없다.

다섯째, 자연의 정복은 사실상 자연의 영역을 확장하고, 설명은 설명을 변명함으로써 끝난다.

당신은 사물을 '꿰뚫어 보지만' 사물을 통해서는 아무것도 보지 못한다. 당신이 완전히 투시할 수 있는 세상을 얻게 되겠지만 그것은 눈에 보이지 않는 것으로 되어 버린다. '모든 것을 꿰뚫어 보는 것은 아무것도 보지 못하는 것과 같다.'

루이스가 쓴 D. E. 하딩의『천국과 지구의 위계』의 서문에서 그는 『가슴없는 사람』에서 말하고자 한 것을 잘 요약하고 있다.

"처음에는 우주가 의지, 지성, 생명 그리고 긍정적 가치로 가득 찬 것처럼 보인다. 모든 나무는 요정이고 모든 행성은 신처럼 보인다. 인간 자신도 신과 동족이 된다. 그러나 지식의 진보는 이러한 풍요롭고 쾌적한 우주를 점점 없애 버린다. 처음에는 그 신들, 다음에는 그 색깔, 냄새, 소리와 맛 그리고 마지막에는 원래부터 상상물이었던 견고함 자체, 이러한 요소들은 세상으로부터 박탈당하자 주관적으로 변형된다. 우리의 감각, 생각, 이미지 혹은 감정으로 분류된다. 주체는 객체를 짓밟고 가득 채워지고 부풀어진다. 그러나 문제는 여기서 끝나지 않는다. 세상을 비운 것과 같은 방법으로 이제는 우리 자신도 비워 내려고 한다. 이 방법의 지배자는 우리가 '영혼' 이나 '자아' 나 '지성' 을 인간 유기체의 속성이라고 하는 것은 드라이어드(Dryad; 나무 · 숲의 요정, 그리스 신화 ─ 역주)를 나무에 있다고 하는 것처럼 착각하는 것임 ─ 대부분 같은 방법으로 실수하지만 ─ 을 알려 준다. 모든 사물을 의인화한 우리 자신마저도 단순한 의인화에 불과하다. 따라서 우리는 무(無)라는 결론에 도달한다. 우리가 세상을 거의 무(無)로 축소시키는 동안 우리는 모든 잃어버린 가치가 '우리 생각 속에 안전하게 남아 있다'는(다소 초라한 상태일지라도) 환상에 빠져 스스로를 속이고 있었다. 분명히 우리는 요구되고 있는 그러한 생각을 가지지는 않았다. 주체는 객체만큼 비어 있다. 거의 아무것도 아닌 것에 대해 언어학적 오류를 범한 사람은 아무도 없었다. 대체로 이것은 인류에게 일어난 유일한 일이다."

이러한 배경을 이해하면 세 번째 소설을 이해하는 데 큰 도움이 될 것이다.

그 끔찍한 힘

루이스는 이 책을 어른을 위한 현대 동화라고 불렀으며 '마술사, 악마, 무언극 동물 그리고 날아다니는 천사'들에 대한 이야기라고 했다. 그러나 이 이야기는 불평 많은 가정주부 제인(Jane)과 브랙튼대학(Bracton College)에 새로 임용된 연구교수 마크 스터독(Mark Studdock) 부부의 평범한 일상에서 시작된다. 이 두 사람은 모두 총명하고 지성적 불가지론자들로서 단편적인 고상한 사상은 다시 익히도록 교육받은 지성인들이었다. 에지스토(Edgestow)라는 영국 중부의 작은 상업 도시에 자리잡은 브랙튼대학은 가장 오래된 역사적 건축물인 브랙든 우드(Bragdon Wood)가 있는 곳이다. 앵글로색슨족의 침입까지 거슬러 가서 그리고 멀린(Merlin)의 전설과도 연관이 있는 석조물이 이 건축물 한 가운데를 잘 받치고 있었다.

브랙튼대학은 브랙든 우드를 국립통합실험연구소(National

Institute of Co-ordinated Experiments)라는 기관에 팔려고 하는 중이다. 이 국립 통합실험연구소(이후 약어 N.I.C.E.로 표기됨. 약어를 그대로 읽으면 '좋다'라는 뜻으로서 사탄의 악한 음모를 은폐하는 사탕발림의 조어라는 것을 알 수 있다 ─ 역주)는 표면상으로는 범죄자들을 교정하는 일 등 국가 계획의 효율적 운영을 위해 존재하는 기관이지만, 내부적으로는 사회에 부적합한 자를 없애 버리고, 발달이 늦은 인종은 살해하여 근절시키고, 영국을 경찰 국가로 만들고, 자기들이 가는 길에 걸림돌이 된다면 동료들까지도 약탈·살해하고, 사회가 사람을 완전히 조정할 수 있도록 태아 때부터 훈련시키고, 역사를 과학으로 바꾸고 종국에는 죽음을 정복하고, 궁극적으로는 완전한 화학적 생명체를 위해 현재의 유기적 생명체를 제거하는 '공중 위생'의 과정을 통해 인간을 자신의 신(神)으로 만든다는 목표를 가지고 있는 기관이다. N.I.C.E.는 연민, 공포 그리고 종교와 같은 인간적인 요소는 비이성적이고, 자연은 조잡하고 겉만 번지르한 것이어서 손질이 필요하며, 실증주의만이 유일한 가치라고 확신하는 소수의 사람들이 통제하고 있었다.

 N.I.C.E.가 에지스토에 대해 특별히 관심을 가진 것은 철저히 비밀에 부쳐진 것인데, 브랙든 우드를 인수해 혼수상태에 있는 멀린─그는 죽은 것이 아니라 긴 마법에 걸려 있었다─의 육체를 회복시키고 그를 통해 마술의 도움을 얻으려는 것이었다.

 제인 스터독은 한 가지만을 제외한 모든 분야에서 평범한 '현대' 여성이었는데, 그 한 가지는 꿈을 통해 앞으로 일어날 일을 예지할 수 있다는 것이었다. 그리하여 그녀는 앞의 두 편의 소설에 등장했으며, 여기에서는 위대한 로그레스(Logres)의 수령으로 알려진 엘윈 랜섬이 우두머리로 있는 성 앤(St. Anne)이라고 알려진 소수의 사람들로 구성된 회사에 들어가게 되었다.

N.I.C.E.는 작은 도시 에지스토를 기계의 소음과 불경한 고함소리로 들끓게 했고, 일부러 소동을 일으켜 '페어리(Fairy)' 라는 이름을 가진 경찰 기관의 비정한 여자 경찰 대장이 제인에게 새디스트적인 고문을 가하도록 했다. 두 개의 세력—기독교와 악마—은 멀린의 초자연적 능력의 비중에 따라 승리가 결정된다는 것을 깨닫는다. 그래서 이 둘은 모두 브랙든 우드 아래에 있는 멀린의 육체를 살리는 데 열중했다.

한편 마크 스터독은 서서히 그리고 치밀한 계획에 의해 N.I.C.E.에 영입됐는데 과정에서 '헤드' (Head)를 만났다. 이 헤드는 말 그대로 범죄자들의 목을 자르던 알카산(Alcasan)이라는 이름의 단두대에서 잘린 머리였다. 이 헤드는 N.I.C.E.가 인간이 자연을 의존하는 성향을 없애 버림으로써 인간을 영원히 살게 하는 실험의 첫 단계로 보존한 것이었다. 이 일을 담당하던 과학자들에게는 기쁘게도 이 헤드가 실제로 말을 할 수 있게 되었는데, N.I.C.E.가 위치한 벨버리의 고위급 사람들은 이 일을 담당한 과학자들이 모르는 사실을 더 알고 있었다. 즉 말을 한다는 것은 인간 이상의 것이고, 그 목소리는 과학이 덜 발달했던 이전에는 인간에게 알려지지 않았으며 인간보다 더 지능적인 유기체라는 사실이었다. 사실은 지구의 악한 엘딜라와 벨버리의 지도자들이 이 헤드를 조정하고 있었으며 그것은 페를란드라와 다른 깊은 천국의 오이어리수(Oyeresu)들이 랜섬과 성 앤의 다른 식구들을 조정하는 것—이들이 기꺼이 동의했다는 점이 다르기는 하지만—과 마찬가지였다.

　랜섬은 멀린이 5세기의 기독교인 시제이며, 아더 왕의 전설이 이야기하는 것처럼 악한 사람은 아니라고 믿었다. 또한 마법이 우세해지고 마술이 악마적으로 변했던 시대가 아니라 마술이 비교적 자연스럽고 무해했던 아틀란티스 시대 전후에 살았던 사람이라고 믿었다. 그러나 그는 어둠의 엘딜라가 수세기 동안 계획한 대로 벨버리의 세력이 먼저 멀린을 접촉하면 멀린은 벨버리와 합세할지도 모른다고 생각했다. 랜섬은 그의 선한 엘딜라로부터 지시가 오기를 애타게 기다렸다.

　제인의 꿈에 멀린이 깨어났다는 징후가 보였다. 제인과 다른 사람들은 폭풍이 일던 밤 브랙든 우드에 있는 오래 된 지하 무덤에서 그를 탈출시킬 장소를 찾기 위해 나섰다. 그러나 그들은 숲 속의 방랑자가 피워 놓은 불과 그 방랑자가 사라진 지 얼마 되지 않았다는 증거밖에는 찾을 수가 없었다. 그들이 우울한 마음으로 큰길로 돌아오는데 갑자기 말을 타고 전속력으로 달려오는 사람을 보았다. 그는 나무덤불을 높이 뛰어넘는 장엄한 모습을 보여 주었다. 나중에 멀린이 그 방랑자로부터 옷을 뺏어 입었는데, 얼마 후 벨버리의 일원들이 벌거벗은 방랑자를 멀린으로 오인하고 데려갔다는 사실을 알았다.

　멀린은 성 앤까지 자기 말을 타고 가 자신을 믿지 않는 회의주의자 맥피(MacPhee)에게 마술을 걸어 깊이 잠들게 했다. 그리고 랜섬과 여러 가지 은밀한 질문과 대답을 주고받은 후, 랜섬이 수령임을 확인하고는 그 앞에 엎드렸다. 여러 가지 설명을 한 후에 랜섬은 말라칸드라와 페를란드라의 오이어리수가 성 앤에 와서 그와 함께 친교를 나누었다고 했다. 지구의 음흉한 엘딜라는 깊은 천국의 거주자는 모든 것이 끝날 때까지 절대로 지구로 올 수 없다는 법을 만들었다. 그러나 랜섬은 악한 사람들이 우주선을 만들어 화성과 금성 같은 타락하지 않은 세상을 오염시키러 갔기 때문에 사실상 그 법은 폐지되었다는 것을 알았다. 그리하여 지구의 음흉한 오야사가 자신을 정복자라고 생각할 때에 깊은 천국의 세력이 자신의 힘을 나타내기 시작한 것이다. 멀린은 그들이 노골적으로 힘을 드러낼 경우 오이어리수가 지구를 파괴하리라는 것과 자신이 그들의 도구로 선택됐다는 사실을 알게 되었다. 희귀한 광채 가운데서 하늘의 지도자들이 성 앤에 나타나 멀린에게 능력을 주었는데, 그 광경은 두려울 정도로 장엄했다.

멀린이 현대 영어를 모른다는 사실을 안 벨버리 사람들은 그 방랑자에게 라틴어 등 그가 알지 못하는 말들만 했고, 방랑자는 그 나름대로 숙고하여 자신의 언어와는 다른 말로 그를 붙잡고 있는 사람들에게 말했다. 의사소통이 되지 않는 데에 당황한 벨버리 사람들은 고대 방언 전문가들을 초청했는데 그 가운데 멀린도 포함되어 벨버리로 갔다. 그리하여 멀린은 그 방랑자를 두 번째로 만났다. 그는 마크도 만났는데, 이즈음 마크는 벨버리 사람들에 대한 환멸감과 반항 때문에 연구소의 포로가 되어 있었다.

멀린은 그 방랑자를 통해 말하는 것처럼 가장하며 가증스러운 그 헤드와 사람과 동물에게 실험을 하기 위해 마련한 거대한 구역을 포함한 N.I.C.E.의 비밀 전부를 보여달라고 요구했다. 그가 벨버리에 도착한 날 저녁에는 만찬이 준비되어 있었다. 멀린은 그 잔치에 참석해 마술을 사용해서 모든 연사들을 혼란에 빠뜨리고 회중이 모인 자리에 실험실의 야생 동물들을 풀어주었는데, 이 동물들은 만찬장을 순식간에 피와 죽음의 난장판으로 바꾸어 놓았다. 떠나버린 소수의 지도자들에 의해 몹쓸 일들이 조금 더 저질러진 후에, 그 중 마지막 남은 사람이 스스로 그 빌딩 안에서 문을 잠그고 건물에 불을 질렀다.

그 날 밤, 성 앤에서 이제 완전한 왕이 된 랜섬은 자신의 아물지 않은 뒤꿈치의 상처가 치료될 수 있는 유일한 장소인 페를란드라로 돌아가고 싶다는 소망을 밝혔다. 그는 아더 왕이 있는 곳으로 가고 싶어했다. 우리는 이 소설을 통해 영국은 아더 왕의 시절 이래로 계속해서 수장(Fisher-King)이 있었다는 사실을 알게 된다. 그리고 비록 이러한 사실이 영국 역사에 기록되지는 않았지만 로그레스(Logres)도 계속해서 존재하며, 세상을 조정하는 악한 세력에 대항해 때때로 그 모습을 드러낸다는 사실을 알게 된다. 랜섬은 성 앤을 떠나 페를란드라를 통해 깊은 천국으로 옮겨 갔다.

페를란드라 방문의 결과 중 하나는 지구가 잠시나마 사랑과 기쁨으로 충만해졌다는 것이다. 그 사랑과 기쁨이 충만하던 어느 날 밤, 제인과 마크 스터독은 한 때 자신들을 지배했던 조잡하고 이기적인 생각을 부끄럽게 여기며 재결합했고 처음으로 둘은 진정으로 사랑에 빠졌다.

이 책은 루이스의 기독교 서적 중 가장 긴 책으로서, 두 권 혹은 그 이상으로 나누는 것이 더 좋았을 것이다. 공상 과학 소설 3부작 중 가장 흥행이 저조한 작품이지만 개인적으로 나는 이 책의 두 가지 장점을 이야기하고 싶다. 우선, 이 책의 주요 테마인 한 그룹의 과학자들이 이 세상을 정복하려고 열성적으로 매달린 모습이 탁월하게 묘사됐다는 것이다. 또한 등장 인물의 각기 다른 성격과 생각들은 루이스의 상상력이 얼마나 풍부한가를 보여 준다. 고대와 현대, 배운 자와 못 배운 자, 천국의 것과 땅의 것, 최고의 선과 최악의 악, 자연과 초자연 등 너무도 다양한 것들을 어떻게 함께 다룰 수 있었는지 그리고 '거대하고 흐릿한 상징' 들을 다루는 이 책에서 어떻게 그렇게 할 수 있었는지 감탄할 수밖에 없다. 존슨 박사가 여성 설교자들에 대해서 어떻게 생각하느냐는 질문을 받았을 때, 그는 그들의 설교는 개가 뒷다리로 걷는 것과 흡사한 데가 있다고 했다. 즉 그러한 일이 있을 수 있다는 것 자체가 놀랍다는 것이다. 이 소설의 다양한 요소도 그와 마찬가지다.

이 소설에 대한 독자의 관심은 그가 『가슴없는 사람』의 주제를 진지하게 받아들이는 지의 여부와, 챠드 월쉬(Chad Walsh)가 우리 시대의 "전도된 유토피아"라고 부르는 책들을 진지하게 받아들이는 지의 여부에 달려 있다고 나는 판단한다. 예를 들어 올더스 헉슬리(Aldous Huxley)의 『멋진 신세계』(*The Brave New World*), 조지 오웰(George Orwell)의 『1984년』(*Nineteen Eighty-Four*), 유진 자미아틴(Eugene Zamiatin)의 『우리』(*We*), 그리고 버나드 울프(Bernard Wolfe)의 『림보』(*Limbo*) 그리고 과학 철학에 관한 몇 가지 책들로서 화이트헤드(Whitehead)의 『과학과 현대 세계』(*Science and the Modern World*), 부쉬(Bush)의 『현대 무기와 자유로운 인간』(*Modern Arms and Free Men*), 스탠든(Standen)의 『과학은 신성한 소(牛)다』(*Science Is a Sacred Cow*) 그리고 쾨슬러(Koestler)의 『몽유병 환자들』(*The Sleepwalkers*)과 같은 책들이다.

『그 끔찍한 힘』의 풍요로운 착상에 대해서는 왜 내가 돌아오게 되었는가라는 멀린의 질문과 연관해서 고찰해 보라. 랜섬은 그에게 먼 과거에는 중용적인 '지성'이 지구에 있었다고 설명한다. 그러나 그 지성은 거의 자각할 수 없었으며 선천적으로 들어 있는 물질 속의 순수한 의지 같은 것이었다. 멀린의 시대에는 이 지성이 인간의 적도, 우방도 아니었지만 인간이 그것을 사용할 경우 그것은 대개 인간을 약하게 했다. 인간으로부터 무엇인가를 빼앗아 갔던 것이다. 그들은 '그런 상황을 약간 과도하게 확장하는' 그 무엇에 대해 사람들의 마음을 열도록 했다.

멀린의 시대에는 사람들이 자연을 '사용'할 수 있었다. 자연은 살아 있었으며 인간과 진정한 인격적인 접촉을 가졌다. 사람은 자연에 대해 일정한 태도를 취할 수 있었다. 심지어 멀린 자신도 깨어난 상태에서 이러한 동물적 성향을 보여 줄 수 있었다. 그는 '의심의 여지없는 짐승의 영리함'을 가지고 있었다. 그러나 멀린의 시절 이래로 자연에 대한 인간의 태도는 서서히 변했다. 자연은 이제 죽어 있는 무엇이거나 인간이 원하는 대로 작동하지 않으면 분해될 수 있는 기계를 의미하게 되었다. 벨버리에 있는 사람들과 같은 인간은 자연에다 자연 이외의 그리고 반자연적인 영을 접합시키면 스스로 그 힘을 증가시킬 수 있는 것으로 보았다.

벨버리는 멀린이 사실은 죽지 않았다는 전설을 기억하고 그를 파내어 자연과 함께 그의 마술을 사용하고자 했다. 그러나 N.I.C.E.의 악한 사람들은 멀린이 항상 자연에 대한 경외심의 틀 안에서, 즉 자연의 자율성을 해치지 않는 선에서 그것을 사용했다는 사실을 잊어버리는 큰 실수를 범했다(사실상 멀린은 자라나는 생명체에게 날카로운 도구를 댈 수 없었다). 이 사람들은 자기들의 이기적인 목적을 위해서 사용하는 것 외에는 자연을 경멸했다.

인간이 자연을 이렇게 대했기 때문에, 혹은 사물의 변하는 상태 때문에 자연으로부터 영혼이 빠져 나갔다. 멀린 자신도 그것을 다시는 깨울 수 없었다. 악은 인간을 이전의 행복한 조건으로부터 더 멀리 데려갔으며, 이제는 그 끔찍한 힘이 인간과 대결하고 있다. 멀린이 5세기에 자연을 마법에 이용한 일은 그 당시에는 악한 것은 아니었으나 그 시대의 자연이 가지는 성질 자체 때문에 그 일은 아주 위험했다. 그러나 이제 그 일은 철저하게 법에 위배된다고 랜섬은 말한다.[38]

그 대신에 랜섬은 멀린에게 다음과 같은 사실을 알려 주었다. 하나님이 주권적으로 이 시기에 멀린이 스스로 각성하도록 계획을 세웠는데 그것은 멀린 자신의 영혼이 구원받도록, 즉 멀린이 벨버리가 그를 깨우려 했던 그 목적과는 완전히 반대되는 목적을 위한 도구가 되게 하기 위해서였다. 멀린은 랜섬이 그에게 알려준 계획을

---

38) 마조리 E. 라이트는 이 어려운 대목을 이렇게 해석한다. "비록 말엘딜이 지구의 역사에 개입한 이래로 타락한 오야사는 공격을 받지만, 지구 역사의 특정한 부분은 타락한 오야사의 악한 영향을 받는다. 그러나 악도 선처럼 차츰차츰 발전해 나가며, 이 세상의 성질이 처음에 완벽하게 변한 것은 아니었다. 초기에는 인간에게 선하지도 악하지도 않은 몇몇 영들 혹은 대기의 피조물들이 있었다. 그들은 그들 나름의 활동이 있었고 인간은 다치지 않고 그들과 만날 수 있었다. 또한 인간과 천상계와의 교류의 흔적이 그 당시에는 남아 있었기 때문에 인간은 식물과 광물의 세계가 다른 차원의 세계와 가지는 교류를 존중하면서 식물과 광물의 세계의 성질을 연구할 수 있었다. 그러나 이 세계는 이렇게 순수한 상태로 남아 있을 수는 없었다. 시간이 지나면서 모든 것은 자신의 특정한 기능에 있어서 좀 더 완전해지거나, 그렇게 되지 않을 경우 그 기능으로부터 더 멀어지게 된다. 그 과정에서 선과 악은 좀 더 분명하게 그 모습을 드러내게 된다. 이것이 바로 멀린이 아더 왕 시대에 지금은 허용되지 않는 마술을 합법적으로 사용할 수 있었던 이유다. 이제 마지막 전투가 준비되면서 중간지대는 제거되고 있다. 감독(Director)의 회사 직원 하나가 말하듯, 우주 그리고 우주의 모든 부분들은 항상 견고해지고 협소해지며 하나의 특정 가치를 이루어 가고 있다." 「신화의 우주적 세계」 pp. 135~136.

통해 자연을 '희롱' 하지 않고 이제 직접 하나님을 섬길 수 있게 되었다. 따라서 멀린은 하나님에 대한 그의 참된 신앙을 나타낼 수 있게 된 것이다. 그가 살았던 시절에도 그를 악마의 자식이라고 부르며 그에게 거짓말을 하던 자가 있지 않았던가? 그러나 이제 그는 놀랍게도 자신과 랜섬 모두가 오이어리수를 그들의 주인이라고 부른다는 것을 발견했다. 바로 이 시점에 오이어리수보다 큰 능력이 지구에서 무슨 일을 꾸미고 있었던 것이다.

그러나 "어떻게 이런 일이 있을 수 있는가?" 하고 멀린은 묻는다. 우리의 공정한 하나님(Fair Lord) 자신이 모든 것의 마지막 때까지는 지구를 고치거나 망쳐 놓을 힘을 절대로 보내지 않는다는 법을 만들지 않았던가? 랜섬은 이것이 실로 마지막 때의 시작인지도 모르지만 자신은 벨버리로 대표되는 악이 지구에 유다가 만든 것과 비슷한 그런 상황, 즉 인간과 하나님 사이에 새로운 관계를 만들었다는 것을 믿는다고 대답했다. 이러한 관계는 인간이 깊은 천국에 우주선을 보내 타락하지 않은 행성에 죄를 전염시키려고 했기 때문에 생기게 된 것이다. 이제 하나님이 행동하실 것이다. 인간의 일에 간섭하지 않겠다고 한 하나님 자신의 법을 깬 것은 하나님이 아니라 오히려 웨스턴과 디바인이다. 그들은 벨버리의 악한 영으로 그리고 하나님을 경외하지 않는 반항과 자연 철학이라는 도구로 우주를 조정하려고 필사적으로 매달렸고, 하나님 자신은 결코 깨뜨리지 않을 법을 이제 부숴버린 것이다.

그러나 이러한 행동을 하는 가운데 이 악한 사람들은 자신들이 우연히 그렇게 했을 뿐이라고 생각한 일, 즉 랜섬을 납치해 그를 화성으로 데려간 일을 통해 자신들에게 그리고 자신들과 같은 사악한 의도를 가진 다른 모든 사람들에게 운명의 단추가 되어서 그 단추를 눌렀던 것이다. 바로 이 일 때문에 그들의 계획은 실패하게 된다. 그들이 데려간 랜섬은 언어학자였는데, 이 언어학자는 오이어리수를 만나고 그와 직접 대면해서 이야기를 나누었다. 이들이 자연을 악용한 일, 즉 다른 행성들을 날아다니며 죄를 퍼뜨리려 했던 그 일은 동시에 자연의 반작용을 허용하게 되었다. 즉 랜섬이 오히려 오이어리수를 만나 그들이 지금까지 몰랐던 지구의 상황에 대해 오이어리수에게 이야기하는 상황이 벌어진 것이다.

그 결과 지구는 깊은 천국에서 온 엘딜라의 점령을 받게 된다. 랜섬은 멀린에게 엘딜라가 바로 이 집으로 자신을 찾아왔으며, 자신이 하늘과 땅의 다리, 즉 일종의 중간 매체라는 사실을 상기시켜 주었다고 말한다. 유다의 경우처럼, 웨스턴과 같은 인간의 악한 의도와 심지어 그 모든 방법까지도 지구에 선을 가져온 것이다.

그러나 그것은 동시에 파괴적인 힘을 가진 권력도 가져왔다. 멀린은 오이어리수의 힘이나 뒤에 있는 좀 더 큰 힘이 모든 중간 지구(Middle Earth)를 파괴해 버리지 않겠느냐고 묻는다. 그 힘이 적나라하게 드러날 경우 물론 그렇게 되겠지만, 그들의 의도는 기꺼이 점령당하려는 인간을 통해 일하는 것이라고 랜섬은 대답한다(웨스턴이 페를란드라에서 악한 힘에 사로잡혔었는데, 여기서는 선한 힘이 인간을 사로잡는다. 그러나 두 가지 경우 모두 인간 자신이 원하는 바에 따라 일어난 결과다). 그들의 정결함은 음흉한 마술사를 통해서 조종할 수는 없으나 그들은 랜섬을 사용하는 것은 원치 않는다. 그들은 순수한 마음을 가진 사람으로 '마술'의 선용과 악용을 이해하는 사람을 원한다.

이리하여 하나님이 악을 통해 선을 창조하려는 두 번째 의도가 분명해진다. 벨버리는 멀린의 마술이 그들의 목적을 도울 것이라고 생각해서 멀린을 원하지만 이제 멀린의 똑같은 재능이 벨버리를 대항해 사용될 것이다. 파급 효과가 큰 이 신성한 계획이 암시하는 바가 멀린의 생각을 꿰뚫자, 위대한 켈트족의 원시적인 애도가가 그로부터 쏟아져 나와 그는 울음을 터뜨린다. 랜섬과 멀린은 그들의 헌신에도 불구하고 임박한 깊은 천국으로부터의 방문을 두려워한다. 멀린이 지구의 도움을 간청하자 랜섬은 지구 전체가 사실상 타락했음을 그에게 상기시킨다. '어떤 어두운 날개의 그림자가 텔루스(Tellus) 전체를 덮고 있다.'

멀린은 이 대화가 진행되는 동안 계속해서 창백한 얼굴로 몸을 떨었지만 이제는 그의 눈에 빛이 나고 그의 얼굴에 깨달음의 기쁨이 퍼지기 시작한다. 그는 랜섬이 페를란드라에서 하나님의 도구로 사용된 것처럼 자신도 하나님의 일을 이루는 도구가 되고자 한다. 멀린도 랜섬이 그랬던 것처럼 말엘딜의 과업은 종종 일상적이고 때로는 기괴한 상황들을 이용하는 말엘딜 자신에게 완전히 헌신된 사람을 통해 그리고 정직하게 지시를 따르는 사람을 통해 이루어진다는 것을 깨닫게 된다.

여기서 루이스도 사용한 「아더 왕의 전설」의 내용을 전부 논의하는 것은 바람직하지 않을 것이다. 그 작업은 찰스 무어맨과 마조리 E. 라이트가 이미 성공적으로 해냈다. 멀린에 대한 루이스의 견해는 대개 찰스 윌리엄스에게서 빌어 온 것이라는 사실은 명백하다. 예를 들어 윌리엄스는 수장(Pendragon)이 플란타제넷 왕가(Plantagenets; (1154~1399) 영국 중세의 왕가 — 역주)와 연관이 있을 것이라고 주장하는데, 루이스는 이 직함이 영국 역사의 모든 시기에 소리없이 이 사람에게서 저 사람에게로 전해져 내려온 것이라고 주장했다. 로그레스에 대한 사상은 거의 전적으로 윌리엄스로부터 빌려 온 것이며, 아마도 악한 혹은 선한 마술에 대한 생각도 마찬가지일 것이다. 루이스는 윌리엄스가 마술에 대해 잘 알고 있는 사람이라고 했으며,[39] 이것이 루이스의 작품 전체를 통해 매우 중요한 주제인 것으로 보아 그가 윌리엄스의 생각을 빌려 왔다고 추정할 수 있을 것이다.

상처를 치료하기 위해 아발론(Avalon)으로 갔다고 모두가 알고 있는 아더 왕의 거처에 대해서 루이스가 랜섬을 통해 설명한 것은 흥미롭다. 랜섬은 멀린에게 아더는 "페를란드라의 루르(Lur) 바다 너머에 있는 컵 모양의 아발린(Abhalljin) 왕가에 있다고 말한다. 아더는 죽지 않았으며 하나님이 그를 데려가 마지막 때와 술바(Sulva)가 무너지는 때까지 에녹과 엘리야와 모세와 멜기세덱 왕과 함께 육체에 거하도록 했다. 멜기세덱은 검지에 반짝거리는 돌 반지를 끼고 있는 바로 그 사람이다. 랜섬도 자신의 상처를 치료하기 위해 루르로 갔다." 마조리 E. 라이트는 톨킨의 3부작에 나오는 프로도(Frodo)는 요정들이 그를 서쪽 끝으로 데려가기 전까지는 완전하게 낫지 않는 두 개의 상처를 입었다고 지적한다.[40]

『그 끔찍한 힘』에서 가장 성공적이지 못한 요소는 잘려진 헤드

---

39) 『미완성 아더왕의 3부작』(*Arthurian Torso*) p. 160.
40) 『신화의 우주적 세계』 p. 112.

다. 아마도 루이스는 알렉시스 카렐(Alexis Carrel) 박사와 찰스 린드버그(Charles A. Lindbergh)가 인간의 심장을 몸으로부터 분리한 뒤, 그것이 계속 살아 있도록 하는 실험을 널리 홍보한 것에서 아이디어를 얻었을 것이다. 튜브와 펌프 사이에서 침을 질질 흘리는 루이스의 괴물은 읽은 사람에게 혐오감을 주기에 충분하며 이 헤드는 필로스트라토(Filostrato)의 실험을 자신들의 목적에 사용하기 위해 빼앗은 악한 엘딜라의 음성으로 받아들이지 않는 한 이야기 속에서는 아무런 의미가 없다. 물론 루이스가 실제로 그렇게 사용하긴 했지만 이 괴물의 섬뜩함은 그것이 소설에서 차지하는 논리적인 해석을 다 빼앗아 버린다. 『페를란드라』에서 루이스는 이 헤드가 차지하는 자리를 만들어 주었다. 웨스턴이 녹색 여인을 유혹하는 과정에서 그가 힘이 풀리고 초점을 잃은 눈으로 녹색 여인을 바라보면서 신비한 힘이 그의 생각을 말하도록 작용할 때 그 위력을 보였던 것이다. 공포로 얼어붙은 랜섬은 그것에 적합한 이름은 비인간밖에는 없다고 생각했다. 벨버리의 섬뜩한 헤드라는 소설 내용과는 꽤나 동떨어진 어떤 것을 암시할 수도 있는데, 그것은 의식이라는 것이 인간에 대한 적절한 개념에 얼마나 필수적인가 하는 것이다.

『그 끔찍한 힘』에서 풍자적 요소는 부차적 의미를 지니기는 하지만 그것을 간과해서는 안 될 것이다. 루이스가 브랙튼대학 교수회의 막후 조정과 작은 정치판을 탁월하게 묘사한 것으로 보아 그가 그런 장면을 자주 목격했다는 사실을 알 수 있다. 신문과 진보 교육에 대한 루이스의 반감이 두드러지게 나타나기도 한다. 벨버리의 악당들이 교묘하게 조작해서 신문에 자신들의 의견을 싣게 하고 이 의견이 일반 대중뿐만 아니라 특히 식자층에도 먹혀 들어가게 하기란 식은 죽 먹기였다. 다른 사람들보다 식자층이 오히려 더 선전에 잘 속는다는 사실을 우리는 알게 된다. 신문에 대한 이러한 견해가 편협하다고 생각하는 사람이 있다면, 그 사람은 아마도 결과를 위해 일하지만 절대로 자기 양심이 찬성할 일은 하지 않는 현대인의 특성을 그린 마크와 제인 스터독에 대해서는 편협한 관점에 의한 묘사라고 생각하지는 않을 것이다. 마크와 제인은 자신들이 항상 거짓된 동기에 의해 모든 것을 해왔다는 것을 깨닫기 이전에, 거의 완전한 변형을 거쳐야 했다. 그들이 살아왔던 것과는 근본적으로 다른 상황이 그들을 평범한 성실성으로 돌아가게 해 준다. 마크의 경우 그것은 벨버리에서의 엄청난 속임수였으며, 제인의 경우는 성 앤에 있는 이기심을 벗어 버린 기독교인들의 사심 없는 평화였다. 마크는 그가 단순한 일—어린이 책을 읽는 것과 같은—을 수치심 없이 할 수 있을 때 완전히 정상으로 돌아갈 수 있다는 것을 느낀다.

마지막으로 여기서 논의한 네 가지 책을 통해 루이스가 과학을 풍자하려고 했는가 하는 질문이 남는다. 어떤 사람들은 루이스가 무의식 중에 과학을 두려워했는데, 그것은 과학이 소위 신학적 교조주의라고 하는 것을 파괴하려고 하기 때문이라고 말한다. 내가 루이스를 이해한 바에 따르면, 그는 우리 시대의 과학철학자 대다수처럼 과학적 방법은 지지하지만, 그 결과로 종종 야기되는 과학주의는 두려워했다. 루이스는 "현대의 위대한 과학자들은 사물의 고유한 성질을 제거하고 그것을 단순한 질량으로 축소시킨 것이 온전한 실체라고 믿지 않는다. 시시한 과학자들 그리고 시시하고 비과학적인 과학 추종자들은 그렇게 생각할 수 있다. 위대한 과학자들은 사물을 그렇게 취급하면 그것은 인위적인 추상물이 되며, 그 실체의 일부를 잃어버리게 된다는 것을 잘 안다"라고 말했다. 이것은 위대한 과학자이자 철학자인 알프레드 노스 화이트헤드(Alfred North Whitehead)의 입장이기도 하다.

차드 월쉬 교수가 루이스에게 『그 끔찍한 힘』에 나오는 N.I.C.E.에 대해서 물었을 때, 루이스는 과학자들이 인류를 공격하려고 한다는 것을 암시하려고 한 것이 아니라, 인류의 적은 과학의 권위 아래 숨어 있다는 것을 말하고 싶었다고 대답했다고 한다. 월쉬는 나아가서 N.I.C.E.에서는 실제적인 과학 연구가 거의 진행되지 않았다고 지적한다.[41]

여기서 나는 최근에 루이스의 『가슴없는 사람』과 『그 끔찍한 힘』이 가지는 잠재력을 설명한 두 사람을 언급하고 싶다. 첫 번째는 록펠러연구소의 생화학자 필립 시케비츠 박사인데, 그는 이렇게 말한다. "지구상에서 우리 종(種)은 황금기를 앞에 두고 있다. 우리가 우리의 두뇌와 마음의 잠재력을 다 사용한다면 말이다. 우리는 인간의 역사와 심지어 지구에 처음 생명체가 생겼을 때부터의 역사 중에서도 가장 위대한 일을 앞두고 있는데, 그것은 인간이 여러 가지 생물학적 진행 과정에 일부러 변화를 줄 수 있게 된 것이다. 인간은 자신의 존재를 재생산할 것이다…생물학적 연구 분야에서의 사건은 너무도 빨리 진행되어서 우리가 곧 새로운 질문에 대답을 해야 할 처지가 되었다. 그 질문은 '더 이상 인간은 어떤 존재인가?'가 아니라, '인간은 어떤 존재이어야 하는가?'이다."[42] 그러나 시케비

---

41) 『C. S. 루이스: 회의론자들의 사도』(C .S. Lewis: Apostle to the Skeptics) p. 129.
42) 「미래의 인간」 "The Man of the Future", 《네이션》지 1958년 9월 13일자

츠 박사는 루이스가 지적한 위험을 매우 정확하게 보고 있으며, 과학의 윤리적 사용을 주장한다. 두 번째 과학자는 『그 끔찍한 힘』이 지적한 문제에 대해 설명한다. "자연에 대한 인간의 능력을 엄청나게 증가시킨 과학과 기술의 새로운 혁명은 동시에 평균적인 개인의 중요성을 엄청나게 축소시켰다. 자동화와 원자력의 사용으로 얼마 안 있어 소수의 사람들이 대중의 도움 없이 나라의 모든 필요를 채우고, 전쟁도 치를 수 있는 날이 올 지도 모른다. 인간의 운명은 이제 초인간들로 구성된, 환상적으로 복잡하고 비싼 실험실에서 결정된다. 이 새로운 땅에서는 거부당하거나 부적합한 사람은 설 자리가 없다. 약한 자들은 역사의 잠재적인 힘이 되거나, 인간의 진보 운동의 추진력이 되는 대신에 쓰레기처럼 버림받게 될 것이다. 새로운 세계를 실현해 가는 과정에서 약한 자를 단종시키는 것은 역사의 종말―이것은 동물학으로의 복귀다―을 의미하는 것일지도 모른다고 두려워하는 자들의 생각은 정당하다."[43] 루이스처럼 창조적인 지성을 가진 사람들은 앞으로 얼어날 일들에 대해 정확한 직관을 가지고 있다고 종종 지적되어 왔다. 나는 루이스가 『가슴없는 사람』과 『그 끔찍한 힘』에서 다룬 주제는 올더스 헉슬리의 『멋진 신세계』나 조지 오웰의 『동물 농장』처럼 시간이 지날수록 그 가치가 더 드러날 것이라고 생각한다.

---

43) 에릭 호퍼(Eric Hoffer)「인간 본성은 얼마나 자연스러운 것인가?」"How Natural is Human Nature?",《새터데이 이브닝 포스트》지 1962년 1월 13일자

5

나니아 왕국

루이스는 동화가 인생에 대해 거짓된 개념을 심어 준다고 주장하는 사람들에 대항해 철저하게 동화를 옹호한다. 루이스는 그들의 주장이 사실과는 완전히 반대이며 소위 사실주의 문학이라고 하는 것들이 오히려 어린이들을 속인다고 말한다. 동화는 신화처럼 이상적인 세계에 대한 갈망을 불러일으키고 다른 한편으로는 실제 세계에 대한 새로운 차원의 깊이를 제공해 준다. 동화를 읽은 소년은 '매혹적인 숲에 대해 한 이야기를 읽었기 때문에 실재의 숲을 싫어하게 되는 것이 아니다. 오히려 그것을 읽음으로써 모든 실재의 숲이 조금 더 매혹적으로 보이는 것이다.' 동화를 읽는 어린이들은 단지 무엇인가를 소망한다는 것 자체를 즐거워한다. 하지만 '사실적인' 이야기를 읽는 어린이들은 이야기 주인공의 성공을 자신의 기준으로 삼으며 그 주인공과 동일한 성공을 이루지 못했을 경우 씁쓸한 실망을 느낄지도 모른다.

루이스가 나니아 왕국의 이야기를 쓴 데는 두 가지 목적이 있다.

하나는 좋은 이야기를 들려주기 위해서이고, 또 하나는 사물의 기독교적 존재 방식에 대해 유추— 루이스는 그것을 풍유라고 부르고 싶어하지는 않았다고 생각한다 —하기 위해서이다. 이 책들은 루이스가 쓴 책 중에서 가장 널리 읽혀진 책들이다. 찰스 브래디(Charles A. Brady)는 나니아 이야기를 '『정글북』이 나온 이래로 추가된 어린이 문학의 영원하고 위대한 유산' 이라고 평가했다.[44] 차드 월쉬는 자기 자신은 이러한 동화적인 분위기가 신선하지 않다고 생각했다. 그러나 여섯 살과 여덟 살 난 두 딸에게 이 동화의 첫 장을 읽어 주었을 때 아이들이 그를 새롭게 일깨웠다. 그 후로는 아이들이 하루에 두 장씩을 읽어 달라고 했고, 때로는 석 장을 읽어 주지 않으면 울음을 터뜨리기도 했다고 말한다.[45]

마법사의 조카

나니아 왕국의 처음 시작을 알기 위해서는 『마법사의 조카』를 읽어야 하는데, 이 책은 사실상 일곱 권의 시리즈 중 여섯 번째에 해당하는 책이다. 이 책은 "나니아의 시작" 혹은 "어떻게 마법 옷장이 만들어졌는가"라고 불려도 좋을 것이다.

피터와 그의 친구들이 처음으로 옷장이 나니아로 들어가는 입구라는 것을 발견했을 때, 디고리 커크(Digory Kirke)는 머리가 하얗게 센 늙은이였다. 그러나 이 이야기는 그가 어렸을 때에 일어난 일

---

44) 「나니아에서 하나님을 발견하기」 "Finding God in Narnia", 《아메리카》지 1956년 10월 27일자

45) 「사자, 마녀 그리고 옷장 서평」 "Review of *The Lion, the Witch, and the Wardrobe*", 《뉴욕 타임즈》 1950년 11월 12일자

이다. 런던에 살던 디고리가 어느 날 아침에 정원 담장 너머를 내다 보다가, 거기서 폴리 플러머(Polly Plummer)가 자신을 바라보고 있 는 것을 발견하면서 시작된다. 디고리와 몸이 불편한 그의 어머니 는 아버지가 인도에 가 계신 동안 케털리(Ketterley) 삼촌 부부와 함 께 살고 있었다. 이 모험이 끝나기 전에 그들은 디고리의 정원에 나 니아에서 가져온 사과나무 씨를 심게 되어 있었는데, 먼 훗날 그 나 무는 마법의 옷장을 만드는데 사용하게 되었다.

원래의 모험은 디고리와 폴리가 괴상하고 불쾌한 디고리의 삼촌 이 장난 삼아 마술을 하는 사람이라는 것을 우연히 알게 되면서 시 작되었다. 이 삼촌의 대모는 요정의 피를 가진 지구상의 마지막 인 간 중 하나였는데, 죽기 직전에 아틀란티스(Atlantis)의 사라진 섬에 서 얻은 가루가 담긴 상자를 그에게 주었다. 그녀는 죽으면서 그에 게 그 상자를 태워 버리라고 경고했다. 그러나 그는 그 내용물을 가 지고 실험을 했고 그것으로 만든 노란색과 녹색의 작은 색깔 고리 들을 가지고 기니아 픽들이 사라지게 했다. 삼촌은 겁이 너무 많아 서 자기 자신을 실험 대상으로 삼지는 않았다. 그러다가 폴리가 노 란 고리 하나를 만지자 사라져 버렸다. 디고리는 삼촌을 아주 경멸 하면서 녹색 고리 두 개를 자기 주머니에 넣고 노란색 고리를 자기 손가락에 끼웠다. 그러자 갑자기 그는 세상 사이에 있는 숲으로 이 동하게 되었고 거기서 디고리는 폴리를 찾았다. 그들은 노란 반지 를 끼고 숲 속에 있는 많은 작은 연못 중 하나에 뛰어들면 다른 세계 로 갈 수 있다는 것을 알게 됐다.

그들이 갔던 세계 중 하나는 찬(Charn)이라는 곳이었는데 이 곳 은 거의 종말을 맞이하고 있는 세계였다. 그런데 거기서 디고리가 호기심을 이기지 못하고 그 곳에 있는 종 하나를 울리자 힘세고 거만한 여왕 제이디스(Jadis)가 살아나게 되었다. 그녀는 그들에게 자신이 주문을 외워서 자기 여동생이 죽게 되고 찬 전체가 파괴되었다고 말했다. 제이디스는 아이들이 새로운 세계로부터 왔다는 것을 알고는 자신도 그 곳으로 가고 싶은 욕심이 생겼다. 무서워진 아이들은 마술 반지에 손을 대고 런던으로 돌아오려고 했는데, 돌아와 보니 제이디스 여왕이 런던에 함께 와 있었다. 아이들이 막 떠나려는 순간에 제이디스가 그들을 만져서 같이 따라오게 되었던 것이다. 런던에서 제이디스는 멋있는 승객용 마차를 타고 앤드류 삼촌과 같이 거리로 나가 소동을 일으켰다. 제이디스가 가로등 기둥을 뽑아 들고 경찰에게 휘두르고 있을 때 디고리와 폴리는 여왕을 붙잡고 노란 반지를 만졌다.[46] 그러자 그들은 즉시 세상 사이에 있는 숲으로 돌아가게 되었다. 그리고 재빨리 여러 연못 중 하나에 뛰어들어 자정의 세계(midnight world)인 무(無)의 세계(world of Nothing)로 들어갔다. 그들은 자신들과 제이디스는 물론 마차 운전수와 앤드류 삼촌, 그리고 마차를 끄는 말도 왔다는 것을 알고 크게 놀란다.

이 무의 세계에서 그들은 아슬란(Aslan)이라고 하는 커다란 사자가 나니아를 창조하는 것을 보았다. 앤드류 삼촌과 제이디스를 제외하고 말을 포함한 모두가 이 광경을 보고 즐거워했다. 제이디스는 자신이 가져온 쇠로 된 가로등 기둥을 사자에게 세차게 내던졌

---

46) 제이디스의 이러한 거친 마차 운전은 G. K. 체스터톤의 『목요일이라 불리는 사람』(*The Man Who Was Thursday*)의 마지막 부분을 비슷하게 모방했다. 카프리콘 출판사, p. 162.

다. 그 가로등 기둥은 땅에 꽂혔고 마침 아슬란이 풀과 나무 그리고 그 외 모든 존재를 만드는 위대한 창조 작업을 진행하고 있었기 때문에 그 기둥도 자라서 런던에 있는 것과 똑같은 가로등이 되었다. 아슬란이 이 일을 진행하는 동안 온 세계는 참된 마술로 가득한 것 같았다. 제이디스는 도망갔고 앤드류 삼촌은 숨어 버렸다. 아슬란은 폰(faun; 로마 신화에 나오는 반인 반양의 숲·들·목축의 신―역주)과 사티로스(satyrs; 그리스 신화에 나오는 주신(酒神) 바카스를 섬기는 반인 반수의 숲의 신으로 사람 몸뚱이에 염소의 귀·뿔·다리·꼬리를 가졌음―역주)와 난쟁이들 그리고 말하는 동물들을 만들었다. 심지어 마차를 끌던 말도 말하는 동물로 변했다.

새로운 세상이 만들어진 지 다섯 시간이 안 되어 교활한 악이 침투해 버렸다. 앤드류 삼촌은 아슬란이 단순한 짐승 이상이라는 것을 믿지 않았다. 따라서 아슬란이 창조하면서 부른 아름다운 노래를 들을 수 없었고 동물들이 이야기하고 웃는 것도 들을 수 없었다. 그러나 제이디스는 나니아에서 보다 더 큰 악이었다. 아슬란은 동물들에게 디고리가 이 악을 데리고 왔다고 말했으나 가장 끔찍한 일은 자신이 감당하겠다고 약속했다.

아슬란은 마차를 끄는 마부와 그가 마술을 통해 나니아에 데리고 온 그의 아내 헬렌을 이 땅의 최초의 왕과 여왕으로 삼고 그들이 모든 동물에게 이름을 지어 주고 다스리도록 했다. 또한 그 자녀들도 나니아와 아친랜드(Archenland)의 왕이 되도록 했다. 그리고 나서 아슬란은 디고리가 악을 나니아에 데리고 온 잘못을 회복하는 일을 돕기 위해 디고리를 서쪽 광야(Western Wild)의 산지로 보냈다. 그곳은 언덕 위의 정원에 사과나무가 자라고 있는 아름다운 계곡이었다. 디고리와 폴리를 이 곳으로 데려가기 위해 마차를 끌던 말은 날아다니는 멋진 페가수스(Pegasus; 그리스 신화에 나오는 시신(詩神) 뮤즈가 타는 말 이름, 혹은 날개돋친 천마 — 역주)가 되었다. 디고리는 나니아를 제이디스로부터 여러 해 동안 보호해 줄 나무의 씨앗을 아슬란이 심도록 사과 하나를 가져와야 했다.

공중을 나는 여행 끝에 그들은 그 정원과 아름다운 열매로 가득한 나무를 찾았다. 그러나 디고리는 그 정원에서 제이디스가 사과를 먹고 있는 것도 발견했다. 제이디스는 그 사과가 얼마나 맛있는지를 설명하면서, 또 다른 방법으로 디고리를 유혹해서 그가 사과를 먹도록 설득했다. 그러나 디고리는 자신이 받은 지시를 기억했고 아슬란에게 온전한 사과 하나를 가지고 돌아갈 수 있었다. 그 씨앗으로부터 새로운 나무가 빨리 자랐다. 아슬란은 디고리에게 그 나무로부터 사과 하나를 따 주면서 가지고 돌아가 아픈 어머니를 치료하도록 했다. 난쟁이들은 금빛 나뭇잎을 가지고 나니아의 새로운 왕과 왕비를 위해 왕관을 만들었고, 다른 모든 피조물들이 경청하며 서 있는 자리에서 아슬란이 프랭크 왕과 헬렌 왕비를 나니아의 최초의 지도자로 세웠다.

멋진 작별과 함께 아슬란으로부터 나니아에 닥치게 될 악에 대한 충고를 들은 후 그들은 자신들의 세계로 다시 돌아 왔다. 디고리가 가져온 사과는 어머니의 병을 낫게 했다. 디고리는 사과 씨앗을 정원에 심었고 디고리의 삼촌이 마술 고리를 가지고 또 다른 사고를 일으키는 것을 막기 위해 폴리와 함께 그 고리들을 사과 씨앗 근처에 묻었다. 이 나무가 바로 디고리가 훨씬 후에 옷장으로 만든 그 나무였다. 디고리는 그 옷장이 나니아의 마술을 어느 정도 보유하고 있다는 사실을 몰랐다. 그 사실은 아주 오랜 시간이 지난 후 피터와 에드먼드, 수잔 그리고 루시가 발견하게 된다.

한편 나니아 왕국은 프랭크 왕과 헬렌 왕비가 다스렸고 그들의 둘째 아들이 아친랜드의 왕이 되었다. 프랭크 왕의 아들들은 요정들과 결혼했고, 딸들은 나무의 신(wood-gods)과 강의 신(river-gods)들과 결혼했다. 나니아에서 자라 난 가로등 나무는 늘 나니아의 숲을 비춰 주었고 그 자리는 가로등 황야(Lantern Waste)로 알려지게 되었다.

나니아는 우리가 사는 세계와는 많이 다른 세계였다. 나니아는 이렇게 창조되었다. 디고리와 다른 사람들이 무의 나라의 어둡고 텅 빈 땅 위에 서 있을 때 그들은 사방에서 동시에 들려 오는 아득한 소리를 들었다. 그 소리는 자신들이 딛고 서 있는 땅 아래서 오는 것 같기도 했다. 그것은 어떤 곡(曲)이라고 하기도 어려웠지만 너무도 아름다워 견딜 수가 없을 지경이었다. 그때 갑자기 이 일을 시작한 장본인인 아슬란의 목소리가 다른 많은 소리와 함께 합해졌다. 그와 동시에 검은 하늘은 빛나는 별로 가득 찼고 그 별들도 자신들의 목소리를 이 커져 가는 음악 소리에 합하는 듯이 보였다. 그러자 동쪽에서 더욱 더 영광스러운 음악 소리와 함께 태양이 휘황찬란하게 떠오르면서 신선하고 화려한 색채의 계곡과 강과 산의 모습을 드러냈다. 그러나 그 땅에는 아직 나무나 풀은 나지 않았다.

사자가 이제는 좀 더 부드럽고 경쾌한 노래를 부르면서 앞뒤로 왔다갔다하자, 땅은 데이지와 미나리 아재비가 수놓인 잔디밭이 되었다. 바로 그 때 제이디스가 이 사자가 자기 가까이 올까봐 두려워서 런던의 가로등에서 떼어 온 쇠기둥을 그에게 던졌다. 그런데 그 기둥은 다른 피조물들처럼 자라기 시작했다. 이제 아슬란은 좀 더 열광적으로 노래를 부르기 시작했고 아슬란 앞에 펼쳐진 땅은 서로 다른 크기의 이상한 둔덕을 만들었다. 그리고 이 둔덕으로부터 각종 동물들과 숫사슴, 팬더, 개, 개구리, 그리고 코끼리들이 튀어 나왔다. 수백 마리의 새들이 나무로부터 나왔고, 벌떼와 나비들이 곧 대기를 채우며 부산하게 움직였다. 곧이어 풍요로운 땅으로부터 오는 수백 가지의 다른 소리들이 아슬란의 음악에 보태졌다.

그리고 나서 아슬란은 동물들 몇 쌍을 동물들과 접촉하면서 그들을 따로 불러 원을 만들도록 했다. 그들은 완전한 침묵 속에서 그를 바라보며 서 있었고 그 모습은 분명 엄청난 일이 이제 막 일어나려 한다는 것을 보여 주는 것이었다. 아슬란이 그들을 쳐다보자 마치 알아 들었다는 듯 그들의 머리를 돌렸다. 그러나 아슬란은 아무 말도 하지 않고 단지 길고 따뜻한 숨만을 내쉬었다. 그러자 저 멀리서 별들이 노래하기 시작했다. 디고리와 폴리의 몸을 들뜨게 하여, 눈이 멀어버릴 것같은 불빛이 나타났다. 아슬란은 깊고 야성적인 목소리로 노래하기 시작했다. "나니아, 나니아, 나니아여! 깨어라! 사랑하라! 생각하라! 말하라! 걸어다니는 나무가 되어라! 말하는 동물이 되어라! 신성한 물이 되어라!"

이것이 나니아의 시작이었다. 힘세고 복수심에 불타는 제이디스가 디고리의 죄된 호기심을 통해 다시 살아나서는 나니아의 한 구석에서 머무를 것이라는 점을 제외하고는 모든 것이 완벽했다. 그러나 제이디스는 사과나무가 번성하는 동안에는 나니아로 들어갈 수 없었다.

나니아는 그 주변에 있는 다른 나라들에 비하면 작은 나라였다.[47] 라바다시(Rabadash)는 티스록(Tisroc)에게 나니아는 칼로멘(Calormen)에 있는 자신의 가장 작은 행정구역의 4분의 1도 안 된다고 했으며 심지어 에드먼드도 나니아가 그 주변에 있는 힘센 국가들에게 먹힐 수 있다고 고백했다. 나니아는 헤더(heather; 히스 속 식물 이름—역주)와 백리향 그리고 신선한 공기가 가득한 나라요, 강과 철썩철썩 소리를 내며 흐르는 계곡과 난쟁이의 대장간에서 울려 퍼지는 소리로 가득한 이끼 낀 동굴과 거대한 숲의 나라였다. 그 곳은 또한 처녀들이 절대로 억지로 결혼하도록 강요받지 않는 자유의 나라요, 심지어 리피칩(Reepicheep)과 같은 쥐도 명예와 기사도를 아는 나라였다.

나니아 바로 남쪽에는 높은 산을 경계로 아친랜드가 있었는데, 룬(Lune) 왕이 안바드(Anvard)에 있는 그의 성에서 이 나라를 다스렸다. 후에 아친랜드의 왕 중에서 가장 유명한 왕이 된 그의 아들 램 대왕(Ram the Great)이 다스렸다. 거대한 사막을 지나 보다 남쪽으로는 칼로멘이라고 하는 크고 무자비한 나라가 있었다. 피부가 검고 거만한 이 나라 사람들은 항상 나니아와 아친랜드를 빼앗는 꿈을 꾸어 왔다. 칼로멘의 수도는 타쉬반(Tashbaan)이라는 거대한 도

---

47) 마조리 E. 라이트는 나니아는 리비우스(Livy)가 언급한 이탈리아의 작은 마을의 이름이라고 했다. 그녀는 또한 루이스가 나니아에 살도록 한 다양한 존재들의 출처에 대해서도 설명한다. 폰과 드라이어드(그리스 신화에 나오는 나무·숲의 요정—역주)같은 피조물들은 고대 신화에서 따온 것이고, 빨갛고 검은 난쟁이와 늑대 펜리스(Fenris)는 노르웨이 신화에서 따온 것이다. 또한 페르시아와 중세의 경향도 여기저기 보이며, 기독교의 상징인 양과 같은 동물도 나온다. 라이트는 톨킨의 호비트(hobbit; 영국의 작가 톨킨의 『호비트의 이야기』에 나오는 가공의 난쟁이—역주)의 명성에 버금갈 만한 마쉬위글은 루이스 자신이 만들어 낸 것이라고 주장한다. 「신화의 광대한 세계」 p. 153.

시였고 그 나라는 많은 행정 구역을 가지고 있었다.

나니아 서쪽에는 어두운 숲이나 눈과 빙하로 덮여 있는 거대한 산으로 둘러싸인 광활한 나라가 있었다. 그 곳은 서쪽 광야(Western Wild)라고 불렸다. 거기서부터 내려오는 강은 거대하고 폭풍우같은 폭포를 형성했는 데 그 아래에는 칼드론 못(Caldron Pool)이 있었다. 거기서부터 나니아의 강이 흘러 나와 바다까지 흘러 들어갔다. 서쪽 광야의 동편에 가로등 황야가 있었는데 바로 그 곳으로 어린이들이 처음 나니아에 들어갔으며, 제이디스와 흰 마녀도 자신들의 왕국을 가지고 있었다.

나니아의 수도는 캐어르 파라벨(Cair Paravel)인데, 나니아 강 근처의 동쪽 경계에 있는 아름다운 곳이었다. 바로 이 곳에서 아슬란이 피터(Peter), 에드먼드(Edmund), 수잔(Susan) 그리고 루시(Lucy)를 나니아의 왕과 왕비로 세웠고 그들이 수년 동안 통치한 곳이다. 캐어르 파라벨 북쪽으로 조금 가면 거기에는 마쉬위글이 살고 있었으며, 그들 위에 있는 슈리블 강(River Shribble)을 건너면 에틴스모어(Ettinsmore)라고 불리는 적막한 황야가 나왔다. 그 황야를 지나면 마지막으로 산이 많고 거인들이 견고한 진을 치고 있는 하팡(Harfang)이 있었다. 바로 밑에는 한때 녹색 마녀(Green Witch)와 마지못해 그녀에게 붙어 있던 가신들의 왕국이 있었으나, 이제는 폐허가 된 거대한 도시가 있었다. 여기에는 또한 아슬란이 나니아에 마지막 나팔을 불라고 깨울 때까지 자고 있는 시간의 아버지(Father Time)가 깊은 동굴에 있었다.

나니아 동쪽에는 바다가 있었는데 용기 있는 사람이라면 그 바다 위를 항해해 갈마(Galma), 테레빈시아(Terebinthia), 일곱 개의 섬

(the Seven Islands), 외딴 섬(Lone Islands), 용 섬(Dragon Island), 죽음의 물 섬(Deathwater Island), 어둠의 섬(Darkness Island) 그리고 세상의 끝 섬(World's End Island)을 지나 은색 바다(Silver Sea)와 이 세상의 끝까지 가서, 그 곳에서 태양 너머 아슬란이 사는 나라의 높은 산을 바라볼 수 있었다.

옛날에는 이 세상과 나니아 왕국으로 가는 길 사이에 많은 골과 깊은 구렁이 있었지만, 이제는 드물어졌다. 그 중에서 마지막까지 남아 있던 것이 남쪽 바다의 섬에 있는 마술 동굴이었는데, 한때 몇몇 남자와 여자들이 우연한 실수로 사람이 살고 있지 않던 텔마의 나라(Land of Telmar)를 발견했다. 이들은 그 곳에서 여러 세대를 살면서 거만하고 사나운 민족이 되었다. 결국 텔마에는 큰 기근이 들어 카스피안 1세(King Caspian the First)와 그가 이끄는 사람들이 나니아의 서쪽 산으로 멀리 원정을 왔고, 당시 다소 무질서했던 나니아를 정복했다. 그 당시 나니아는 사람이 사는 곳이 아니라 말하는 짐승과 걸어다니는 나무, 폰, 난쟁이 그리고 거인들이 사는 나라였다. 바로 이 텔마인들이 말하는 짐승과 나무 그리고 샘들에게 강제로 말을 못하게 하고, 난쟁이와 폰들을 죽이거나 쫓아내고, 나니아에 이러한 존재들이 있었다는 기억조차 지워 버리려고 했다.

나니아 왕국의 이야기는 바로 여기서 시작된다.

사자, 마녀 그리고 옷장

아슬란이 나니아를 창조한 지 60년이 지난 후에 피터, 에드먼드, 수잔 그리고 루시라는 아이들에 의해 첫 모험이 시작된다. 이 네 명의 페벤시(Pevensie) 아이들은 전쟁 동안의 공습 때문에 런던을 떠나 시골에 있는 늙은 커크 교수의 저택에 함께 살게 되었다. 하루는 낡은 옷장에서 놀던 루시가 우연히 그 옷장이 나니아로 가는 입구—나니아로 가는 길은 매번 다르다—임을 발견하고, 네 명의 아이들 모두가 거기에 들어갔다. 바로 안에는 흰 마녀 제이디스의 가로등이 있었다. 이제 그녀는 나니아의 거주민들을 거의 다 학살하고, 그 나라를 크리스마스가 없는 영원한 겨울 날씨로 만들고, 그 곳의 여왕이 되어 있었다.

제이디스는 나니아를 거의 다 정복했다. 그리고 심복 부하로 수많은 거인들, 늑대 인간들, 시체를 먹는 귀신들(ghouls; 동방 회교국의 전설에 나옴—역주), 생령들(wraiths; 사람의 임종 전후에 나타난다는 유령의 일종—역주), 공포스러운 동물들(horrors), 작은 요정들, 대머리 수리들(vultures; 콘도르 속—역주), 거대한 박쥐들, 유령들, 요귀들, 사람 잡아먹는 도깨비들, 미너토어들(minotaurs; 사람 몸에 쇠머리를 가진 괴물들, 그리스 신화—역주), 잔인한 동물들(cruels), 마녀들, 독버섯 인간, 늑대들, 황소머리를 한 사람들, 사악한 난쟁이들, 그리고 사악한 나무와 독이 있는 식물의 정령들을 두고 있었다. 비록 제이디스가 마술로 자기 적들을 모두 돌로 만들어 버리긴 했지만, 나니아의 많은 말하는 짐승들은 숨어서 그녀의 멸망을 애타게 기다리고 있었다. 그 중 하나가 툼너스(Tumnus)라는 이름을 가진 폰이었는데, 그와 루시의 우정이 제이디스의 분노를 사게 되어 선과 악의 세력이 대결하게 된다. 비버(Beaver) 씨 부부는 페벤시 아이들을 인도해 남쪽에 있는 돌탁자로 데리고 갔다. 아슬란이 나니아로 돌아온다는 사실을 알게 된 제이디스는 화가 너서 추격해 왔다.

　봄이 다시 찾아 온 남쪽에서 아슬란은 피터를 데리고 높은 언덕으로 갔다. 그리고 저 멀리 바다 위로 돌출하여 반도 위에 있는, 앞으로 그와 나머지 아이들이 통치하게 될 캐어르 파라벨 성(the Castle of Cair Paravel)을 보여 주었다. 아슬란은 앞으로 피터와 나머지 아이들이 그 성을 통치하게 될 것과 제이디스의 죽음을 예언했다. 한편 제이디스와 그녀의 무리들은 돌탁자에 도착해서 포로가 된 에드먼드를 돌칼로 죽이려 했으나, 아슬란이 에드먼드 대신 죽겠다고 자원했고, 그리고 아슬란은 이 사건과 관련된 심오한 마술(the Deep Magic)을 풀었다. 그 날 밤 루시와 수잔은 돌탁자 근처에서 아슬란을 만나 그의 슬픈 표정을 보며 서글프게 울었다. 그들은 그 뒤에 아슬란이 그의 적들에게 묶여 침 뱉음을 당하고, 조롱 당하고, 결국에는 흰 마녀에게 살해되는 장면을 공포에 질린 채 지켜보았다. 동틀 무렵, 돌탁자 자체가 두 개의 거대한 조각으로 갈라졌다. 그리고 루시와 수잔은 슬픔에 잠겨 죽은 지도자의 시체가 있는 곳으로 돌아왔다.

　그러나 날이 밝으면서 루시와 수잔은 그들 뒤에서 들려오는 위대한 음성을 듣고는 기뻐서 어쩔 줄을 몰랐다. 그들이 돌아보는 순간, 아슬란이 이른 아침 햇살에 빛나는 것을 보았다. 아슬란은 이전과는 비교할 수 없을 만큼 크고 영광스러웠다. 그들이 아슬란에게 어떻게 다시 살 수 있었는지를 묻자, 아슬란은 깊은 마술에 의해서라고 대답했다. 한바탕 떠들썩한 기쁨의 해후를 한 후, 아슬란은 두 아이들을 등에 태우고 바람처럼 여행해 서쪽에 있는 흰 마녀의 성으로 갔다. 그는 돌로 변했던 모든 동물들을 다시 원상태로 돌려 놓고,

마녀의 성을 폐허로 만들어 버렸다. 서둘러 동쪽으로 돌아온 그들은 피터와 그의 친구들이 흰 마녀와 그녀의 추종자들과 생사를 건 전투를 하고 있는 것을 발견했다. 아슬란이 전투에 참가해 흰 마녀를 죽임으로써 완전한 승리를 거두었다.

그리고 나서 아슬란과 나니아의 모든 왕족들은 어린이들을 캐어르 파라벨로 데려가 왕관을 씌웠고, 그들은 모두가 생각하는 대로 위엄 있는 왕과 여왕으로 자랐다. 먼 훗날 서쪽에서 그들은 잡기만 하면 소원을 들어 주는 흰 숫사슴(White Stag)을 사냥하던 도중에 가로등 황야에 있는 가로등 밑으로 오게 된다. 처음에는 그것을 알아보지 못했으나 그 후에 그들은 이 등을 지나갈 때면 그들에게 이상하고 새로운 모험이 일어나거나, 그들의 운명이 크게 바뀐다는 것을 확실히 알게 되었다. 그들은 그 가로등이 있는 덤불을 지나갔고, 다음 순간 늙은 교수의 저택에 있는 옷장 안에 걸린 여러 옷들 사이로 다시 돌아왔다. 놀랍게도 자신들은 나니아에서 수년 동안 있었지만, 지구의 시간은 하나도 흐르지 않았다는 것을 알게 되었다. 늙은 커크 교수는 "한 번 나니아의 왕이면 영원히 나니아의 왕이다"라고 말하면서 그들을 위로했다. 조만간에 다시 그들은 그 놀라운 나라로 들어가는 입구를 찾을 수 있을 것이라는 확신에 찬 말을 해주었다.

카스피안 왕자

일 년 후 그들은 기차역에서 기숙 학교로 돌아가는 기차를 기다리는 중에 마법에 이끌려 정말로 나니아로 돌아가게 되었다. 저항할 수 없는 힘에 휩쓸려 그들은 빽빽한 숲이 있는 섬에 도착했다. 그 섬의 한가운데에는 폐허가 된 성이 있었는데 그 성이 캐어르 파라벨이라는 것을 알게 되었다. 그들은 나니아의 시간은 지구의 시간과 다르다는 것을 기억하고서야 그 폐허를 이해할 수 있었다. 그들은 성 밑에 있는 고대 보물의 방에서 자신들의 갑옷을 찾아 내었고, 루시는 오래 전에 산타할아버지(Father Christmas)가 주신 마술 음료를 담은 다이아몬드 병도 발견했다.

다음 날, 배 한 척이 근처 육지로부터 왔는데 그 배에서는 사람들이 승객 중 하나를 물에 던져 버리려고 몸싸움을 하고 있었다. 수잔이 화살을 잘 겨누어 그 사람들을 쫓아 보내고 승객이었던 난쟁이를 구출했다. 아이들이 난쟁이에게 그 사연을 묻자, 그는 카스피안 왕자에 대한 긴 이야기를 들려 주었다. 카스피안 왕자의 삼촌인 미라즈 왕(King Miraz)과 이모 프루나프리스미아 왕비(Queen Prunaprismia)가 카스피안의 왕위를 빼앗았다고 했다. 카스피안 왕자는 유모와 코넬리우스 박사로부터 나니아의 고대사를 배웠고, 프루나프리스미아 왕비가 아들을 낳자 도망을 가서 목숨을 부지하라는 박사의 경고를 받았다. 그 어린 왕자는 아친랜드를 향해 남쪽으로 여행을 하다가 산 속에서 길을 잃었고, 폭풍에 놀란 말이 나무들 사이로 정신없이 달리는 바람에 큰 가지에 부딪쳐 정신을 잃고 말았다. 트러플헌터(Trufflehunter)라는 이름의 말하는 오소리와 니카브릭(Nikabrik)과 트럼프킨(Trumpkin)이라는 두 난쟁이 앞에서 깨어난 왕자는 자신이 발견한 사람들이 깊은 숲 속에 숨어서 오랫동안 생존해 온 옛 나니아인임을 알게 된다. 얼마 후 숨어 살던 나니아인들은 비록 반대가 있긴 했지만 카스피안을 그들의 왕으로 삼고그의 지도 아래 미라즈와 전쟁을 벌이기로 한다.

그러나 미라즈를 찾으러 갈 필요는 없었다. 그는 이미 카스피안을 미행해 자신의 군대와 함께 가까이 와 있었기 때문이다. 카스피안과 그의 새 친구들은 동굴이 많은 언덕인 아슬란의 하우(Aslan's How)로 피신했으나, 미라즈의 군대에 포위당하고 말았다. 카스피안은 절망적인 상황이 닥치자 코넬리우스 박사가 준 수잔의 마술 뿔을 기억하고 불었는데, 그 뿔 소리 때문에 네 명의 어린이들이 기차역에서 나니아로 순식간에 돌아오게 되었던 것이다. 그 동안 트럼프킨은 캐어르 파라벨 섬으로 가서 도움을 요청하겠다고 자원했으나, 그 곳으로 가는 도중에 적들의 손에 사로잡혀 익사형을 받았다. 그리고 그 트럼프킨은 수잔의 화살로 구조를 받았다.

그들이 왜 나니아로 불려 왔는지 알게 된 아이들은 카스피안을 돕기 위해 즉시 계획을 세우기 시작했다. 그러나 사람이 다니지 않는 길을 통해 아슬란의 하우로 가려고 시도하던 중 산 속에서 길을 잃고 말았다. 어느 길로 가야 하는지 알 수 없는 가운데 루시가 아슬란을 얼핏 발견하고는 그를 따라가자고 했지만 그들은 다른 길로 갔다. 그러나 그 길이 갈수록 험해진다는 것을 알게 되자, 다시 돌아와 루시가 가자고 했던 길로 갔다. 그날 밤 루시는 잠이 오질 않아서 나무들 사이를 걸어다녔는데, 나무들이 깨어나서 움직이는 것을 보게 된다. 루시는 돌아가서 동료들을 깨웠다. 그들은 밤에 길을 나서야 한다는 생각에 아슬란이 그들을 인도할 것이라 믿는 루시의 말을 듣고도 투덜거렸지만, 아슬란이 정말로 그들 앞에서 길을 보여주고 있다는 사실을 서서히 발견하게 된다. 그들은 새벽 무렵에 하우에 도착했다.

　거기서 그들은 난쟁이 니카브릭이 카스피안 왕과 말다툼을 하고 있는 것을 보게 된다. 니카브릭은 미라즈의 군대로부터 자신들을 구하기 위해서는 흰 마녀와 마귀 할멈 그리고 늑대 인간들을 불러야 한다고 주장했다. 니카브릭은 아슬란이나 피터나 그의 친구들—논쟁이 벌어지고 있는 방 바로 밖에 이들이 서 있음에도 불구하고—의 존재를 믿지 않았다. 논쟁 끝에 그 방에서는 목숨을 건 싸움이 벌어졌고 니카브릭과 그의 악한 친구들은 살해되었다.

　고대 기사의 풍습에 따라, 피터는 미라즈에게 그들의 문제를 결정해 줄 일 대 일 결투를 신청했다. 거인 윔블웨더(Giant Wimble-weather), 배불뚝이 곰(the Bulgy Bears), 켄타우루스 글렌스톰(the Centaur Glenstorm; 그리스 신화에 나오는 반인반마의 동물—역주), 용감한 쥐 리피칩(Reepicheep), 오소리 트러플헌터(Truffle-hunter) 그리고 다른 수많은 말하는 동물들과 그들을 지지하는 수천의 드라이어드, 해머드라이어드(hamadryad; 그리스 신화에 나오는 나무의 요정—역주), 숲 속의 짐승들로 구성된 친구들과 텔마인(Telmarine) 군사들로 구성된 적들의 무리가 피터와 미라즈의 길고도 힘겨운 전투를 지켜보았다. 드디어 피터가 미라즈를 처치하자 악한 왕의 추종자들은 총공격에 나섰다. 전세가 불리하여 카스피안의 세력이 매우 절망적으로 보이는 순간 걸어다니는 나무들이 적들을 향해 다가왔고, 모든 적들을 포로로 잡았다. 나중에 아슬란은 이 포로들이 텔마로 돌아갈 수 있도록 은전(恩典)을 베풀어 주었다. 그리고 아이들은 아슬란의 마술로 이 모험이 처음 시작되었던 기차역으로 다시 돌아갔다.

아침햇살호의 모험

세 번째 모험은 지구 시간으로 일 년(나니아 시간으로는 3년) 후에 일어나게 된다. 에드먼드와 루시 페벤시가 캠브리지에 있는 그들의 사촌 유스터스 클라렌스 스크럽(Eustace Clarence Scrubb)의 집에 가 있을 때 그 곳에서 시작되었다. 피터는 시험 공부를 하고 있었고 수잔은 미국을 방문중이었다. 유스터스의 부모는 자식에게 동화 대신 경제학 서적을 읽히는 진보적인척 하는 사람들이었다. 이번 모험은 거대한 푸른 파도를 가르며 지나가는 배가 그려진 액자의 그림이 실제로 살아나면서 시작되었다. 이 그림은 사실 카스피안 왕자가 미라즈 왕이 추방한 일곱 영주들이 어떻게 되었는지 알아보기 위해 미지의 동쪽 바다로 항해해 가는 그림이었는데, 이제 그 그림이 실재가 된다. 용감한 쥐 리피칩은 그것과는 다른 이유에서 이 항해에 따라 나섰는데, 그는 세상의 끝에 가서 아슬란의 나라를 찾고 싶어했다.

유스터스를 제외하고는 모두가 즐거워했다. 유스터스는 매사에 트집을 잡았고, 다른 동료들이 자신을 괴롭힌다고 생각해 그들에게 꼭 복수를 하겠다고 다짐했다. 외로운 섬(Lone Islands)에 잠시 들르는 동안 일행 중 몇몇이 노예 상인에게 잡혔는데, 카스피안 왕의 신분이 밝혀진 후에야 풀려날 수 있었다. 그 다음에 그들은 큰 폭풍을 만나 배가 파손된 채 용의 섬(Dragon Island)에 닿게 되었다. 여기서 유스터스는 달아나다가 길을 잃고 인간의 마음을 가진 용으로 변했는데, 그 상황을 통해 그 동안 자신이 얼마나 못되게 굴었는지를 깨달았다. 스스로의 힘으로는 절대로 벗을 수 없었던 용의 껍질을 아슬란이 벗겨 주었고 아슬란이 그를 우물에 던져 넣었을 때에야 비로소 자기 모습으로 돌아올 수 있었다.

그들은 수리된 배를 타고 동쪽―항상 동쪽으로만―으로 계속해서 항해를 하다가, 그들의 배를 둘둘 감아 거의 부스러뜨릴 뻔한 바다의 뱀을 만나기도 했다. 그 다음에 그들은 죽음의 물 섬(Death-water Island)에 도착했는데, 거기서 그들은 모든 것을 금으로 바꿔 버리는 강을 발견했다. 거기서 그들은 일곱 영주 중 하나가 단단한 금이 되어 강바닥에 누워 있는 것을 발견하게 되었다. 그 다음에는 목소리는 들리지만 사람의 모습은 하나도 보이지 않으며, 모든 더플퍼드(Dufflepud)들이 하나의 커다란 발만 가지고 있는 섬에 도착했다. 루시는 위대한 마법사의 집 이층에 올라가 책에서 이 사람들에게 걸린 마법을 풀어 주는 주문을 찾아 내어 영웅이 된다. 그 다음에는 어둠의 섬(Island of Darkness)으로 항해하다가 거기서 길을 잃을 뻔했고, 그 다음에는 세 명의 남자가 화려한 탁자―그것은 사실 아슬란의 것이었다―에서 수년 동안 잠을 자느라고 아무것도 먹지 않고 앉아 있는 나라에 도착했다. 그들은 카스피안 왕이 찾고 있던 일곱 영주들 가운데 몇 사람이었다.

이 섬을 떠난 후, 그들은 조용하고 깨끗한 바다 위를 항해했다. 그 바다에서는 물 속에 사는 사람들과 그들의 성을 볼 수가 있었다. 그들이 항해하는 동안 빛은 점점 밝아졌고 태양이 보통 크기보다 몇 배는 더 커졌다. 그들은 자신들이 항해해 온 그 물이 더 이상 바닷물이 아니라 생수로 변했다는 사실을 발견했다. 그들은 모두 기쁨과 평화로 가득 찼고, 그 곳의 빛은 마치 마실 수 있는 음료같았다. 나이가 든 선원들은 다시 젊어지기 시작했다. 찬란한 은색 바다(Silver

Sea)를 항해하면서 그들은 그 물이 흰 백합들이 피어 있는, 살아 있는 물이라는 것을 발견했다.

나중에는 그 물이 매우 얕아졌기 때문에 아이들은 아침햇살호에서 내려 리피칩을 데리고 조금 더 멀리 나아갔다. 그리고 리피칩이 작은 배를 타고 아슬란의 나라를 향해 용감하게 저어 가는 것을 지켜보았다. 아이들은 해변 하나를 발견했는데, 그 곳에서 어린 양을 한 마리 만났다. 이 어린 양은 생선을 요리해 아이들에게 먹으라고 주고는 아슬란으로 변했다. 아이들이 아슬란에게 어떻게 하면 나니아에 갈 수 있는지를 묻자, 아슬란은 모든 세계에는 나니아로 통하는 입구가 있으며, 자신은 거대한 다리를 만드는 사람(great Bridge Builder)이기도 하다고 말했다. 그는 루시와 에드먼드가 나니아로 돌아오기에는 너무 늙었으며, 그들은 그들의 세계에서 자신을 만나야만 한다고 했다. 아슬란이 아이들의 이마에 키스를 하자 그들은 캠브리지에 있는 이모의 집으로 돌아왔고, 그 그림은 다시 침대 위에 걸린 그림에 불과했다. 아침햇살호는 무사히 나니아로 돌아갔는데, 돌아가기 전에 카스피안 왕은 그가 방문한 섬들 중 하나에서 만난 아름다운 여인과 결혼을 했다. 그녀는 오래 전에 하늘의 별이었던 위대한 사람 라만두(Ramandu)의 딸로 훌륭한 왕비이자, 수많은 왕의 어머니요, 할머니가 되었다.

은 의자

네 번째 모험은 페벤시의 조카와 그의 친구가 함께 떠나는데, 이들은 바로 무서운 실험학교(Experimental School)에서 이제 막 새

학기를 시작한 두 명의 불운한 아이들인 유스터스 스크럽과 질 포울(Jill Pole)이다. 이들은 나니아의 중심부와 캐어르 파라벨 성으로 갔다가 후에 아슬란의 지시에 따라 마쉬위글 퍼들글럼(Puddleglum)의 집으로 갔다. 거기서 에틴스모어(Ettinsmore)의 적막한 황야를 지나 하팡(Harfang)과 루이너스 시(City Ruinous)로 가게 되었다. 유스터스와 질은 학교 담벼락에 있는 문을 통해 모험을 시작하게 되었고, 나중에 아슬란이 높은 언덕에서 부드럽게 입김을 불어 나니아로 들어갔다. 그들은 다치지 않고 지상에 착륙하여 이제는 노인이 된 카스피안 왕 10세를 만나게 되는데, 그는 자신의 행정 구역에 있는 섬 중 하나를 방문하러 떠날 준비를 하고 있었다.

그들은 부엉이 글림페더(Glimfeather)로부터 커다란 녹색 뱀이 왕비를 죽이고, 릴리안 왕자(Prince Rilian)가 북으로 그 뱀을 치러 가는 도중에 녹색 옷을 입은 아름다운 여인을 만났는데, 그 여인이 자기와 함께 있어 달라고 릴리안 왕자를 유혹했다는 이야기를 듣게 되었다. 많은 사람들이 왕자를 찾아 나섰지만 그들은 아무도 돌아오지 못했다. 커다란 사자 아슬란은 유스터스와 질에게 왕자를 찾으라는 임무를 주고 자세하게 그 방법을 지시해 주었다.

글림페더와 다른 부엉이들은 아이들을 퍼들글럼(Puddleglum)에게 데려다 주고 그 셋은 슈리블 강(the River Shribble)을 건넜다. 그리고 에틴스모어의 어리석은 거인들이 사는 곳을 지나 북쪽에 있는 추운 산을 향해 길을 나섰다. 그들은 도중에 말을 타고 있는 두 사람을 만났는데, 한 사람은 녹색 옷을 입은 아름다운 여인이었고 또 한 사람은 말도 하지 않고 투구의 면갑(面甲)도 올리지 않은 기사였다. 그 여인은 그들에게 하팡으로 가서 거기에 사는 거인들의 친절한 접대를 받으라고 권한다. 눈과 차가운 바람을 힘겹게 뚫고 그들은 드디어 하팡에 도착했다. 거기서 목욕을 하고, 음식도 먹고, 매우 편안하게 대접을 받았다. 그러나 사실은 자신들이 거인의 식량으로 사용될 것이라는 것을 알게 된 유스터스와 질은 거인들을 믿지 않았던 퍼들글럼의 비관적 태도가 옳았음을 깨닫는다.

유스터스와 질은 지도자 거인들이 사냥을 나간 동안 성 부엌문을 통해 탈출했다. 그러나 유스터스와 질은 발각되었고, 피하기 위해 자그마한 틈 사이로 억지로 밀고 들어갔다. 그들은 컴컴한 어둠 속에서 긴 지하의 자갈 둑 위를 미끄러져 내려가자 이상하게 생긴 백 명의 군인들에게 둘러싸이게 되었다. 이 군인들은 그들을 포로로 잡아 여러 개의 통로를 지났다. 그리고 장시간 배를 타고 조용하지만 부산하게 움직이는 도시의 어떤 성으로 데려갔다. 거기서 그들은 금발의 젊은 청년을 만났는데, 그가 바로 릴리안 왕자였다. 그는 자신의 과거에 대해서는 아무것도 기억하지 못했다. 그의 관심은 오로지 그가 사랑하는 아름다운 여인, 즉 나니아 안에 세울 거대한 왕국을 그에게 주겠다고 약속했던 그 여인에게 집중되어 있었다.

왕자는 자신이 의자에 묶이는 고통을 당하지 않으면, 매일 밤 잠시 동안 뱀으로 변한다고 했다. 그러나 막상 그 일이 일어나자 그는 그 아름다운 여인이 사실은 사악한 마녀인데, 수년 동안 자기 마음대로 그를 조종했다고 말했다. 이것을 본 아이들은 왕자가 뱀으로 변하는 그 순간에만 그가 유일하게 정상이라는 것을 알게 되었다. 퍼들글럼과 아이들은 릴리안 왕자가 그들에게 아슬란의 이름으로 자신의 끈을 잘라 달라고 요청할 때까지는 무엇을 해야 할지 몰랐다. 그러나 곧 그들이 그러한 요청을 받게 될 것이라는 아슬란의 말을 기억하였고, 릴리안 왕자를 풀어 주고 마법을 풀었다. 그러자 여왕의 강력한 마법이 곧 왕자와 그의 새 친구들을 압박해 왔고, 그들이 거의 굴복할 무렵에 퍼들글럼이 평범한 상식으로 그녀의 마법의 원천을 파괴할 수 있었다. 그러자 그녀는 거대한 녹색 뱀으로 변했고 그들을 없애려고 안간힘을 썼으나 머리가 잘려 버리고 말았다.

그리고 나서 왕자와 그의 친구들은 여왕이 오랫동안 붙잡고 있었던 지하의 노예들을 풀어 주었다. 지하의 화산과 거대한 해일을 겪고 또 위험한 여정이 지난 후에, 그들은 나니아의 중심부와 나무와 별들이 있는 영광스러운 지상 세계로 가는 입구를 발견했다. 그들은 캐어르 파라벨로 갔고, 거기서 사람들은 오랫동안 잃어버렸던 왕자를 환영했다. 아슬란은 임무를 마친 아이들을 입김으로 불어서 거대한 절벽 위를 지나 다시 학교로 보냈다. 그러나 그 전에 아슬란은 아이들에게 카스피안 왕을 새로운 생명을 가진 젊고 행복한 존재로 부활시키는 것을 보여 주었다.

말과 소년

다섯 번째 모험은 피터, 에드먼드, 루시 그리고 수잔이 나니아의 왕과 여왕이 된 지 몇 년 지나지 않은 나니아 역사 초기에 일어났던 일이다. 그들이 이 이야기와 어느 정도 관련이 있긴 하지만, 주로 샤스타(Shasta)와 아라비스(Aravis)라고 하는 두 아이들과 그들이 칼로멘에서 아친랜드로 가는 도중에 겪은 모든 일들이 이 이야기의 중심을 이루고 있다.

칼로멘의 먼 남쪽에는 아쉬시(Arsheesh)라고 하는 가난한 어부가 자기를 도와 주는 아들—진짜 아들은 아니지만 아들로 일컬어지는—샤스타와 함께 살고 있었다. 하루는 타칸(Tarkaan; 귀족 계급—역주) 혹은 대영주로 보이는 자가 나타나 그들에게 호의를 베풀라고 명령하고, 샤스타를 노예로 사겠다고 했다. 샤스타는 타칸의 이러한 계획과 동시에 타칸의 말 브리(Bree)가 나니아의 말하는 동물이라는 것을 알아채고, 그 둘은 같이 밤에 도망가기로 했다.

샤스타와 브리는 티스록(Tisroc)의 궁정이 있는 신비한 도시 타쉬반(Tashbaan)을 향해 북쪽으로 여행했다. 가는 길에 그들은 흐윈(Hwin)이라고 하는 또 한 마리의 말하는 말을 만났는데, 그 말은 아라비스라고 하는 여자 아이를 태우고 북쪽으로 가고 있었다. 아라비스와 샤스타는 많이 다투기는 했지만 같이 여행하게 되었다. 아라비스는 자신이 타키나(Tarkheena)이며, 키드라쉬 타칸(Kidrash Tarkaan)의 외동딸이고 타쉬(Tash) 신의 후손이라는 것을 고백했다. 아라비스는 계모가 키드라쉬를 설득해 자신을 못생겼지만 요직에 있는 늙은이 아호쉬타 타칸(Ahoshta Tarkaan)에게 주려고 하는 것을 알고 집을 나왔다.

시간이 흘러 그들은 타쉬반으로 왔고, 아무도 모르게 이 도시를 지나가면 북쪽으로 가는 그들의 여행에 더 큰 위험은 없을 것이라는 점도 알았다. 그러나 타쉬반에서 그들은 예기치 못한 위험을 많이 당한다. 수잔 여왕이 그녀가 끔찍히 싫어하는 라바다쉬 왕자(Prince Rabadash)와의 결혼을 거부해 이 곳에 포로로 잡혀와 있었던 것이다. 나중에 알게 된 사실이지만, 샤스타는 자신의 쌍둥이 형제로 오인되어 위대한 왕궁에 있는 나니아인들에게 환영을 받는다. 폰 툼너스(Tumnus)는 나니아인들이 타쉬반을 탈출할 길을 생각해

내는데, 그것은 그들의 배에서 라바다쉬를 위한 만찬을 여는 척하고 나니아인들은 밤에 배를 타고 도망가는 것이다.

샤스타와 그의 친구들은 만약 그들이 흩어지게 되면 도시 북쪽에 있는 무덤에서 만나자고 약속했다. 도시의 성벽을 넘어 탈출한 샤스타는 그리로 가서 그의 몸을 따뜻하게 해 준 고양이와 함께 혼자서 밤을 지냈다. 밤에 자칼(Jackal; 여우와 늑대의 중간형인 야생개 — 역주)들이 울면서 다가오자 고양이가 놀라서 도망쳤고, 고양이를 놓친 샤스타는 이윽고 자칼들을 쫓아 버린 사자의 울음소리를 들었다. 그리고 나서 고양이가 돌아왔다.

한편 아라비스는 타쉬반에서 순진하고 옷과 장식물을 좋아하는 옛날 친구 타키나 라사랄린(Tarkeena Lasaraleen)을 만났다. 아라비스는 왕궁 가까이에 있는 자그마한 성벽의 문을 통해 자신이 탈출하는 것을 도와달라고 라사랄린을 설득했다. 둘이 함께 가는 도중에 우연히 수잔 여왕이 탈출했기 때문에 라바다쉬가 나니아를 침략하려고 한다는 소식을 엿듣게 되었다.

아라비스와 샤스타는 브리와 흐윈과 함께 드디어 무덤에서 만나게 되었고, 아친랜드에 이 소식을 전하기 위해 서둘러 거대한 사막을 건넜다. 지상에서 나니아로 가려면 반드시 나니아 남쪽의 아친랜드를 지나가게 되어 있다. 라바다쉬와 그의 군대가 온다고 경고하러 가는 가운데 이들은 매우 지쳐 있었다. 그 때 거대한 사자가 뒤에서 나타났고, 이에 놀란 말들이 쏜살같이 도망쳤다. 그 사자는 아라비스의 어깨를 할퀴어 가벼운 많은 상처를 냈다. 그들은 수도자의 은신처에 도달했고, 샤스타만이 홀로 아친랜드에 경고하러 가게 되었다. 샤스타는 피곤함을 무릅쓰고 기꺼이 갔다.

샤스타는 사냥을 나온 룬 왕(King Lune)을 만났고, 룬 왕은 샤스타를 자신의 아들 코린(Corin)으로 착각했다. 샤스타의 경고를 들은 룬 왕과 그의 군사들은 서둘러 성으로 돌아갔지만, 샤스타의 말이 너무 천천히 달려서 나니아를 공격하러 가는 라바다쉬의 군사들이 그를 앞서 갔다. 그래서 샤스타는 대신에 자신이 잘 모르는 다른 길로 갔고 사자가 그를 지켜주었다. 나니아 남쪽에서 그는 에드먼드 왕과 루시 여왕과 페리단 영주(Lord Peridan) 그리고 그 외에 룬 왕을 도우러 가는 사람들을 만났다(피터 왕은 북쪽의 거인들과 싸우러 가고 없었다). 그 일행 중에는 룬 왕이 샤스타를 보고 아들로 착각했던 그의 진짜 아들 코린도 함께 있었다. 샤스타와 코린은 전쟁에 참가하기를 원했기 때문에 아친랜드에서 전쟁을 치러야 했다.

나니아인 일행은 라바다쉬의 군사들이 나무 기둥으로 막 성문을 부숴뜨리려 할 때 아친랜드에 도착했다. 불꽃 튀는 싸움이 이어졌고, 수도자의 집에 있는 사람들은 마술 연못을 통해 이 전쟁을 지켜보았다. 라바다쉬의 세력은 완전히 진압되었고, 샤스타는 코린의 쌍둥이 형제라는 사실이 밝혀졌다. 샤스타의 원래 이름은 코르(Cor)였다.

한편 회의주의자 브리가 수도자의 집에서 아슬란이 진짜 사자가 될 수 없다는 것을 증명하려고 할 때 아슬란이 조용히 벽을 넘어 나타나 브리에게 자신의 몸을 비비며, 자신이 '진정한 짐승'(true Beast)임을 증명했다. 브리는 자신이 믿지 않은 것은 어리석은 짓이었다고 고백했다.

코르의 긴 방황은 언젠가 왕국이 큰 위험에 빠져 있을 때 그가 왕국을 구할 것이라는 예언 때문임이 밝혀졌다. 그는 예언대로 했고 모든 것이 순조롭게 끝날 수 있었다.

포로가 된 라바다쉬가 어리석게 행동하면서 자신이 얼마나 용감하고 힘이 센지 막무가내로 자랑하며 덤벼들었다. 그의 허풍을 아무도 말리지 못하자 아슬란이 나타나 그를 당나귀로 만들어 버렸다. 그리고 라바다쉬가 타쉬반으로 돌아가면 다시 인간이 되겠지만, 그 후로 그가 타쉬반에서 10마일 이상을 벗어날 경우 다시 당나귀로 변해 영원히 당나귀로 남아 있게 될 것이라고 했다.

늘 서로 의견이 분분했지만 서로 사랑했던 아라비스와 샤스타는 결국 결혼했고, 룬 왕이 죽은 후 그 나라의 왕과 왕비가 되었다. 그들은 램 대왕이라는 아들을 두었고, 그는 나중에 아친랜드의 가장 위대한 왕이 되었다. 브리와 흐윈은 다시 나니아로 돌아오게 되어 행복했다.

최후의 대결

나는 나니아 시리즈의 여섯 번째 책인 『마법사의 조카』가 사실은 나니아 왕국의 시작을 설명하는 책이라고 앞에서 설명한 바 있다. 따라서 이제 『최후의 대결』에서 일어난 사건만 보면 된다. 『최후의 대결』은 내용 가운데 주인공들의 죽음을 다룬다는 점에서 아마도 가장 이례적인 동화책일 것이다.

이 이야기는 나니아 서쪽에 사는 원숭이 시프트(Shift)가 무식한 당나귀 퍼즐(Puzzle)에게 그들이 강에서 찾은 사자 가죽을 입으라고 강요하는 것으로 시작한다. 모든 말하는 동물들은 퍼즐이 커다란 사자처럼 말하거나 행동하지 않는다고 생각했지만, 원숭이는 이들에게 퍼즐이 아슬란이라고 믿게 만들었다. 먼 남쪽에 있는 칼로멘 사람들이 말하는 나무들을 잘라 간다는 소식을 들은 나니아의 마지막 통치자인 티리안 왕(King Tirian)은 쥬웰(Jewel)이라는 이름의 유니콘과 함께 두 명의 칼로멘 사람들을 죽였지만, 곧 후회하고는 자수를 했다. 그들이 자수를 하고 포로로 잡혀 있는 동안 티리안은 아슬란에게 그 어린이들을 보내 달라고 기도했다. 페벤시 아이들은 이제 나니아로 돌아가기에는 너무 나이가 들었기 때문에 유스터스 스크럽과 질 포울 만이 나니아로 갈 수 있었다. 이 두 아이들은 티리안 왕 바로 옆에 착륙하여 그들을 구하고, 원숭이의 악한 계획을 알아낸 뒤에 퍼즐도 포섭하게 되었다.

파사이트(Farsight)라는 독수리가 와서 칼로멘 사람들이 캐어르 파라벨을 정복했다고 보고한다. 티리안과 어린이들은 슬픈 마음으로 목숨을 다해 싸우기로 결심했다. 그들은 곧 시프트가 활동하는 곳으로 돌아갔다. 시프트는 언덕에 있는 작은 마구간에 당나귀 퍼즐을 데리고 있으면서, 나니아인들이 당나귀를 진짜 아슬란으로 생각하도록 하기 위해 밤에 희미한 모닥불을 피우고 그 불빛으로 그를 몇 분 간 보여 주었다. 원숭이가 나니아인들에게 한 교묘한 거짓말은 너무도 교묘해서 모닥불 주위로 몰려든 군중들은 그 말을 믿었다. 그리고 나서 원숭이는 아슬란을 정면으로 보고 싶은 사람은 마구간 안으로 들어가서 그렇게 하라고 했다. 시프트의 총애를 받는 고양이 진저(Ginger)는 미리 짜 둔 각본대로 의기양양하게 마구간 안에 들어갔지만 공포에 질려 나왔다. 그 고양이는 예기치 않게 아슬란이 아니라 타쉬라고 하는 새의 머리와 네 개의 팔을 가진 사악한 신(神)과 마주친 것이었다.

그러자 티리안 왕과 그의 친구들이 달려나가 모든 나니아인들에게 시프트에 대항하는 전쟁에 참여하라고 요청했다. 몇몇 사람들과 특히 말하는 개들은 동참했다. 하지만 난쟁이들은 이제 아슬란도 시프트도 믿지 않는다며, 오로지 자신들만을 믿기로 결정하고 양쪽 모두와 싸웠다. 그리고 나서 최후의 대결이 본격적으로 시작됐다. 창과 화살이 날아다녔고 칼이 번쩍거렸다. 유니콘 쥬웰은 날카로운 뿔로 많은 적들을 죽였다. 칼로멘 사람 하나가 질의 머리카락을 붙잡고 끌고 갔다. 이 싸움의 주된 목표는 힘을 다해 적들을 마구간 안으로 밀어 넣는 것이었다. 드디어 티리안은 칼로멘의 지도자와 싸웠고, 그를 마구간 문 안으로 밀어 넣었다. 그의 이름은 리쉬다 타칸(Rishda Tarkaan)이었는데, 그는 마구간 안에서 무서운 신 타쉬와 마주치게 되었다. 타쉬는 그에게 "네가 나를 나니아로 불렀다. 리쉬다 타칸! 그래서 내가 이렇게 왔다. 내게 할 말이 있느냐?"라고 말했다. 공포에 질린 리쉬다는 대답을 못했고 타쉬에게 잡혀 갔다. 그러나 타쉬가 그를 잡아가기 전에 강하고 침착한 목소리가 들려왔다. "가라, 괴물이여! 그리고 적당한 제물을 가지고 네가 사는 곳으로 가라." 그것은 아슬란의 놀라운 음성이었다.

무시무시한 타쉬가 사라지고 난 후, 티리안은 누가 그 말을 했는지 보려고 돌아섰다. 그의 앞에는 일곱 명의 왕과 여왕이 머리에 왕관을 쓰고 번쩍이는 옷을 입고 서 있는 것을 보았다. 그의 생전에 그와 같은 전율은 처음이었다. 그는 문득 먼지와 땀으로 범벅이 된 자신의 옷이 생각나서 부끄러워했지만, 정작 그가 자신의 모습을 바라보았을 때는 이미 새롭고 깨끗한 옷을 입고 있었다. 티리안이 본 왕과 여왕들은 피터, 에드먼드, 루시, 디고리, 폴리, 유스터스 그리고 질이었다.

그 후 아이들은 마구간의 열린 문을 응시하다가 그 곳을 통해 나니아 왕국의 마지막을 보고 깜짝 놀랐다. 아슬란은 별들을 불러 내리고, 모든 사람들과 말하는 짐승들과 심지어 아친랜드와 칼로멘의 주민들까지도 불렀다. 아슬란을 정면으로 보고 그를 미워하고 두려워한 사람들은 모두 문에서 돌아서서 거대하고 어두운 그림자 속으로 사라졌고, 그를 사랑한 사람들은 기쁘게 그 문을 지나갔다. 그들 중에는 유니콘 쥬웰을 포함해서 이미 죽었다고 생각한 다른 이들도 있었다. 그리고 나서 사실은 영국에서 큰 기차 사고가 있었고, 어린이들도 죽었다가 다시 살아났다는 것을 알게 되었다.

아슬란은 그와 함께 '더 높이 그리고 더 깊이' 가자고 어린이들을 불렀다. 그 아름다운 땅을 보며 그들의 기쁨은 더욱 커졌다. 그 땅은 여전히 나니아였지만 좀 더 화려하고, 아름답고, 의미가 있었다. 마지막으로 그들은 서쪽으로 나아갔고, 영국의 낯익은 풍경들을 많이 볼 수 있었다. 또한 지구에서 그들의 삶의 마지막 자취가 된 기차 사고도 볼 수 있었다. 루시와 다른 일행들은 아슬란이 전에 그랬던 것처럼 그들을 다시 돌려 보낼까봐 잠시 슬픔에 잠겼다. 그러나 아슬란이 아이들에게 이제 다시는 헤어지지 않아도 된다고 했다. 그들은 이제 밤이 아니라 아침에 와 있고, 그들이 나니아에서 한 모든 모험은 책표지에 불과하다고 했다. "비로소 이제야 너희들은 지구상의 누구도 읽지 못했고, 영원히 지속되며, 갈수록 재미가 있는 위대한 이야기의 제1장에 와 있다"고 말하자 아이들의 가슴은 한껏 부풀어 올랐다.

루이스가 이 책들을 통해 보여 주려고 한 기독교적인 의도에 대해서는 의문의 여지가 없다. 그것은 나니아와 아슬란의 연대기다. 그러나 교훈적인 목적을 위해 루이스가 인위적으로 고안한 장면은 거의 없다. 아슬란이 길들여진 사자가 아니라는 루이스의 깊은 신학적 확신은 동시에 그의 소설의 도구가 된다. 때로 아슬란은 아이들과 함께 장난을 치고 그의 갈기 털에 아이들이 얼굴을 묻게도 하지만, 아이들은 단순히 그와 친해지기만 하는 것이 아니다. 아슬란의 행동은 쉽고 매끄럽게 설명되지 않는다. 예를 들어 『최후의 대결』에서 어린이들과 티리안 왕이 악한 적들의 손에 패배할 무렵 왜 아슬란이 그들을 도우러 나타나지 않았는지 알 수가 없다. 루이스는 아슬란의 상징적 의미에 대해 깊은 감명을 받고, 왜 그런 감동을 받는지에 대해 의문을 가졌던 내 친구에게 이렇게 편지를 썼다. "아슬란의 수난이 사람들에게 실제 복음서보다 더 감동을 주는 이유는 독자들이 방심한 틈을 노리기 때문이라고 생각합니다. 실제의 복음서를 읽으면 우리가 어떻게 느껴야만 한다는 선험적인 지식이 종종 우리의 감동을 방해합니다."[48] 사람들을 방심하게 하는 것은 물론 루이스가 동화책뿐만 아니라 그의 모든 기독교 저술에서 바랐던 바일 것이다.

나니아 연대기의 처음과 마지막 책이 아슬란의 그리스도적 특성을 가장 잘 나타낸다. 『사자, 마녀 그리고 옷장』에서는 아슬란과 나니아에 영원한 겨울을 가져온 악한 마녀 제이디스 사이에 전투가

---

48) 루이스가 토마스 하워드(Thomas Howard)에게 보낸 편지. 하워드는 또한 루이스의 친구 톨킨은 나니아 이야기가 너무 풍유적이라고 생각한다고 내게 말했다.

벌어진다. 아슬란이 마녀가 아는 것보다 더 심오한 마술을 이루기 위해 마녀와 그의 가증스러운 추종자들에게 반역자 에드먼드의 목숨에 대한 대가로 자신을 돌 탁자 위에서 죽이라고 한 장면에서 전쟁은 절정에 달한다. 제이디스는 반역자로 인정된 자 대신에 흠이 없는 온전한 자가 자원해서 희생하면 돌 탁자가 두 개로 조각이 나고, '죽음 자체가 역행하기 시작할 것이다' 라는, 즉 역사가 시작되기 전부터 있어 온 마법을 몰랐다. 『최후의 대결』에서 어린이들이 죽은 후에 아슬란은 이들을 맞이하고 생전 먹어 보지 못했던 맛있는 음식을 주고, 계속해서 더 신나는 모험으로 이끌고 간다.

이 시리즈의 다른 책들도 기독교적 의미를 내포하고 있다. 『은 의자』에서 아슬란은 질과 그녀가 마시고 싶어하는 졸졸 흐르는 물 사이에 눕는다. 질은 아슬란에게 가까이 가도 해치지 않는다고 약속할 수 있느냐고 물었다. 아슬란은 자신은 아무런 약속도 하지 않는다고 대답했다. 질이 가까이 가기가 무섭다고 하자, 아슬란은 질에게 가까이 오지 않으면 목말라 죽을 것이라고 했다. 질이 다른 곳에서 물을 찾겠다고 하자 다른 물은 없다고 한다. 같은 이야기에 나오는 지하 세계의 사건은 아마 악은 성공할지라도 완전히 이기지는 못한다는 것을 말하기 위해서 삽입된 것 같다. 릴리안 왕자가 보통의 기준으로 볼 때, 비록 하루에 23시간을 비정상적인 상태로 지냈지만 한 시간 동안만큼은 본래 모습이었다. 이것은 아주 작은 정도의 고유의 실체만 있어도 아슬란의 도움으로 인간을 속이는 비실체의 기운을 물리칠 수 있다는 것을 암시한다. 심지어 유스터스와 질이 학교를 빼먹고 싶어하는 마음도 아슬란이 왕자를 구하는 도구로 그들을 사용하려는 목적에 일치한다. 그들이 나니아를 방문하게 해

달라고 '기도한' 후 아슬란은 "내가 먼저 너희들을 부르지 않았다면 너희들은 나를 부르지 않았을 것이다"라고 말한다.

『마법사의 조카』에서 아슬란은 디고리와 폴리를 에덴 동산에 풍유하는 곳으로 보낸다. 거기서 제이디스가 나타나 디고리에게 왜 그가 맛있는 사과 하나를 먹어야 하는지에 대한 그럴듯한 이유를 제시한다. 바로 이 순간에 루이스가 폴리를 정원 바깥에 머물게 한다는 사실은 매우 흥미롭다! 후에 다시 상기하겠지만, 아슬란이 나니아를 창조함과 거의 동시에 디고리와 폴리가 그들의 의도와는 달리 제이디스로 대표되는 악을 나니아에 가지고 오게 된다. 여기서 루이스가 말하고자 하는 것에 대해서는 다양한 신학적 견해들이 찬성 혹은 반대의 뜻을 나타낼 것이다. 그러나 나는 그가 단순히 악은 아주 오래된 것이며, 동시에 아주 실제적인 것이라는 점을 암시하려고 했다고 확신한다.

어느 정도 한계가 있기는 하지만, 커다란 붉은 사자가 그려져 있는 피터의 방패는 그리스도인의 갑옷과 투구로, 숭고함을 가져오는 아슬란의 숨결은 성령을 내보내시는 그리스도의 숨결로, 수잔의 마술 뿔나팔은 기도의 상징으로, 그리고 식탁의 고귀한 질서(Noble Order of the Table)는 성찬을 의미하는 것으로 볼 수 있다. 『아침햇살호의 모험』에서 아슬란의 화려한 탁자에 반쯤 살아서 앉아 있는 사람들의 함축적인 의미는 오직 먹고 사는 것밖에 모르는 많은 사람들을 의미한다.

하나님에 대한 순종은 『은 의자』에서 명백히 나타난다. 유스터스와 질은 그들이 실패하지 않으려면 아슬란의 지시를 문자 그대로 엄밀하게 따라야 한다는 말을 듣는다. 이 지침들은 아침과 저녁에 반복해서 해야 하고 심지어 자다가 한밤 중에 깼을 때도 해야 한다. 밝을 때에 배운 것을 어두울 때에 잊어버리면 안 된다는 기독교 속담이 있는데, 아슬란도 질에게 그렇게 지시한다. "내가 여기 산 위에서 너에게 분명히 말했다. 나니아에서는 그렇게 분명하게 말하지 않는 날이 더 많을 것이다. 여기 산에서는 공기가 맑고 너의 마음도 맑다. 그러나 나니아로 들어가면 공기는 탁해진다. 너의 마음이 혼란스러워지지 않도록 각별한 주의를 기울여라…기적을 기억하고 징표를 믿어라. 다른 것은 중요하지 않다." 후에 유스터스와 질이 아슬란이 경고한 혼란에 빠졌을 때, 퍼들글럼이 그들에게 다음과 같이 상기시킨다. "우연은 없어. 아슬란이 우리를 인도한다."

그리고 마녀가 아이들에게 음악과 향기와 설득력 있는 말로 그들이 가지고 있는 실체의 개념은 단지 꿈일 뿐이라고 마술을 걸었을 때, 그 사태를 수습한 것도 퍼들글럼이다. 실체의 성격에 대한 루이스의 전반적인 확신은 퍼들글럼이 마녀에 대해 경멸에 찬 연설을 하는 부분에 잘 나타난다. "설사 우리가 나무와 풀과 태양과 달과 별과 아슬란 자신 등 모든 것을 단순히 꿈이었거나 만들어 냈다고 가정하자. 그렇다고 하자. 그렇다면 내가 할 수 있는 말은 만들어 낸 것이 실제의 것보다 훨씬 더 좋아 보인다는 것이다. 너의 이 검은 웅덩이 왕국이 유일한 세계라고 가정하자. 그렇다면 그것은 실로 보잘것없다. 그리고 생각해 보면 그건 우스운 일인지도 몰라. 네 말대로 우리는 단지 장난이나 꾸며대는 아이들이라고 하자. 그러나 장난을 하는 네 명의 아이들은 네가 말하는 그 빈깡통 같은 진짜 세계를 이길 가상의 세계를 만들어 낼 수 있지. 그렇기 때문에 나는 놀이의 세계를 지지할거야. 나는 아슬란이 없다고 해도 아슬란의 편에

설거야. 나니아가 없다고 해도 최대한 나니아인처럼 살거야."[49] 비록 신화가 장엄한 거짓말이라 해도 퍼들글럼은 나니아의 '신화'는 마녀가 만들어 낸, 모두 가짜인 진짜 세계보다 낫다고 생각한다. 나 역시 루이스가 신화를 거짓말이라고 생각한 것은 결코 아니라고 확신한다.

나니아 시리즈 중에서 기독교와 관련된 내용이 가장 적은 『말과 소년』에서도 종종 무대 뒤에서 어떤 목적을 위해 일하는 아슬란이 묘사되어 있다. 또한 앞에서 브리가 아슬란은 없다고 주장하는 바로 그 순간에 아슬란이 회의적인 브리와 대면해서 자신이 '진정한 짐승'임을 직접 확인해 보라고 했다. 그와 비슷한 상황에 있었던 도마처럼 브리는 자신이 어리석었다고 고백한다.

나니아 책들에는 기독교적인 틀을 넘어서는 풍자와 암시가 있다. 『최후의 대결』의 서두에서는 원숭이 시프트가 나니아에 공산주의 사회를 세우려고 한다는 암시가 잠시 나온다. 『마법사의 조카』에서는 앤드류 삼촌이 기니아 픽에게 한 실험이 풍자되고, 『은 의자』에서는 진보주의 교육이 풍자된다. 『아침햇살호의 모험』에서 유스터스가 용과 같은 생각을 하자, 그가 용이 되는 장면에는 기독교적인 암시는 물론 심리학적인 암시도 있다. 그리고 지구는 영광스러운 새 나니아의 그림자에 불과했다는 생각은 플라톤의 사상을 함축적으로 암시하기도 한다.

루이스는 동화책도 사실주의적으로 쓴다. 사람과 동물 할 것 없

---

49) 루이스가 한 마지막 증언은 퍼들글럼의 말과 놀랍게도 일치한다. 『말콤에게 보내는 편지: 주로 기도에 관하여』의 마지막 부분에서 그는 비록 하나님이 죽었다는 불가능한 가정이 사실이라고 할지라도 자신은 하나님 편에서 죽고 싶다고 했다.

이 등장 인물들은 모두 말다툼과 험담을 자주한다. 그리고 심지어 회심을 하고 나서도 바로 성인(聖人)이 되지는 않는다. 자신의 눈으로 직접 나니아를 본 사람들 중에서도 『은 의자』 서두 부분의 유스터스와 질처럼 원천적인 회의주의자들이 있다. 유스터스와 질은 자신들이 직접 아슬란의 부름을 받았음에도 불구하고 그의 지시를 계속 거부해서, 아슬란이 릴리안 왕자를 구하기 위해서 준 네 가지 징표 중 세 가지를 놓친다. 『카스피안 왕자』에서는 어린이들이 산에서 길을 잃었을 때 루시가 아슬란이 그들에게 바른 길을 손짓해 주는 것을 보았다. 하지만 피터를 포함한 모두가 아슬란은 여기에 없다고 말한다. 나니아의 전쟁은 종종 매우 맹렬하며, 어린이들이 적을 죽이는 일을 도와 준다. 나니아 이야기 전체에서 가장 사실주의적인 부분은 수잔이 『최후의 대결』에서 새 나니아 왕국으로 들어가지 못했다는 것이다. 티리안이 행복한 땅에서 빛나는 일곱 명의 왕과 여왕을 발견하자, 그는 수잔에 대해서 묻는다. 피터는 짧고 무겁게 "내 누이는 더 이상 나니아의 친구가 아니다"라고 말한다.

각각의 나니아 이야기마다 개성 있는 등장 인물들이 있지만, 독자들은 분명 개인적인 선호가 있을 것이다. 나는 개인적으로 귀 위에 긴 진홍색 털이 나 있고, 항상 긴 칼자루에 앞발을 얹고 꼿꼿하게 서 있으며, 늘 위엄 있고 기품 있는 태도를 가지고, 위험은 용기 있게 정면으로 부딪혀야 한다고 확신하는 쥐 리피칩을 가장 좋아한다. 또 좋아하는 인물은 인간 같기도 하고 거미나 개구리 같기도 하며, 키가 크고 마른 마쉬위글 퍼들글럼이다. 그는 별로 볼품도 없고, 밀른(Milne)의 작품에 나오는 이요(Eeyore; 『곰돌이 푸우』에 나오는 염세적인 당나귀의 이름 — 역주)와 비슷하다. 적어도 표면적으로는 완전히 염세주의자이지만, 유스터스와 질의 빈틈없고 신실한 안내자가 된다. 그리고 우윳빛이 나는 유니콘 쥬웰이 있다. 쥬웰은 아슬란처럼 위엄 있고 섬세함과 부드러움을 지녔지만, 전투에서는 용맹스럽고 무섭다. 그리고 오랫동안 고통받은 귀여운 당나귀 퍼즐도 있다. 그는 아슬란을 헌신적으로 사랑하였으며, 새 나니아에서 그 모습이 너무도 아름다워 루시가 달려가 목을 껴안고 코에 뽀뽀를 해 주기도 했다. 그리고 예의바르지만 대부분의 거인들처럼 똑똑하지 않은 거인 럼블버핀(Rumblebuffin)도 있고, 친절한 오소리 트러플헌터, 성급하고 때로는 잔인한 그의 난쟁이 니카브릭과 트럼프킨도 있고, 흰 마녀의 청부살인업자로 일한 사나운 회색 늑대 펜리스 울프(Fenris Ulf)도 있다. 너무도 우스꽝스러운 짓을 해 바보의 전형이 되어 버린 성급한 칼로멘 사람 라바다쉬 왕자도 있다.

　우리는 루이스가 등장 인물들을 만들어 내고 지명을 생각하면서 즐거워했을 모습을 상상할 수 있다. 이 방면에서는 루이스는 그의 친구 톨킨의 광범위한 업적을 따라잡을 수는 없겠지만, 루이스의 창작물도 전혀 초라하지 않다. 우리는 루이스와 톨킨의 명명 방식에서 언어학적 기민함과 창조적 상상력의 묘한 결합을 볼 수 있다. 특히 루이스는 좋은 의성어 이름을 만들 수 있도록 통찰력을 주는 자연을 무척 사랑했음을 알 수 있다. 그리하여 우리는 부엉이 글림페더(Glimfeather), 산토끼 문우드(Moonwood), 폰 텀너스(Tumnus), 까마귀 살로우패드(Sallowpad), 다람쥐 패터트위그(Pattertwig), 난쟁이 로긴(Rogin)과 포긴(Poggin), 옥테시안 영주(Lord Octesian)와 프루나프리스미아 여왕(Queen Prunaprismia), 티스록(Tisroc)과 테레빈시아(Terebinthia)와 안바드(Anvard)와 라만두(Ramandu)와 글렌스톰(Glenstorm)과 퍼들글럼(Puddleglum)과 같은 인명과 지명을 계속해서 만나게 되는 것이다.

나니아는 실로 그 자체로 하나의 세계다. 여기서도 마찬가지로 톨킨이 창작해 낸 것과 같은 심오하고 깊이가 있는 우주는 아니지만, 몇 가지를 제외하고는 통합적이고 일관성이 있다. 어떤 면에서 루이스의 나니아는 우주라고 부르는 것이 더 적합하다. 우리가 사는 세계와 나니아 그리고 천국을 톨킨보다 더 잘 설명하고 있기 때문이다. 톨킨이 만든 세계는 보다 깔끔하고 일관성이 있고 논리적이지만 루이스의 세계에는 모순이 있고, 그런 의미에서 보다 꽉 짜였다고 할 수 있다. 루이스의 나니아는 예상하는 대로 독창적인 것이다. 그러나 『이상한 나라의 앨리스』와 비슷하게 시작하는 『사자, 마녀 그리고 옷장』, 카프카의 느낌이 나는 용이 된 유스터스의 경험, 그리고 푸우와 비슷한 곰들처럼 다른 작가들을 연상시키는 유사성을 보여 주기도 한다. 음식을 날라 주는 보이지 않는 더퍼(Duffer)들의 손은 『걸리버 여행기』에 나오는 손과 비슷하고, 『아침햇살호의 모험』은 오딧세이의 모험과도 비슷하다. 『마법사의 조카』에서 땅의 둔덕에서 살아 있는 동물들이 튀어나오는 것은 맥도널드의 『릴리스』에 나오는 사건과 비슷하다. 루이스가 사용하는 기독교적인 주제는 고전적이고, 고정적이며, 정통적인 것이다. 반면에 그가 만들어낸 사건은 풍요로운 환상의 세계로부터 창조된 것이다. 이 두 가지를 효율적으로 배합한 그의 업적은 결코 사소한 업적이 아니다.

나니아는 선과 악을 행하는 피조물들로 나뉘어진 곳이라기보다는 선함과 악함이 '싹트고' 온전하게 발전해 가는 피조물이 사는 곳이다. 흰 마녀 제이디스는 악으로 지나치게 기울어, 나니아에 있는 나무들로부터 반경 100마일 안으로는 들어오지 못했다. 왜냐하면 아슬란이 나니아인들에게 "너희에게 기쁨과 생명과 건강이 되는 그 냄새가 제이디스에게는 죽음과 공포와 절망이 될 것이다"라고 말했기 때문이다. 실로 제이디스는 너무나 오랫동안 나니아인들을 그녀의 사악한 목적을 위한 볼모로만 생각했기 때문에 조용한 곳에서 점점 창백해지고 기운을 잃어 갔다. 그녀는 자신의 이기심밖에는 아무것도 이해할 수 없었다.

근본적으로 소중한 가치를 향해 자라간다는 이 법칙의 가장 인상적인 예는 항상 타쉬를 숭배하고 아슬란의 이름을 싫어했음에도 불구하고, 새 나니아에 받아들여진 칼로멘 사람 에메스(Emeth)이다. 에메스는 평생 위선과 악을 미워했다. 그는 타쉬의 실체를 아는 데 너무 열중한 나머지, 타쉬가 자신을 죽일지라도 그의 얼굴을 보기 위해 마구간으로 들어가려고 했다. 에메스가 그 안에 들어섰을 때 그 곳의 영광을 보았고, 후에 아슬란 앞에 나가게 되었을 때에는 두려움과 새로운 복종과 그가 평생 동안 타쉬만을 섬겼다는 고백으로 그 앞에 엎드렸다. 아슬란은 그에게 "네가 타쉬에게 한 모든 섬김을 내게 한 것으로 간주하겠다…네가 그에게 한 섬김을 내게 한 것으로 받아들이겠다. 그와 나는 너무도 다른 존재여서 악한 행위는 내게 할 수 없고, 악하지 않은 행위는 그에게 할 수 없기 때문이다. 따라서 누가 타쉬의 이름으로 맹세하고 그 서약 자체를 위해 자신의 맹세를 지킨다면, 자신은 알지 못할지언정 그 맹세는 사실상 나의 이름으로 한 것이고, 그에게 보상을 하는 것도 나다. 그러나 누가 내 이름으로 악한 일을 한다면, 비록 그가 아슬란의 이름으로 말한다해도 그가 섬기는 것은 타쉬이며, 타쉬의 이름으로 그의 행위는 용납된다…너의 갈망이 나를 향한 것이 아니었다면, 너는 그토록 오랫동안 진지하게 추구하지 못했을 것이다. 진정으로 추구하는 사람은 그 추구하는 바를 발견하기 때문이다."[50] 이렇게 말한 후 아슬란은 에메스를 향해 깊은 숨을 내쉬어 그의 떨림을 없애 주었고, 그에게 더 깊이 그리고 더 높이 가라고 했다.

　에메스의 이야기에서 말하는 의도는 세상에는 그리스도께로 가는 여러 가지 길이 있다는 것이 아니라 근본적인 옳고 그름이 있다는 루이스의 깊은 확신을 보여 주는 것이다. 에메스의 경험에 대해서는 두 가지 해석이 가능하다. 하나는 그가 자신이 아는 유일한 진리를 완전하게 지키며 살던 이교도이며, 또 하나는 그가 평생 선을 진지하게 추구하며 살았다는 것이다. 루이스는 에메스의 뜻이 '진리', '본유적(本有的) 가치, 견고한 실재' 그리고 '하나님 자신의 성품에 뿌리를 둔 무엇이라고 말한다. 그는 파라오 아멘호텝 4세(Pharaoh Amenhotep 4th)의 경우를 인용한다. 그는 지금까지의 모든 이집트 신앙과는 반대로 하나님은 오직 한 분 뿐이며, 그를 예배해야 한다고 확신함으로써 마른 하늘에 청천벽력처럼 '이집트를 거의 갈기갈기 찢어 놓았다.' '그의 유일신론은 매우 순전하고 개념적인 것으로 보인다.' 『예기치 않은 기쁨』에서 루이스는 나니아 이야기에서 에메스가 이러한 종류의 "교리를 알 준비가 되어 있지 않

다면, 아버지의 뜻을 행해서도 안 되며 행하려고 노력해서도 안 된다"고 말했다. 에메스의 이야기와 그리스도만이 구원의 유일한 길이라는 루이스의 통상적인 가르침을 일치시키기 위해서는 『최후의 대결』에 나오는 문이 전적으로 구원의 상징이 아님을 지적해야 하겠다. 믿지 않는 이교도와 많은 냉소적인 난쟁이들 그리고 타쉬 자신도 그 문 반대편으로 갈 수 있었다. 아마도 이 문은 『거대한 간극』에도 나오는데, 많은 사람들이 그 안에 있는 영광을 얼핏 보기는 했지만 들어갈 것을 거부했던 천국의 변두리로 보아야 할 것이다. 에메스가 아슬란을 본 순간, 그는 그 앞에 축복을 빌며 엎드렸다.

에메스는 리쉬다 타칸과는 대조적인데, 타칸은 비록 타쉬를 믿지는 않았지만 이기적으로 그를 이용하려고 했다. 에메스에 비하면 리쉬다는 문 안에 들어와서도 완벽하게 자신의 생각의 감옥에 사로잡혀 있었다. 아슬란의 영광스러운 만찬을 짚과 토란 그리고 양배추 잎으로 보았으며, 금잔에 담긴 아슬란의 술은 구유에서 퍼 온 더러운 물로 보았던 난쟁이들처럼 진짜 불신자였다. 에메스는 절대 선이 가장 우선이라는 것을 믿었지만, 리쉬다와 난쟁이들은 단순한 '불신자들'이었다.

루이스의 다른 책들에서처럼 나니아 이야기는 무엇인가를 갈망하는 행위에서 얻는 기쁨과 그 갈망하는 것을 소유함으로써 얻는 기쁨이라는 갈망의 모티브를 가지고 있다. 사람들과 동물들이 서로 장난치고 농담도 하지만, '농담으로 낭비하기에는 너무 아깝고 좋은', 즉 보다 깊은 행복과 신비가 있다. 루이스는 후자를 훨씬 더 분명한 기쁨으로 묘사한다. 아슬란이 먼 땅을 내다보는 모습이 이야기 속에 항상 나오며, 『아침햇살호의 모험』 마지막 부분에서 리피칩이 그 천상의 산을 향해 떠나기 전에 마지막으로 행복에 겨워 떠는 것처럼 때로는 아슬란의 땅이 직접 보이기도 한다. 『최후의 대결』에서 유니콘이 오른쪽 앞발굽을 땅에 내리치고 히히힝 울면서 외친다. "이제서야 집에 왔어! 이 곳이 진정한 내 나라야! 나는 여기에 있으면서도 지금까지는 몰랐지만, 이 곳이야말로 내가 평생 동안 찾던 나라야. 우리가 옛 나니아를 사랑했던 것은 그것이 때로는 이 곳과 비슷해 보였기 때문이야." 이 대목은 마구간 문을 지나가는 다른 모든 사람들의 기분을 총체적으로 잘 표현하고 있다. 그러나 아슬란은 그들에게 모든 것이 갈수록 커지고, 내부가 외부보다 더 크고, 더 높고, 더 깊은 곳으로 가면 이보다 좋은 것들이 있다고 했다. 코빈 S. 카넬은 "고뇌에 빠진 불안과 기쁨이 없는 무력감을 다룬 T. S. 엘리엇의 작품과는 대조적으로, 루이스는 육감적인 기쁨을 풍부하게 묘사하고 있다"고 말한다.[51] 그러나 캐트린 노트(Kathleen Nott)는 루이스가 구원의 기쁨을 강조하는 데 실패했다고 혹평한다.[52] 이러한 터무니없는 주장은 캐트린 노트가 루이스를 제대로 이해하지 못했다는 증거밖에 되지 않는다.

이 이야기에 나오는 지배적인 사상은 모든 것이 보다 조화롭고 통일되었던 이전 시대의 사상이다. 나니아에 온 흰 마녀는 나니아를 두 개의 요소로 분리시켜 놓았고, 좋은 요소들은 깊은 숲 속에 숨게 만들었다. 미라즈 왕의 시대가 되었을 무렵에는 말하는 동물들이 사는 그런 나라가 있었다는 사실조차도 아는 사람은 극소수에

---

51) 「욕망의 변증학: 갈망에 대한 C. S. 루이스의 해석」 플로리다대학 박사 논문 p. 158.
52) 『황제의 옷』(*The Emperor's Clothes*) p. 297.

불과했다. 카스피안 왕자가 우연히 말하는 동물들을 만났을 때 그는 이제는 그런 것들이 존재하지 않는다고 생각했기 때문에 충격을 받았다. 루이스의 작품에는 항상 보다 오래 되고 보다 나은 세계에 대한 개념이 나오며, 그 세계는 에덴 동산을 지칭한다. 반면에 과거의 에덴뿐만 아니라 미래의 에덴, 즉『최후의 대결』에 나오는 새 나니아도 묘사하고 있다.

루이스는 자연계의 기능 중 하나는 인간이 영적 체험을 할 수 있는 상징을 제공하는 것이라고 생각했다. 물론 신화의 의미는 반드시 나타나지 않을지라도 자연계를 통해 신화의 실체는 나타난다. 신화에서 나무를 이야기할 수 있는 것은 실제로 나무가 있기 때문이다. 거인이 가능한 것은 때로 매우 큰 사람들이 있기 때문이다. 우주는 하나님의 광대함을 상징하고 물질은 힘을 가지고 있는 하나님과 비슷하다. 그러나 루이스는 상징은 그것이 상징하는 실체보다는 보잘것없는 것이라고 한다.

나니아 이야기가 뛰어나지만, 결점이 전혀 없는 것은 아니라고 생각한다. 디고리의 성(姓)이 커크(Kirk)와 커케(Kirke) 둘 다로 표기했다거나, 칼로멘(Calomen)이 칼로멘(Kalomen)으로 쓰인다거나, 에틴스모어(Ettinsmore)가 에틴스뮈르(Ettinsmuir)로 발음되는 것과 같은 작은 오류들이 있다. 그보다 심각한 오류들은 구조적 통일성의 결여인데, 예를 들어『아침햇살호의 모험』마지막 부분에서 정당한 이유 없이 등장하는 물 속의 사람들과『말과 소년』에서 타키나 라사랄린의 성격에 어울리지 않는 말투 등이 그것이다. 궁정의 다른 사람들은 모두 라바다쉬처럼 "나의 아버지여, 당신께서 즉

시 당신의 무적 군대를 불러 내어 세 번이나 저주받을 나니아를 침략해 불과 칼로 없애 버리고, 당신의 무한한 제국에 더하시기를 삼가 제안하고 바라옵니다"라는 식으로 말을 하는데, 라사랄린은 어디서 다음과 같이 말하는 방법을 배웠는지 궁금해진다. "얘, 정말 짜릿한 이야기구나. 얼른 듣고 싶어 죽겠다. 얘, 너 지금 내 옷을 깔고 앉아 있는 거 아니?" 비록 전자는 공적으로 궁정에서 한 이야기이고, 후자는 사적인 대화이지만 라사랄린의 경솔한 말투는 계급의식을 가진 타쉬반 사회에 전혀 어울리지 않는다. 그리고 『사자, 마녀, 그리고 옷장』에 나오는 산타할아버지도 어울리지 않는다고 본다. 또한 『말과 소년』에서 아슬란이 라바다쉬를 당나귀로 만들어 버려 마치 요술쟁이처럼 보이게 한 것도 루이스의 현명한 판단이 어쩌다가 실수를 한 것이라고 할 수 있겠다.

그러나 이러한 결점들은 탁월함에 비하면 아무것도 아니다. 내 개인적인 판단으로는 『사자, 마녀 그리고 옷장』이 가장 뛰어나며, 그 다음에는 『마법사의 조카』라고 본다. 『최후의 대결』은 비록 소설로서는 흠이 있지만 그 의미 때문에 좋아하는데, 특히 마지막 부분의 여섯 장을 좋아한다. 마구간 문 뒤에서 일어난 타쉬와 칼로멘 군인들의 이야기는 동화책으로서는 이해하기 어려운 대목이다. 『말과 소년』은 유기적인 기독교적 암시라는 관점에서 볼 때 나의 추천 목록 중 가장 마지막에 놓아야 하지 않을까 생각한다. 그러나 나는 나니아 연대기 전 권을 읽고 또 읽었으며, 읽을 때마다 더욱 재미있었고 얻는 유익도 컸다.

6

시편, 기적 그리고 정론

이 장에서 나는 C. S. 루이스의 『시편 사색』, 『기적』, 『내가 믿는 기독교』 그리고 『말콤에게 보내는 편지: 주로 기도에 관하여』에 나타나는 신학적 신념에 대해 개괄적으로 설명하고자 한다. 루이스가 존 칼빈이나 칼 바르트처럼 체계적이고 포괄적인 복합체로서의 '신학'을 가졌다고는 할 수 없다. 루이스도 자신이 신학자가 아니라고 여러 번 반복해서 강조한 바 있다. 루이스가 아마추어 정도에 머무르려고 했던 주된 이유는 자신이 '인간에게 말하는 한 인간'에 불과하다고 생각했기 때문일 것이다. 그러나 기독교적 주제에 관하여 20여 권의 책을 쓴 사람이라면 불가피하게 어느 정도는 나름대로의 신학을 가지고 있을 것이다. 루이스와 '전문적인' 신학자의 차이점은 루이스가 전문적인 신학자들보다 덜 추상적이고 좀 더 구체적이며, 창조적이라는 점이다. 이 장에서 다룰 내용 중 특히 나의 관심을 끄는 것은 성경 자체를 신학적 진리의 근원으로 보았던 루이스의 관점이다.

시편 사색

『시편 사색』의 중요한 사상 중 하나는 성경이 추상적이기보다 창조적인 가치를 가지고 있다는 것이다. 시편은 교리적 논술이나 설교라기보다는 시 그 자체라고 할 수 있다. 성경은 문학이다. 물론 성경을 단순히 문학으로만 읽는다면 성경이 말하고자 하는 바를 놓칠 것이다. 반면에 시편과 같은 내용을 시로 읽지 않는다면 '우리는 거기에 나오는 내용을 놓치게 될 것이며, 없는 것을 본다고 착각하게 될 것이다.' 루이스는 시편은 위대한 시이며, 시편 18편과 19편 같은 부분들은 완벽한 시라고 말한다. 동시에 성경은 매우 다양한 요소로 이루어져 있는데, 그 중 어떤 것들은 이치에 맞지 않거나 난해하거나 실제적이거나 또는 서사적으로 보이기도 한다고 말한다.

루이스는 먼저 시편 중에서 문제 의식을 느끼는 부분부터 논의하기 시작한다. 하나는 심판을 요구하는 히브리인들의 울부짖음이고, 또 하나는 이와 전혀 다른 기독교인들이 심판에 대해 갖는 두려움이다. 유대인들은 자신을 고소인으로 보는 반면 기독교인들은 변호인이다. 루이스는 기독교인들은 영원한 순결을 심판의 기준으로 보기 때문에 긍휼을 간구하는 그들의 외침이 심판을 요구하는 유대인들의 울부짖음보다 더 심오하다고 단언한다. 유대인들은 자신이 옳다는 믿음과 자신이 의롭다는 믿음의 차이를 제대로 구분하지 못했다. 의로운 인간은 하나도 없기 때문에 이 확신은 항상 환상일 수밖에 없다.

루이스는 복수심에 가득찼거나 사람을 저주하는 표현이 나오는 시편이 독선적인 시편보다 현대인을 더욱 불편하게 만든다고 말한다. 간혹 우리는 거의 악마의 표현같은 구절에 부딪히게 된다. 시편 기자가 하나님께 그의 적을 죽여 달라고 하거나, 바벨론의 아기를 도로에 내치는 자를 축복하는 극단적인 경우이다. 분명히 이러한 저주들은 죄라고 볼 수 있다. 루이스는 어떻게든 이것을 축소하지 않고 그대로 받아들인다면, 비록 그러한 죄들이 보다 교묘하게 가려졌다 해도 기독교 독자들은 그와 동일한 죄를 지으라는 암시를 받게 된다고 주장한다. 유대인들은 복수와 원한을 금지하였고 사실상 그리스도의 가르침과 매우 흡사한 성경의 말씀을 많이 알고 있었기에 용인될 수 없었다. 그리스도의 가르침은 진리를 가르치는 모든 선생들과 심지어 유대교 밖에 있는 사람들도 기다렸던 가르침이다. 루이스는 이것은 처음부터 모든 인간에게 빛을 비춰 준 것에 대한 당연한 결과라고 주장한다. 모든 진리는 하나님으로부터 온 것이기 때문이다.

히브리인들은 이웃 이교도들보다 더 신랄했던 것으로 보인다. 루이스는 '높은 곳에 있을수록 위험이 많다' 는 원리 — 영혼의 위대함과 옳고 그름의 개념을 알고 있는 사람이 유혹에 쉽게 빠지는 보잘 것없는 사람보다 더 광신적으로 될 가능성이 높다 — 에 기초한 결과라고 생각했다. 경우에 따라서 분노를 느끼지 못하는 것은 분노 자체보다 더 위험한 신호일 수 있다. 종교적 숭배는 그 자체가 악한 사람 중에서도 가장 악한 사람을 만들어 내기도 한다. 사탄도 한때는 천국의 천사였었다. 그러나 분명한 사실은 시편이 비록 충격적이기는 하지만 그것을 쓴 사람들이 도덕적으로 무관심하거나, 오늘날 어떤 사람들처럼 사악함을 노이로제로 축소시키려고 한 것은 아니라는 것이다.

다음으로 루이스는 구약이 미래의 삶에 대해 이상할 정도로 거의 논의하지 않는다는 사실이 유대의 이웃 국가들은 종종 미래의 삶에 대해 압도적으로 사로잡혔다는 사실에 견주어 볼 때 더욱 이상한 점이라고 지적한다. 하나님은 유대인들에게 부차적인 것들이 우선적인 것들을 대체할 수 없다는 것, 그리고 천국의 안전이 아니라 하나님이 최우선이라는 것을 가르쳐 주어야 했는지도 모른다. 하나님에 대한 사랑이 없는 천국의 소망은 해로운 것이다. 미래의 삶에 대한 완전한 계시는 이스라엘의 역사가 좀 더 진행된 후로 미루는 것이 하나님의 계획이었는지도 모른다. 루이스는 자기 자신의 경험을 그와 흡사한 경우로 인용한다. 루이스가 미래의 삶에 대한 믿음을 얻은 것은 그가 기독교인이 된 지 꼬박 일 년이 지나서였다.

루이스는 이렇게 어려운 문제들은 제쳐 놓고 시편의 위대한 장점들에 눈을 돌린다. 첫째, 유대인이 하나님에 대해 가지는 강하고, 씩씩하고, 자발적이고, 유쾌한 즐거움이다. 이것은 현대인들이 경험하는 틀에 매인 예배와는 꽤 다른 것이다. 유대인들이 늘 하나님의 임재를 진정으로 갈망했다는 것이 현대 기독교인들을 부끄럽게 만든다. 그들은 하나님에 대한 '갈망'을 가졌으며, 좋은 풍습에 대한 잘못된 감정 때문에 하나님을 향유하는 것을 방해받지 않았다. 그들은 하나님의 법에 대한 사랑으로 기쁨에 빠졌는데, 하나님의 법이 하나님의 성품에 뿌리를 둔 것이며 흔히 보는 나무와 구름처럼 실재하는 것으로 믿었다.

루이스는 고대 유대인들은 상인이나 금융가가 아니라 농부와 목자였다는 사실을 상기시킨다. 그들의 시가 비록 풍경에 대해서는 거의 말하지 않지만, '식물이 기후를 즐기는 것을 우리가 상상할 수

있을 정도로 기후를 느끼게 한다.'

"땅을 권고하사 물을 대어 심히 윤택케 하시며…주께서 밭고랑에 물을 넉넉히 대사…또 단비로 부드럽게 하시고…주의 길에는 기름이 떨어지며 들의 초장에도 떨어지니 작은 산들이 기쁨으로 띠를 띠었나이다…골짜기에는 곡식이 덮였으매 저희가 다 즐거이 외치고 또 노래하나이다"(시 65:9~13 — 역주)

유대인들은 그 이웃 나라들보다—그리고 우리들보다도—자연을 창조하신 하나님의 초기의 교리를 잘 이해했다. 이 교리는 범신론적 신학에 의한 자연을 단번에 무의미하게 만들어 버리고, 동시에 자연을 신의 상징 혹은 현시(顯示)로 만들어 버린다.

루이스는 그가 처음 기독교인이 되었을 때, 시편에서 하나님을 찬양하라고 끊임없이 요구하는 것에 대해 혼란스러웠다고 고백한다. 그것은 마치 하나님이 "내가 가장 바라는 것은 내가 선하고 위대하다는 말을 듣는 것이다"라고 말하는 것 같았고 시편 기자들에게는 찬양의 횟수도 중요한 것처럼 보였다고 말한다.

그 후에 루이스는 찬양이란 간단히 건강한 이해의 신호라는 원리를 발견했다. 진정으로 찬양할 만한 것을 찬양한다는 것은 찬양 받는 대상의 성품과 찬양을 하는 사람의 성품을 잘 반영한다. 찬양은 완전한 기쁨이다. 대상이 하나님이건, 일몰이건, 친구이건 말이다.

루이스는 '부차적인 의미', 즉 예언적이거나 풍유적인 의미 그리고 성경적 영감의 원리를 설명하는 세 개의 장으로 그의 고찰을 마친다. 루이스는 이 두 가지 주제가 모두 신화와 관련이 있다고 생각했기 때문에 여기서 특별한 주의를 기울이고자 한다.

예언이나 풍유에 대해서는 처녀, 황금 시대의 개막 그리고 천국에서 내려온 아이를 묘사하는 버질(Virgil)의 유명한 구절을 인용하고 또한 악한 세상에서 완전한 사람이 가지는 운명에 대한 플라톤의 글도 인용했다. 루이스는 비기독교적인 이 두 작가의 글을 읽는 기독교인은 그 글이 성경의 해석과 너무도 비슷하다는 데에 놀랄 것이라고 말한다. 루이스는 기독교와 버질의 글이 가지는 유사성은 의심할 여지 없이 우연이지만, 플라톤의 것은 어느 정도 의도적이었다고 주장한다. 플라톤은 아마도 얼마 전에 죽은 그의 스승이자 정의를 두려워하고 미워한 사람들의 손에 죽은 위대한 사람인 소크라테스를 생각하고 있었을 것이다. 플라톤은 비록 자신이 쓴 글이 실제 역사가 되리라고는 예상하지 못했겠지만, 그의 글은 단순히 운이 좋았던 결과가 아니라 소크라테스의 경험을 통해 악의 제물로 죽는 완전한 인간의 모습을 유추하게 한 위대한 지혜일 것이다.

신화는 죽는 신, 죽음과 재탄생 그리고 인간이 진정으로 살려면 그는 반드시 죽음을 경험해야 한다는 사상으로 가득하다. 이러한 신화와 기독교 진리와의 유사성은 태양과 연못에 비친 태양의 관계와 같다. 그것은 똑같지는 않지만 완전히 다른 것도 아니다. 그리스도께서 말씀하신 것처럼 밀알은 '죽은' 후에 '다시 태어난다.' 하나님이 밀알을 그렇게 만드셨기에 이교도들이 그 상징을 보고 신화의 형태로 만든다고 해서 크게 놀랄 것은 없다. 모든 사람들처럼 이교도들도 비록 그 근원은 찾아 낼 수 없었지만, 기쁨에 대한 갈망이 있었다. 그들은 자신들의 확고하지 않은 개념을 신화로 조합했고, 더 많은 신화들을 창조했다. 신화는 '천상의 힘에서 나오는 광채와, 더러움과 우둔함의 정글에 떨어지는 아름다움'으로부터 떠오른다. 이교도 신화의 창조자들에게는 '하나님으로부터 오는 압력'이 있었다. 그러나 그 신화가 그들이 다른 사람들처럼 평생 꿈꾸어 왔던 것보다 더 나은 것을 이야기한다는 것을 알면 매우 놀랄 것이다.

이교도들의 근원이 그렇게 잘 창조되었다면, 거룩한 자들은 어떠한가? 루이스는 우리가 성경이 원래의 뜻 이외의 진리를 내포하고 있다고 받아들이는 데는 두 가지 이유가 있다고 말한다. 하나는 성경이 거룩하고 영감을 받았다는 것이며, 또 하나는 우리 주님 자신이 그렇게 가르치셨다는 것이다. 주님은 성경에서 이사야 53장, 시편 22편의 고통받는 자, 시편 2편과 72편의 왕 그리고 시편 45편의 성육신 등 구약 성경 본문이 중의적(仲意的)인 의미를 가지고 있다고 가르치셨다. 루이스는 한때 아가서의 신랑을 그리스도로 해석한 것은 '경직되고 억지였다' 고 믿었었다. 하지만 나중에는 인위적인 것이 아닌 중의적인 의미이며, 그리고 우리가 의심하지 못할 깊이로부터 우러나오는 의미가 있다는 것을 깨달았다.

루이스는 성경의 영감에 대해서 각 본문이 그 자체로 우리에게 오류 없는 과학이나 역사를 말해 준다는 의미에서 구약을 '하나님의 말씀' 이라고 보지는 않는다. 오히려 구약은 하나님의 말씀을 '전달' 하고 있으며, 우리는 그것을 '백과사전 혹은 교황의 회칙(encyclical)' 으로 사용할 것이 아니라, '우리 자신을 그 어조와 분위기에 적셔서 그것의 전체적인 의미를 배워야 한다.' 루이스는 성 제롬(St. Jerome)이 모세가 창조를 '대중적인 시인의 양식에 따라' 묘사했다고 말한 것과 칼빈이 욥기서가 사실적인 역사임과 동시에 하나의 관점을 기록한 것이 아닌가 하는 의혹을 가졌다는 말을 인용한다. 기적이 구약에 기록되어 있다는 사실은, 영감에 대해 그가 가지는 관점과는 아무런 상관이 없다. 하나님에 대한 신앙은 그의 초자연적인 능력에 대한 믿음도 포함하는 것이다.

심지어 루이스는 창세기를 이교도인 초기 셈족의 신화로부터 파생된 것—물론 원래의 이야기보다는 비약적인 발전을 한 형태이긴 하지만—으로 받아들이기까지 했다. 여기서 조건은 '무엇으로부터 파생됐다' 는 것의 의미는 그 이야기를 전하는 사람들이 하나님의 인도를 받았다는 것으로 해석된다는 전제하에서의 의미이다. 다른 모든 구약 성경도 마찬가지다. 루이스는 구약 성경은 다른 문학들과 같은 재료로 구성되어 있으나 '하나님의 말씀의 공급에 힘입은 것' 이라고 정의한다. 하나님은 물론 저주하는 시편에 나타난 죄를 묵과하시지 않지만, 성경에 기록된 죄와 그것을 쓴 자가 죄인임에도 불구하고 그의 말씀이 전파되도록 하신다는 것이다. 우리는 심지어 성경을 성전(聖典)으로 받아들이는 것과 편집자와 교정자들의 작업도 일종의 '신성한 압력' 을 받는다고 생각해야 한다.

루이스는 사람들이 하나님께서 엄격하고 체계적인 하나님의 진리를 곱셈표처럼 분명한 형식으로 주시지 않고, 지금 우리가 가지고 있는 것과 같은 성경을 주신 것은 실수라고 생각할 수도 있다고 말한다. 그러나 '전혀 흠이 없는' 그리스도의 가르침도 그렇게 분명한 방식으로 우리에게 전달되지 않으며, 하나님의 말씀은 그 공식을 이해할 수 있는 지식인들만을 위한 것이 아니라 모든 인간을 위한 것이다. 그리스도의 진정한 의미를 이해하는 것은 어떤 '주제' 를 배우는 것이 아니라 '한 인격에 우리 자신을 몰두하게 하고, 새로운 관점과 기질을 습득하고, 새로운 환경에서 숨쉬고, 우리 안에 손상된 그 분의 이미지를 다시 세우기 위해, 그 분의 방식으로 그 분을 체험하는 것이다.'

성경을 구성하고 있는 방법들이 완전하지 않아 보이는 것은 착각이다. '우리가 하나의 방식을 사용하게 하기 위해 다른 방식을 차단할 수 있다. 즉 우리가 성경을 반복해서 여유 있게 읽고, 우리의 양심과 비판적인 기능으로 내용 간에 차별을 두면서 그 안에서 하나님의 말씀을 발견하도록 하고, 우리가 성경을 읽는 동안 유대인이 겪었던 하나님의 점진적이고 차별적인 자기 계시를 온전하게 체험하며, 하나님의 말씀과 하나님의 말씀이 실천되는 도구인 인간적인 요소들 간에 논란을 느끼도록 하는 것이 성경의 의도다…나는 저주하는 시편에 나오는 끔찍하게 왜곡된 모든 인간 매개들 속에서 진정한 하나님의 음성을 찾아 냄으로써 흠이 없는 윤리적 해설로서는 얻을 수 없는 무엇을 얻었다고 생각한다.' 전도서의 '허무주의'도 '하나님 없는 냉랭한 인간의 삶을 분명하게 그려냄'으로써 하나님 말씀의 일부분이 되고 있다. 많은 기독교인들에게 성경적 영감은 중요하기에, 여기서 나는 루이스 교수가 내게 친절하게 보내 준 추가 논평을 싣고자 한다.

"갑작스럽게 대답을 요구하는 이 문제에 대하여 제가 할 수 있는 한 가지 대답을 하고자 합니다. 혹 이것이 다른 누군가의 기분을 언짢게 할 것 같으면 휴지통에 버리십시오. 또한 이 글은 시험적인 것으로서 새로운 관점을 세우려고 하는 것이기보다는, 옳든 그르든 제가 다루게 된 의제의 한 진술일 뿐입니다. 제 자신이 성경을 읽을 때나 저의 종교 생활 전반에 걸쳐서 사실 그 질문은 늘 신학적 논쟁에 휘말릴 정도로 그렇게 중요하지 않다는 것이 제가 관심을 갖는 부분입니다. 룻기를 읽는 것과 안티고네(Antigone; 그리스 신화에 나오는 외디푸스의 딸―역주)의 이야기를 읽는 것—이 둘은 다 일류 고전문학 작품들이다—의 차이는 명백합니다. 심지어 서로의 관점을 뒤집기까지 합니다. 그러나 '룻기가 역사적인 이야기인가?(그것이 역사적 사실이 아니라고 말할 근거는 없습니다)' 라는 질문은 사실상 나중에 가서야 제기되는 것입니다. 제 관점으로는 그것이 역사적 사실이 아니라고 하더라도, 제게는 여전히 하나님의 말씀으로 작용하는 것입니다. 모든 성경은 우리를 가르치기 위해 기록된 것입니다. 그렇다면 무엇을 배워야 합니까? 어떤 것들(예를 들어 부활)의 가치는 그것이 실제로 일어났는가 또는 그렇지 않은가에 달려 있지만, 다른 것들은(예를 들어 롯의 아내의 운명) 전혀 그렇지 않다고 생각합니다. 역사성이 문제가 되는 것들은 우리가 명백하게 알 수 있도록 하나님이 계획하셨습니다."

이 편지와 함께 동봉된 논평은 다음과 같다.

"우리가 성경의 신적인 권위에 대해 어떠한 관점을 가지고 있건, 우리는 다음과 같은 사실을 받아들일 여지가 있어야 합니다.

첫째, 바울이 고린도전서 7장 10절과 12절에서 말하는 차이점

둘째, 마태복음 1장과 누가복음 3장에 나오는 족보 간의 불일치, 그리고 유다의 죽음을 기록한 마태복음 27장 5절과 사도행전 1장 18~19절의 불일치

셋째, 자신이 어떻게 이 글을 기록하게 되었는가 하는 누가 자신의 설명(눅 1: 1~4)

넷째, 요나서와 욥기서까지도 포함될 가능성이 있으며, 성경의 적어도 몇몇 권에 있어 역사적 근거가 없는 것(물론 오류가 있는 글은 아니

다)이라고 하는 일반적으로 공인된 사실(비유들)

다섯째, 모든 선하고 완전한 선물들이 빛의 아버지로부터 오는 것이라면, 모든 선하고 덕을 장려하는 글은 그것이 성경이건 아니건 어느 정도는 영감을 받은 것이다.

여섯째, 요한복음 11장 49~52절. 영감은 악한 사람에게도 그가 알지 못하는 가운데 작용하며, 그러면 그는 자신이 의도하는 비진리(결백한 사람을 정치적 희생양으로 만드는 것)는 물론, 자신이 의도하지 않은 진리(여기서는 비진리의 반대인 신성한 희생)도 발하게 된다.

첫째와 넷째에서는 성경의 모든 진술이 역사적인 사실이어야 한다는 관점을 배제시킵니다. 그리고 첫째, 셋째, 다섯째, 여섯째에서는 영감이라는 것이 정말 있다면, 영감은 항상 같은 방법과 같은 정도로 존재한다는 의미에서 모두 같다는 것을 의미합니다. 따라서 따로 떼어 온 본문도 다른 것과 같은 의미에서 오류가 없습니다. 예를 들어, 구약 성경에 나오는 군대의 숫자는(그 나라의 규모로 볼 때 그것이 사실이라면 기적의 연속이라고 할 수밖에 없지만) 통계적으로 옳습니다. 왜냐하면 부활의 이야기가 역사적으로 사실이기 때문입니다. 저는 성경의 전반적인 역할은 하나님의 말씀을 올바른 영을 가지고 읽는 독자(그도 역시 영감이 필요하다)에게 전달하는 것이라고 굳게 믿습니다. 그러나 성경이 그 독자가 제기할 수도 있는 모든 질문에(종종 종교적으로 무관한 질문들에도) 진정한 대답을 준다고는 생각하지 않습니다. 제 생각으로는 우리가 종종 요구하는 진정한 진리란 성경이 기록될 당시의 고대인들은 상상하지도 못했던 것들입니다." [53]

---

53) 편지, 1959년 5월 7일자

루이스는 창세기의 창조 이야기는 신화적이라고 생각한다. 그렇다고 해서 그것이 사실이 아니라는 말이 아니다. 그것은 오히려 역사보다 더 사실이다. 아담과 하와, 하나님 그리고 사과는 인간에게 큰 재앙이 닥치게 된 아주 오래 전의 이야기를 상징하는 것이다. 루이스는 "내 견해로는 그것이 실제로 과일을 먹은 것을 이야기할 수도 있지만, 그 문제와는 상관이 없는 것이다"라고 말한다. 사실은 인간과 역사가 신화처럼 신비한 것이 아니냐고 물을 수도 있을 것이다. 위대한 역사가들은 역사의 사실들을 기록하는 것은 그 핵심을 빼놓는 것일 수도 있다는 데에 동의한다. 역사는 객관적이고 명백한 행동과, 인간 영혼의 기쁨과 슬픔 그리고 깊은 동기 등 모든 것으로 이루어졌기 때문이다. 기독교는 기독교인의 신조다. 그것은 동시에 신자의 마음 속에 하나님을 체험하는 영광스러움이다. 우리가 신조를 실체화된 추상적 명사들로 받아들일 때, 그것이 그 명사들과 실재를 통합시키는 신화보다 더 실제적인 것으로 받아들인다고 해서 우리가 보다 위대한 것을 얻었다고 생각해서는 안 된다. 멜빌(Melville)은 한때 진정한 장소들은 절대로 지도 위에 그려지지 않는다고 말한 적이 있다. 신화는 표면적인 사실보다는 핵심을 전달하는 능력으로, 외형보다는 실체로, 우연한 것보다는 참된 것으로 정의되어야 한다. 그것은 결혼한다는 사실을 알리는 것과 결혼에 실제로 포함된 압도적인 기쁨과의 차이와 같다. 코빈 S. 카넬은 "루이스에게는 성경의 위대한 신화는 이방 문학의 위대한 신화와 마찬가지로 비역사적인 것이라기보다는 설명 불가능한 것이다. 인간의 창조와 타락을 설명하는 창세기와 같은 책의 역사적인 상관성은 논쟁의 여지가 있다. 그러나 신화가 신학적으로 유효하다는 근거는 실제 창조(무로부터의 창조)를 기술한다는 독창성과, 인간의 반란적 의지에 대한 심리학적 통찰 그리고 인간은 하나님의 형상으로 만들어졌기 때문에 특별한 위엄을 가지고 있다는 독창적인 진술에 있다"고 말했다.[54] 역사적 상관성은 그것이 실제로 의미하는 것만큼 중요하지 않다. 모든 사실들은 영원한 사실(Eternal Fact)로부터 분화된 정도에 따라 어느 정도의 오류를 가지고 있다.

루이스와 몇몇 작가들이 기독교를 신화의 위대한 중심적, 역사적 구현으로 보았다는 마조리 E. 라이트의 말은 일리가 있다. '그것은 다소간 왜곡된 다른 모든 신화의 원형이 되는 신화다.'[55] 그리스도는 다른 모든 실체들을 귀에 거슬리는 잡음이요, 깨어진 그릇으로 만드는 위대한 실재이다. 문제는 우리가 기독교의 진리를 사실화하는 데 너무도 편향되어 있어서 우리에게 어느 날 새벽 별을 주시고 우리가 햇빛을 입게 될 것이라고 하시는 하나님의 말씀을 들을 수가 없게 되었다는 사실이다. 우리가 성경을 인정할 때, '고대 신화들과 현대시는 모두 역사만큼이나 틀린 것이지만, 예언처럼 진실에 아주 가까울 수 있음을 받아들이게 된다. 현재 우리는 문을 잘못 열어서 세상 바깥에 나와 있다. 우리는 아침의 신선함과 순결함을 구분은 하지만, 그것이 우리를 신선하게 혹은 순결하게 하지는 못했다. 우리는 우리가 보는 찬란함과 섞일 수 없는 것이다. 그러나 신약 성경의 모든 페이지들은 우리가 평생 그렇게 살지는 않을 것이라고

---

54) 『욕망의 변증학: 갈망에 대한 C. S. 루이스의 해석』 p. 124.
55) 『신화의 우주적 세계』 p. 141.

속삭인다. 하나님이 원하신다면, 언젠가는 우리가 그 안으로 들어가게 하실 것이다.' 『순례자의 귀향』에서 존은 지혜 씨가 아무도 자신이 온 그 곳에 올 수는 없고, 자신의 모험은 단지 비유적인 것이라는 말 때문에 마음이 불편했다. 그러나 그 순간 한 목소리가 존에게 이렇게 말했다. "아이야, 네가 원한다면 그것은 신화다. 그것은 사실이 아니라 진리다. 실체가 아니라 이미지다. 그러나 그것은 나의 신화다. 지혜의 말도 신화이며 은유다. 그러나 그들은 자신의 진정한 의미를 모르기 때문에, 종이 되어야 할 숨겨진 신화가 주인이 되어 버렸다. 그리고 그것은 단지 인간이 만들어 낸 것이 되었다. 그러나 신화는 나의 발명품이며 처음부터 지금까지 내가 나를 드러내기로 선택한 베일이다. 이 목적 때문에 나는 너의 감각을 만들었고, 이 목적 때문에 너의 상상력을 만들었다. 그것은 네가 나의 얼굴을 보고 살 수 있도록 하기 위함이다."

루이스에게 있어서 신화는 거짓이 아니라 사실을 초월하는 궁극적인 무엇을 구체화하는 수단이다. 오직 한 번 신화가 사실이 된 적이 있는데 그것은 말씀이 육신이 되었을 때, 즉 하나님이 인간이 되셨을 때이다. '이것은 종교나 철학이 아니다. 그것은 모든 것의 요약이며 모든 것의 실제다.'

앞의 몇 페이지에서 논의한 것을 통해 루이스가 성경을 그저 하나의 좋은 책으로만 보았다고 추론하는 것은 큰 실수다. 그는 성경을 말 그대로 '성스러운 책'이라고 반복해서 부르며, 하나님의 권위를 지니고 있다고 확언하며, 교회의 법규와 외경과도 분명하게 구분한다. 특히 신약 성경의 역사적 신뢰성을 강조하고, 우리가 반드시 '우리의 성경으로 돌아가야 한다'고, 심지어 성경의 말 하나하나로 돌아가야 한다고 확신 있게 말한다. 그는 성경의 기록은 종종 우리가 그 기록을 길게 신학적으로 해석한 것보다도 더 정확하다고 말한다. 어떤 부분들을 분명히 하기 위해서 성경의 말씀을 잠시 떠나는 것은 괜찮다. '그러나 우리는 항상 돌아가야만 한다. 하나님은 우리가 하나님을 묘사하는 것보다 그 분이 스스로를 어떻게 묘사해야 되는지 훨씬 더 잘 아신다.' [56]

교리적으로 루이스는 니케아(Nicene), 아타나시우스(Athanasian) 그리고 사도들의 신조를 받아들였다. 그는 항상 신학적 '현대주의'에 반대했다. 그는 소설과 해설서에서 신학적 현대주의를 가장 날카롭게 풍자하고 있다. 그는 근대 영국의 물 탄 대중 신학을 믿는 것은 지구가 납작하다고 믿는 것과 마찬가지로 어처구니없는 것이라고 말한다. 『스크루테이프 편지』에서 지옥의 업무는 신학자들이 각 세대마다 새로운 역사적인 예수를 만들도록 격려하는 것이라고 말하고 있다. 루이스는 많은 현대 신학자들의 의견과는 달리, 지옥의 끔찍함과 달콤하고 지루한 사랑보다는 '공격적인' 교리를 가르친 것은 바울보다는 그리스도였다고 계속해서 주장했다. [57] 루이스는 그리스도를 여성적으로 묘사하는 것을 싫어했다. 나니아 이야기에서 아슬란은 길들여진 순한 사자가 아니었다. 하나님은 거래를 해야 할 대상이 아니라 순종해야 할 대상이다. 그리스도는 신이며, 창

---

56) 이 문장이 루이스가 복수심에 불타는 내용을 다룬 몇몇 시편에 대해 말한 것과 대립되는가?

57) 같은 논리에 따르면 루이스는 시편이 얼마나 자주 하나님의 긍휼을 이야기하는지를 보여 줌으로써 구약의 하나님은 복수하는 하나님이라는 사상을 뒤엎었을 것이라고 생각한다.

조주이며, 하나님 아버지와 공존하시는 분이시다. 동시에 하나님의 유일한 아들이며, 율법의 죄값이며, 세상의 왕자이며, '영원한 사실이며, 모든 사실됨의 창시자이며,' 영원한 최고의 실재이며, 완전하신 하나님이며, 완전하신 인간이며, 가장 뛰어난 선생이며, 그뿐 아니라 죄를 용서하시는 분이시며, 인간의 몸값과 영원한 건강을 위해 자신을 주신 유일한 구원자이시다.[58]

비록 루이스가 인간이 완전히 타락했다면 자신이 타락했다는 사실을 깨닫지 못했을 것이라는 전제 아래, 전적 타락의 교리를 부인했지만, 인간은 선에 대한 인식이 있기 때문에 그러한 부인은 그의 작품 속에서 실제적이라기보다는 이론적으로 나타난다. 곳곳에서 우리는 그가 인간을 하나님 앞에 혐오스러운 존재요, '불쌍한 범죄자' 로 묘사하는 것을 본다. 『종교와 로켓학』(*Religion and Rocketry*)[59]에서 그는 비기독교인들이 종종 성육신은 인간성에 뭔가 특별한 장점이 있다는 것을 의미하는 것으로 생각하지만, 그것은 '정반대로 특별한 결점과 타락' 을 암시한다. 왜냐하면, '누구나 구원을 받을 만한 가치가 있는 사람은 구원을 받을 필요가 없을 것이기 때문이다…그리스도는 인간이 죽어 줄 만한 가치가 없었기 때문에 인간을 위하여 죽으신 것이다.' 이 에세이에서 루이스는 우주여행은 인간에게 일부 중대한 재난일 수도 있다고 보고, 다른 세계를 개발하여 착취하려는 계획과 '총과 복음' 을 내세운 일부 불행한

---

58) 루이스는 "나의 책 대부분은 복음주의적이다" 라고 말한다. 「피텐저 박사에 대한 답변」 "Rejoinder to Dr. Pittenger", 《크리스챤 센튜리》지 1958년 11월 26일자

59) 『세상의 마지막 밤』(*The World's Last Night*)에서

선교 사역도 공적으로 발표하라고 촉구한다.

구원받는다는 것의 의미를 가장 잘 묘사한 것은 『아침햇살호의 모험』에서 유스터스가 용에서 다시 인간으로 변형(transformation, 루이스는 이 단어를 주저하지 않고 사용한다)되는 장면이다. 유스터스는 용이 뱀처럼 껍질을 벗어 버릴 수 있다는 사실을 기억하고는 자신도 그렇게 했다고 말한다. 처음에는 껍질만 떨어지는 것 같더니 더 깊이 벗기자 자신의 피부가 벗겨지기 시작하는 것을 발견했다. 그리고 나중에는 완전히 벗어날 수 있었다. 루이스는 여기서 멈추지 않는다. 유스터스는 자신을 씻기 시작했는데, 그가 물에 발을 들여 놓자 또 다시 전처럼 거친 껍질이 생긴다. 그래서 그는 다시 긁어서 또 하나의 가죽을 벗어 버렸다. 그러나 그 아래에는 또 한 겹의 껍질이 있었다. 바로 이 때, 아슬란이 "내가 너를 벗겨 주어야 한다"라고 말한다. 유스터스는 아슬란의 발톱이 죽도록 무서웠지만, 아슬란 앞에 누웠다. 그의 두려움은 정당한 것이었다. 아슬란이 처음 손을 대어 그 껍질을 찢었을 때, 유스터스는 그것이 너무도 깊어서 자신의 심장까지 내려가는 것 같았다. 드디어 그의 가죽이 벗겨지자 유스터스는 '그것이 다른 껍질들보다 더 두껍고, 어둡고, 우툴두툴하다는 것'을 발견했다. 그리고 나서 아슬란은 그를 목욕시키고 새 옷을 입혔는데, 이 상징은 너무도 명확하다.

루이스는 교회에 관해서는 그리스도께서 주신 것 외에는 다른 아름다움이 없으며, 교회의 우선적인 목적은 '진정한 치료자' 이신 예수님께 인간을 인도하는 것이라고 말한다. 기독교인의 소명은 그와 같은 기독교의 전파가 주된 것이 아니라 그리스도를 사랑하는 것이다. 기독교인은 규칙을 따르기보다는 그리스도의 인격을 지니고 성령의 인도를 따라야 한다. 기독교인은 종교나 선한 일에 부름을 받은 것이 아니라, 하나님 앞에서 거룩하도록 부름을 받았다. 기독교는 '안전한' 소명이 아니다. 어떤 일이 닥쳐도 그리스도를 따라야 하기 때문이다.

루이스는 '기도'는 기원과 마찬가지로 고백과 회개, 예배 그리고 하나님과의 교제를 포함해야 한다고 믿었다. '기도는 단순한 환상이거나 아니면 태아같이 불완전한 인간들(우리들)과 아주 구체적인 인격 간의 접촉'이라고 말한다. 그는 기독교와 다른 종교들 간의 차이점은 기독교가 옳다는 것이라고 믿었다. 그는 회심의 필요성을 주장했으며, 세상의 마지막에는 천국과 지옥이 있다고 믿었다.

루이스가 몇몇 신조에 대해서 정통 교리의 좌익에 서 있다고 한다면, 적어도 대부분의 기독교인들이 실천하는 정통 교리에 있어서는 우익으로 옮겨 가는 것도 있다. 예를 들어, 오순절에 방언으로 말을 하는 것에 대해 루이스는 그것을 받아들일 뿐만 아니라, 여기에 기술할 만한 가치가 있는 천재적인 방식으로 설명하기까지 했다. 방언으로 말하는 거룩한 현상과 때로 방언으로 오인받는 횡설수설하는 말과의 관계는 기적적인 현상과 자연적인 현상과의 관계와 같다. 밑에서 올려다보면, 우리는 어떤 것이 항상 '무엇에 불과하다'거나 '단지' 이것 또는 저것이라고 말할 것이다. 우리가 익숙해져 있는 자연적인 것은 우리의 눈을 너무도 가득 채워서 초자연적인 것을 볼 수 없게 한다. 그 사실은 분명히 보는데 의미는 보지 못한다는 것이다. 그러나 위에서 내려다보면, 우리는 사실과 의미 그리고 초자연적인 것과 자연적인 것 모두를 볼 수 있다. 죄인인 인간이 초자연적인 것을 알려면 새로운 언어로 표현되어야 한다. 그러나 이러한 작업은 22개의 모음을 가지고 있는 언어를 5개의 모음만을 가지고 있는 언어로 번역하는 것과 같을 것이다. 그리고 각 모음에 하나 이상의 가치를 부여해야 한다. 그래서 사도 바울은 영적인 것은 자연적으로 분별하는 것이 아니라 영적으로 분별해야 한다고 충고한 것이다.

루이스는 또한 병자를 위한 기도를 믿는다. 불치의 암을 앓고 있던 여인이 안수와 기도를 받고 나았다는 이야기는 그의 부인을 두고 하는 이야기인 것 같다. 루이스는 악마가 지금도 살아서 활동하고 있다고 믿으며, 천사의 실재와 역할을 우리보다 훨씬 더 광범위하게 믿는다. 그는 사람이 죽으면 바로 천국에 간다고 믿는다. 그는 성경이 그리스도의 재림을 분명하게 가르치고 있으며, 그것은 앞으로 인간의 역사에 일어나게 되는 그리스도의 초림 다음의 위대한 사건일 것이라고 본다. 일반적으로 루이스는 남자는 여자의 머리라는 바울의 입장에 동의 하지만, 그것에 관한 바울의 다른 견해도 지지한다. 루이스는 창세기의 초반부가(앞에서 설명한 의미에서) 신화적이라고 생각했지만, 자주 에덴 동산에 대한 토론을 통해 에덴 동산이 역사적 사실이라고 믿는 기독교인들보다 신화라고 믿는 그가 에덴 동산의 의미에 대해 더 많이 생각한다는 것을 보여 주었다. 우리는 또한 루이스의 하나님은 움직이지 않거나 어렴풋하거나 멀리 있는 분이 아니라, 살아 계신 하나님이라고 말할 수 있다. 차드 월쉬는 루이스의 종교적 상상력이 과녁의 정곡처럼 명확하다는 점에서 다른 대부분의 기독교인들과 구분된다고 말한다.[60]

또한 루이스의 신학적 세계는 기적의 가능성도 분명히 인정한다.

기적

『시편 사색』의 명상적이고도 헌신적인 성격과는 달리 『기적』이라는 책은 매우 합리적이다. 이 책은 세 부분으로 구성되어 있으며, 에필로그와 매우 흥미로운 부록 두 개가 덧붙여져 있다. 처음 일곱 장은 주요 주제의 서문 역할을 하는데, 우주에 대한 두 가지 기본적인 입장을 설명하고 있다. 하나는 자연주의자들의 입장으로서 자연이 '외관으로 보여지는 총체적인 것'이며, 그 외의 것은 존재하지 않는다고 하는 입장이다. 그런 사람들은 자연을 무한히 깊은 연못에 물만 있는 것으로 생각한다. 또 하나는 초자연주의자로서 그들은 시간과 공간 바깥에 존재하는 어떤 것이 자연을 만들어 냈다고 생각한다. 그들은 연못에는 물만 있는 것이 아니라 바닥―진흙, 흙, 바위 그리고 궁극적으로는 지구 자체―도 있다고 생각한다.

자연주의자들은 어떤 위대한 과정 혹은 '되어 가는' 것 외에는 아무것도 존재하지 않는다고 생각하는 반면, 초자연주의자들은 자연은 가능한 하나의 '체계' 혹은 어떤 제1원리가 선택한 여러 가능성 중 하나라고 생각한다. 자연주의가 사실이라면 기적은 불가능하지만, 초자연주의가 사실이라면 하나님이 실제로 기적을 행하시는가에 대한 질문을 할 여지가 있다. 그러나 자연주의는 엄청난 자기모순을 내포하고 있다. 그것은 지성 자체도 '자연'이며, 따라서 비합리적이라고 본다. 인간 지성의 비합리성을 증명하기 위해 인간의 지성을 사용하는 것은 어리석은 짓이다. '사고의 타당성에 대한 모

---

60) 『C. S. 루이스: 회의주의자들의 사도』 p. 107.

든 논쟁은 현재 당신이 하고 있는 생각에 대해서만은 암묵적이고, 비합법적인 예외를 두는 것이다.' 루이스는 이성은 그 자체로 존재하며, 자연은 그것을 생산할 수 없다고 주장한다. 자연은 단지 이성을 '계속해서 유지할' 수 있을 뿐이다.

자연주의는 또한 사물의 '당위성' 에 대해서도 극복할 수 없는 문제에 직면해 있다. 만약 자연이 전부라면 인간의 양심 또한 자연의 산물이며, 따라서 인간이 자기 국가를 위해서 죽어야 한다거나 기타 다른 윤리적인 행위에 대한 당위의 개념이 존재할 논리적인 여지가 없어진다. 이에 반하여 루이스는 양심의 실천은 보다 위대한 윤리적 지혜로부터 나온 인간의 이성의 산물이다. 이 윤리적 지혜는 절대적으로 존재하며, 생명과 이성이 눈 먼 자연으로부터 왔다고 가정하는 이론으로부터는 결코 나올 수 없다. 사실상 인간의 합리성 자체가 기적인 것이다라고 말한다.

이어서 루이스는 그의 주요 주제로 논의를 전개해 나가는데, 연대기적 속물주의, 즉 구시대 사람들은 자연의 법칙을 몰랐기 때문에 기적을 믿을 수 있었다고 하는 사상에서부터 시작한다. 요셉은 마리아가 처한 상황, 즉 처녀가 아이를 가지는 것은 자연의 법칙에 어긋난다는 것에 대해서 현대의 모든 산부인과 의사 못지 않게 잘 알고 있었다. 요셉은 결국 그 상황을 기적으로 받아들였고 기적뿐만 아니라 출산에 관한 자연의 법칙 자체도 동일하게 인정한 것이다. 요셉은 결코 순진한 혹은 원시적인 바보의 전형이 아니며, 오히려 자연의 규칙성에 대해서는 누구 못지 않게 냉철한 이성을 가지고 있는 현실주의자였다. 그는 그 규칙에 대해 원래의 확신을 가지고 있었기 때문에 마리아의 경우를 예외로 받아들일 수 있었다. 기적을 믿는다는 것은 자연 법칙의 규칙적인 작용을 제대로 이해하지 못한 것이 아니라 오히려 그 반대다.

자연주의자는 부분적인 체계인 자연을 전부로 취급하는 오류를 범하고 있다. 그는 D. E. 하딩이 말한 다른 곳의 '존재'를 이해하지 못하는 것이다.[61] 초자연주의자는 동일한 원인에서 발생하는 자연 법칙과 결합하여 어떤 결과를 가져오는 초자연적 원인이라는 보다 큰 구조를 가지고 있는 것에 불과하다.[62] 초자연적으로 잉태된 아기는 다른 아이들처럼 만 9개월이 되어서야 태어나며, 기독교인에게 있어서 초자연적인 것과 자연적인 것은 조화롭게 하나로 융화되어 있다. 자연을 '초월하는' 바로 그 행위를 통해 기적은 자연 그 차제보다 깊고 위대한 통일성을 주장한다.

루이스는 그가 한때 자연을 하나님이 '만든' 어떤 것이라는 생각을 경멸했다고 한다. 그는 자연이 연극 무대 뒤의 무엇이나 도덕적 상징이 아닌 그 자체로 존재하기를 바랐다. 그러나 그는 차차 이러한 자율성은 자연에 대해 서로 반대되는 입장—한 사람은 자연을 악하다고 할 수 있으며, 또 다른 사람은 자연을 자비롭다고 할 수 있으며, 따라서 자연의 의미를 내적인 태도로 축소시키는 사태가 발생한다—을 유발한다는 것을 발견했다. 그는 또한, 하나님이 자연을 창조했다는 것을 믿는다고 해서 자연의 위대한 실재성이 상실되

---

61) 『천국과 지구의 위계』 p. 209.

62) 루이스는 기적을 자연 법칙의 독단적인 위배로 보는 사람들에게 아타나시우스의 『성육신』(*De Incarnatione*)을 읽을 것을 강력하게 추천한다. 루이스의 표현을 빌리자면, 이 강령들은 기적이 자연이 알아보기 힘든 필체로 흘려 쓴 것을 정확하게 대문자로 다시 알려 주는 것임을 보여 준다. 『아타나시우스의 하나님의 말씀의 성육신』(*The Incarnation of the Word of God*, 제프리 블레스, 런던, 1944)의 서문을 읽어 보라.

는 것은 아니라는 결론을 내렸다. 즉 자연을 절대적인 것으로 보지 않고, 자신의 아내에게는 친절하지만 불성실한 채소 장수처럼 단지 선한 것과 악한 것을 가지고 있는 하나님의 '피조물'로 보는 것이다. 자연의 위대함과 타락 모두에 대해 우리는 같은 '맛'을 가지게 된다. 방법은 다르지만 자연은 채소 장수처럼 구원을 필요로 하는 것이다.

루이스는 기독교 신조가 원시적인 이미지를 가지고 있기 때문에 받아들일 수 없다고 하는 현대의 오류도 공격한다. 우리는 하나님이 '천국에서 내려오셨다'는 표현 대신에 '우주로 들어오셨다'는 표현을 선호하며, 지옥 '불'은 은유이기 때문에 심각한 후회 정도의 의미만 가진다고 생각한다. 그는 이러한 은유적인 개념도 현대의 추상적 개념만큼이나 초자연적인 우주를 드러내며, 보다 중요한 것은 원시적인 이미지나, 현대적이고 비은유적이라고 하는 이미지들이 사실은 모두 비유적이라는 것이다. 하나님을 '영적인 세력' 혹은 '진, 선, 미의 내재적인 원칙'이라고 부를 때, 우리는 은유를 탈피해 보다 실제적인 이미지를 만들었다고 생각하는 실수, 또는 실재를 탈피해서 언어의 연막탄 뒤로 숨는 실수 모두, 또는 그 중 하나를 범하게 된다.

루이스는 기적을 서술한 것 대부분이 틀렸기 때문에 개연성의 기준이 필요하다고 주장한다. 어떻게 하면 실제로 일어난 일과 기적이라고 그럴듯하게 주장하는 것과의 차이를 구분할 수 있을까? 한 가지 방법은 '사물의 적합성'에 의한 것인데, 이 방법은 최고의 과학 안에 있는 심오하고 실제적인 것으로 사람의 머리 색깔만큼이나 사실적인 확신이다. 이러한 확신 때문에 과학이 가능했던 것이다.

인간은 법률제정가를 믿었기 때문에 법에 기대할 수 있었다. 현대의 불가지론 과학은 하나님을 제외시키면 자연의 통일성은 불가능하다는 사실을 차차 발견하게 될 것이다. 자연을 절대적으로 만드는 것은 위험하다. 왜냐하면 너무도 많은 것을 요구하면 너무도 적은 것만을 얻기 쉽기 때문이다. '신학은 우리에게 과학자가 자유롭게 실험을 계속하고, 기독교인이 자유롭게 기도를 계속할 수 있는 작업 틀을 제공해 준다.'

사물의 적합성은 부활의 기적이 수호 성인을 이용해 작은 기적을 경험하는 수준과는 다르다는 것을 말해 준다. 부활은 변하지 않고, 영원한 계획의 일부이며, '작가의 손을 벗어나 버린 상황으로부터 주인공을 구하기에 적합한' 마지막 방편이 아니다. 세상사의 전체 이야기가 사실은 죽음과 부활에 관한 것이다. 위대한 기적은 성육신의 기적이며, 그것은 영원한 계획의 일부다. 그리스도는 실로 신화의 으뜸이지만 인류학자들이 말하는 그러한 이유에서 으뜸인 것은 아니다. 죽음과 거듭남의 형태는 자연에 속한 것이다. 왜냐하면 죽음과 거듭남은 자연과 자연 종교의 기원으로까지 거슬러 가는 영원한 계획 중 첫 번째 계획이기 때문이다. 자연 신화에도 재탄생(거듭남)은 있지만, 그리스도의 부활은 완전히 독창적인 사건으로 성경에 기록되어 있다. 천지만물은 역사 전체를 바꾸어 놓을 이 사건을 여러 가지 방법으로 전형화(典型化)하고, '신화화' 한 것이다.

루이스의 에필로그는 이 주제에 대해 관심 있는 사람들에게 더 연구해 볼 것을 제안한다. 그리고 자연주의적 가정을 자세히 설명하는 현대의 학자들을 경계하고, 우리 시대에 관습이 되어 버린 은근히 반복되는 불성실한 과학적 관망도 경계할 것을 권한다. 두 번째 부록에서 루이스는 하나님의 창조적 행위가 시간을 초월하며, 그 안에 있는 자유로운 존재들에게 시간을 초월하여 적용된다고 한다. 따라서 기독교인이 오늘날 내뱉는 기도는 모든 것이 창조될 때 이미 하나님에게는 현재였으며, 지금으로부터 백만 년 후에도 하나님에게는 현재일 것이라는 논의를 펼친다.[63]

루이스가 "서론적 연구(A Preliminary Study)"라는 부제를 단 『기적』은 신학적 어법의 미묘함을 겨냥한 것이 아니라, 기적이 정말로 가능한가를 묻는 사람들을 겨냥한 것이다. 이 책은 자연주의적이며, 범신론적인 생각을 가지고 있는 사람들과 오늘날 대부분의 사람들이 속해 있는 그룹을 대상으로 쓴 책이다. 그는 '부도덕하고, 천진난만하며, 감상적인 범신론'이 오늘날 기독교의 가장 큰 장애물이라고 생각한다. 대부분의 사람들은 사실상 하나님을 기적뿐만 아니라 다른 모든 것에 대해서도 무능한 존재로 여긴다. 또 어디서부터인지는 몰라도, 세상을 해석하는 다소 진부한 인류학적인 견해를 들었으며, 그것이 성경보다 더 현대적으로 들리기 때문에 기독교의 계시보다 자신들이 더 계몽되었다고는 막연한 가정을 하기도 한다. 루이스는 범신론은 새로운 것이 아니라 이미 오래 전부터 있었던 것이며, 인간 지성의 성격상 자연스럽게 범신론에 빠질 수밖에 없다고 말한다. 오직 그리스인들만이 그것을 넘어설 수 있었으며, 그나마도 탁월한 사람들만이 그렇게 할 수 있었다. 오늘날 신지학(神知學)에서는 생명력의 주제가 부상되었고, 히틀러가 속한 게르만족의 인종 숭배도 나타나게 되었다. 비극은 사람들이 '이미 오

---

63) 이 문제에 대한 논의는 167페이지를 보라.

래 전부터 있었던 종교로 매번 새롭게 되돌아갈 때마다' 범신론이 마치 진리와 사실에 대한 최후의 단어인 양 가정한다는 것이다.

하나님은 범신론이 가르치는 것처럼 모든 사물에 확산되어 계신 존재가 아니며, 우리가 그 안에 '부분' 들로 담겨 있는 것도 아니다. 하나님은 세상에 '불투명한 현실' 을 계속해서 공급하는 '위대한 실체' 이다. 하나님은 어떤 원리, 보편성, '이상' 혹은 '가치' 가 아니라 '너무도 분명한 구체적인 사실' 이다. 반면에 오늘날 우리의 지성은 '보편주의(Everythingism)', 즉 모든 것은 스스로 존재하며 모든 것을 포함한다는 생각에 편향되어 있다. 범신론자는 모든 것은 결국 다른 모든 것의 전조나 발전이나 유물이나 순간이나 변장에 불과하다고 생각한다. 루이스는 이러한 철학에 전적으로 반대한다. 우리가 우리의 몸을 움직이는 것처럼 하나님이 우주를 가동시키는 분으로 보는 범신론의 관점과, 하나님을 우주의 발명자요, 창조자로서 자신이 그린 그림에서 한 발자국 물러나 그것을 살펴볼 수 있는 화가로 보는 기독교의 관점을 대조시킨다.

말콤에게 보내는 편지: 주로 기도에 관하여

창조적인 예술가이신 하나님에 대한 풍부한 생각은 그의 사후에 발간된 책 『말콤에게 보내는 편지: 주로 기도에 관하여』에까지 연장된다. 이 책에서 루이스는 창조를 '철저한 임명' 으로 묘사하면서, "말씀으로부터 유래하지 않은 말은 없다"고 주장한다. 인생은 지속적인 하나님의 현현이며, 또한 그러해야 한다. 모든 덤불은 불타는 덤불(Burning Bush; 모세가 하나님을 만났던 떨기나무 덤불 — 역주)이며, 세상은 ‘하나님으로 가득하다.’ 죄는 하나님의 율법뿐만 아니라 그의 모든 창조 목적에 반항하는 것이기 때문에 불순종하는 것보다 더 악한 것이다. 죄는 하나님을 모욕하는 것이다. 어떠한 심리학이나 심리학에 의한 해석도 인간을 충분하게 설명하지는 못한다. ‘나’ 와 객체 모두가 궁극적인 실체는 아니다. 우리가 그렇다고 생각하는 것은 스스로를 속이는 것이다. 기도의 위대한 가치는 지속적으로 부딪히는 인생의 세속주의를 우리가 떠나지 않을 수 없게 해 주고, 그 위로 드리워진 ‘신의 향기’ 를 자각하게 한다는 것이다. 최후의 만찬 때처럼 기도할 때 우리는 자진해서 먹는다. 우리가 아무리 이해하기 원할지라도, 그 이해는 궁극적인 것과의 접촉으로 대체된 시간을 위해 마련된 것이다.

우리의 기쁨은 ‘우리의 감성을 꿰뚫는 것과 같은 영광의 화살’ 이다. 우리가 말하는 나쁜 기쁨이란 비합법적인 행위를 통해 얻은 것들이다. ‘사과를 훔치는 것은 나쁘다. 그것은 달콤하지 않다. 그러나 달콤함은 여전히 영광으로부터 온 광채다.’ 루이스는 오래 전부터 이것을 깨닫고, 계속해서 자기 삶의 모든 기쁨을 하나님에 대한 감사뿐만 아니라 경배의 도구로 삼으려고 노력했다고 한다. 그는 그 차이가 크다고 생각한다. 감사는 매우 적절하게, ‘하나님이 우리에게 이것을 주시니 얼마나 선하신가’ 라고 외친다. 경배는 ‘아득히 먼 곳에서 순간적으로 빛나는 섬광을 가진 존재의 성품은 과연 어떠한 것일까!’ 라고 말한다. 그 마음은 그 신비한 광채를 따라 광채의 근원지인 태양으로 향하는 것이다.

루이스는 이 책은 신학이라기보다는 자서전에 가까우며, 종종 자신의 묵상과 함께 신학적 사상들로 장식한 것에 불과하다고 말한다. 몇 년 전, 그는 자신이 기도에 대한 책을 썼는데 만족스럽지 않다는 편지를 내게 보내 온 적이 있다. 그가 이 책을 옛날 대학 친구에게 즉석에서 써 보내는 편지 형식을 취한 것은 자신이 내린 결론이 다소 의도적이라는 것을 느낀다는 증거일 것이다.

『헤아려 본 슬픔』이 N. W. 클라크라는 이름으로 출판되었다고 앞에서도 이야기했지만, 설령 이 책이 루이스가 쓴 책이라는 것을 몰랐다고 해도 충분히 알아챌 수 있는 여지를 많이 남기고 있다. 이 책은 그의 아내의 죽음이라는 '커다란 타격'을 격렬하게 암시하는 문구들로 가득하며, 아내에 대한 그의 깊은 사랑도 담겨 있다. 또한 루이스의 기도 생활에 대한 실제적인 측면들을 여기저기서 보여 주고 있다. 그가 수년 동안 계속해서 기도해 온 사람들의 긴 목록, 단지 크루(Crewe)에서 만났던 노인 또는 그 웨이트리스 또는 그 사람으로만 알고 있는 사람들의 목록도 여기서 볼 수 있다.

특히 이 책은 루이스의 여러 가지 신념을 마지막으로 강조하는 내용을 담고 있다. 여기에서 우리는 흔히 세상이 간과하는 평범하고 일상적인 가치들을 그가 얼마나 존중했는가를 볼 수 있으며, 그가 창조물의 아름다움에 얼마나 민감했는가를 볼 수 있다. 그는 "우리의 물질을 축복하자, 그리고 인간의 감각은 천사의 것보다 뛰어나다는 것을 기억하자"라고 말한다. 루이스가 자유주의 신학과 기독교를 대체하는 종교를 얼마나 적대했는지도 이 책에서 읽을 수 있다. 성경에서 '벗어난' 것을 없애 버리려고 하는 일부 자유주의 신학자들의 의도에 대해 루이스는 "우리에게 모든 부적절할 자료들을 삭제할 자유가 있다면 우리에게는 아무런 신학적 어려움도 없을 것이다. 그러나 동일한 이유에서 우리는 해결책도 진보도 갖지 못하게 될 것이다"라고 말한다. 그는 라인홀드 니버에 반대한다는 입장을 반복하고 있으며, 성서를 '비신화화'하려는 모든 시도를 반대한다는 입장도 재삼 강조한다. 아무리 진지한 현대 지성인이라 하더라도, 추상적 개념을 구 시대의 의인화된 이미지로 바꾸려고 하는 사람들은 하나님에 대한 진실에 전혀 다가가지 못한다. 또한 그들의 가르침은 때로 그 피해가 심각하다고 분명히 말한다. 루이스는 과학과 하나님의 독창적인 창조를 평균과 수치로만 계산하는 것에 대한 과도한 신앙을 경고하는 것도 여전하다. 루이스는 결정론적인 우주관이 없애 버릴 많은 것 중에는 기도도 있다고 믿었다. 반면에 그는 인격적인 하나님의 이글거리는 생동감이 관통하는 우주, '일렁이는 파도의 굴곡 하나하나와 곤충 하나하나의 날갯짓에 이르기까지 그것이 하는 모든 것과 그것이 존재하는 모든 것을 위해 만들어진' 창조물을 지지했다.

이 책에서 루이스는 『기적』의 부록에서 논의한 대로 우리의 기도가 태초부터 이미 수락되었거나 그렇지 않았다는 그의 생각을 반복한다. 창조의 행위를 통해 하나님은 모든 '미래'의 영적이고 물리적인 사건들을 긴밀하게 연계시키셨다. 우리가 이것을 이해하기 어려운 것은 하나님께서 시간의 이면에 존재하는 것을 우리가 시간 안에서 경험하기 때문이다. 인간의 행위는 그것이 기도이건 죄이건 '예정된' 것이 아니다. 하나님에게는 '미리'라는 것이 없기 때문이다. 인간이 하나님처럼 '영원한 현재'에서 삶을 경험할 수 없다고 해서, 그가 살든지 죽든지 하나님 보시기에 영원하지 않다는 것은 결코 아니다. 선한 행위에 대해서 우리는 동일한 가치를 가지고, '하나님이 하셨다' 또는 '내가 했다'라고 말할 수 있는 것이다.

루이스가 연옥을 믿는다고 한 고백은 하나님은 사람이 죽은 후에도 그 영혼에게 당신의 복을 계속해서 내리시며, '보다 깊고 보다 높은' 곳이 있다는 것과 우리는 영원히 성장할 것이라는 그의 확신의 측면에서 이해하는 것이 가장 좋을 듯하다. 존슨 박사처럼 루이스도 사람이 천국의 순결함에 가까이 갈수록 새로운 시민권을 얻기 전에 무엇인가를 준비하고 영혼을 신성하게 하고 싶어할 것이라고 생각한다. 연옥은 그에게 있어 보복적 징계가 아니라, 구원받은 영혼이 '왕좌의 바로 그 발치에서 제발 나를 데려가 깨끗하게 해달라'고 비는 순결을 위한 장소다.

마지막으로 이 책에는 루이스의 작품 곳곳에 배어 있는 것과 동일한 천국의 실재에 대한 심오한 인식이 있다. 평소처럼 그리고 그가 죽기 전에 마지막으로 기록한 책이라는 특별한 의미를 부여하며, 루이스는 부활과 천국의 기쁨에 대한 논의로 이 책을 마친다. 그는 자신이 천국을 믿기 전에 먼저 하나님을 믿었다고 반복하면서 부활이 없다고 하는 '불가능한 가정'이 사실이라고 해도 자신은 기독교를 선택할 것이라고 덧붙인다. 부활한 육체에 대한 그의 통찰을 기록한 후, 그는 그의 생각이 틀리더라도 기독교인이 죽음 후에 발견하는 것들은 그가 상상한 것보다 훨씬 더 행복한 것들이라는 결론을 내린다.

내가 믿는 기독교

이 책은 원래 영국에서는 『방송 이야기』(*Broadcast Talks*)로 출간된 『기독교를 위한 논증』(*The Case for Christianity*), 『기독교인의 태도』(*Christian Behavior*) 그리고 『인성을 넘어서』(*Beyond Personality*)의 세 개의 작은 책으로 출판된 것을 하나로 묶은 것이다. 다른 어떤 책보다도 명석하고, 탁월하고, 재치 있는 이 책을 여기서는 그 간략한 내용만을 소개하기로 하겠다.

루이스는 '모든 분명한 사고의 기초'라고 자신이 부르는 두 가지 사실에서 논의를 시작한다. 하나는 세계 어느 곳에서나 사람들은 이상하게도 꼭 이렇게 행동해야만 한다는 생각을 가지고 있다는 것이고, 또 하나는 그럼에도 불구하고 사실상 그들은 그렇게 행동하지 않는다는 것이다. 옳고 그름의 개념은 지역적이고 문화적인 것이 아니라 인류의 윤리적 지혜 속에 깊이 뿌리 박혀 있는 것이다. 우리는 이것을, 인간 본성의 법칙(Law of Human Nature), 혹은 윤리적 법칙(Moral Law), 혹은 예의바른 행동의 법칙(Rule of Decent Behavior)의 세계에 '일관된' 것이라고 부를 수 있다. 이 법칙은 '집단 본능'이 아니라, 오히려 그 본능에 방향을 주는 것이다. 이것은 교육을 통해 주입된 사회적 관습이 아니라 관습과 시스템을 측정하는 실제적인 윤리성이다. 자연의 법칙과 인간 본성의 법칙에는 큰 차이가 있다. 전자에는 중력의 법칙과 같은 것이 있으며, 돌을 떨어뜨리면 실제로 어떻게 되는지를 가르쳐 준다. 그러나 인간 본성의 법칙은 사람은 어떻게 행동해야 하며, 어떤 것을 할 때 실패하는지를 가르쳐 준다.

우주에 대한 유물론적 관점은 우연히 그 일이 일어났으며, 지구와 인간은 이상하고도 운이 좋은 우연들이 빚어낸 결과라는 것이다. 또 다른 관점은 종교적인 것으로서, 우주는 의식적인 한 인격의 결과로 생겨나게 되었다는 것이다. 만약 두 번째 관점이 사실이라면 우리는 우리가 보는 사실들 안에서 무엇을 발견해야 하는 것이 아니라 그 인격을 우리가 보는 사실들 그대로를 창조한 존재라고 추정할 수밖에 없다. 세 번째 관점은 둘의 중간에 위치한 창조적 진화론(Creative Evolution) 혹은 진보적 진화론(Emergent Evolution) 혹은 생명력 관점(Life-Force View)인 이것은 일종의 길들여진 하나님(tame God)을 제시한다. 루이스는 이 세 번째 관점이, 그랬으면 하고 생각하는(wishful thinking) 어리석음을 가장 잘 그려낸 것이 아닌가 생각한다. 윤리적 법칙은 그와는 반대로, 못처럼 단단하며, 우주는 절대적 선의 지배를 받는다고 루이스는 주장한다.

하나님이 있다고 생각하는 사람들 중 한 부류는 하나님은 우주를 어느 정도 돌아가게 하는 존재며, 우주가 끝이 나면 그도 우주와 함께 끝이 날 것이라고 생각한다. 또 다른 부류는 하나님은 우주와는 완전히 별개의 존재로서 우주 안에 있는 악한 것에 대항하는 존재로 본다. 그러나 이 두 번째 관점은 자비로운 하나님이 어떻게 악이 들어 올 수 있는 세계를 만들 수 있는가 하는 중요한 질문을 야기한다. 하나님의 정의를 생각하는 사람들은 종종 세상은 의미 없을 뿐이라는 결론을 짓는다. 그러나 이상하게도 그들의 결론은 이 세상의 다른 한 부분, 즉 그들이 생각하는 정의가 의미 없지 않다는 것을 증명한다.

무신론주의는 너무 단순하며, 하나님은 천국에 계시고, 세상은 아무렇지도 않으며, 죄와 지옥과 구원을 배제한 물 탄 기독교(the Christianity-and-water view)도 너무 단순하다. 기독교는 복잡하고 '이상하지만', 우리가 추측할 수 있는 무엇이 아니라 농도 짙은 실재 그 자체다. 자유 의지의 문제를 보자. 인간이 자유 의지를 오용할 것을 아셨다면 왜 하나님은 자유 의지를 주셨을까? 그 이유는, 비록 자유 의지가 악의 가능성을 담보하고는 있지만, 그것만이 유일하게 기쁨과 사랑과 선함을 가능하게 하는 것이기 때문이다. 자유 의지가 없다면 인간은 꼭두각시에 불과할 것이다. 자유 의지를 가진 인간은 선은 물론 악의 가능성도 가지고 있다. 만약 인간이 악을 선택한다면 하나님의 법칙은 인간에게서 그들이 갈망하는 행복을 빼앗아갈 것이다. 이것이 모든 역사의 열쇠이다.

비록 사탄은 세상을 모든 악으로 파괴하려고 하지만, 하나님은 양심과 선한 꿈을 통해, 혹은 당신이 유대인을 어떻게 이끄셨고, 나아가서는 당신의 아들인 구원자의 위대한 이야기를 그려낸 신화를 통해 인간을 당신에게로 다시 끌어들이신다. 이 하나님의 아들은 그가 주장한 대로 참 하나님의 아들이거나, 아니면 정신병자 혹은 그보다 심한 존재 둘 중 하나다. 그리고 그는 그의 가르침을 따름으로서가 아니라 세례와 믿음 그리고 영성체를 통해 우리와 하나님의 관계를 바로 잡겠다고 주장하셨다. 기독교의 신비는 헤아릴 수 없는 깊이를 가지고 있지만 그 실재는 본질적이다. 기독교인 안에는 실제로 그리스도께서 역사하고 계시는 것이다.

기독교인의 태도에 대해서 다루는『내가 믿는 기독교』의 하반부에 대해서는 루이스가 일반적인 견해에 반대하는 것 몇 가지만 거론하겠다. 그는 모세, 아리스토텔레스, 그리고 중세의 위대한 기독교 사상가들은 모두 현대 경제의 기초인 이자를 받고 돈을 빌려주는 것에 반대했다고 말한다. 기독교인의 구제에 대한 유일하게 안전한 규칙은 우리가 줄 수 있는 것 이상을 준다는 것이다. 정신분석학도 기독교처럼 인간을 정상으로 되돌리려고 한다. 프로이트의 철학은 기독교와 정면으로 대립되지만, 윤리적 선택에 관련된 비정상적인 감정을 제거하려고 한다는 점에서 정신분석학 자체는 기독교와 대립되지 않는다. 기독교는 무엇보다도 선택을 중요하게 여긴다. 수년간에 걸친 인간의 선택은 서서히 그를 천국의 혹은 지옥의 존재로 변화시킨다. 바로 그렇기 때문에 인간은 악해지면 악해질수록 자신이 악하다는 것을 깨닫지 못하는 것이다.

성적 본능은 어딘 지점에선가 심각하게 잘못된 듯하다. 우리는 이교도 시대보다도 더 불법적이고 왜곡된 성 관계에 대해 호의적인 자세를 보이고 있다. 우리가 성에 대해 보다 솔직하다면 그러한 왜곡은 사라질 것이라는 인간의 자만은 끔찍하게도 틀렸음이 증명된 것이다. 그러나 음란의 죄나 육체의 다른 모든 죄 모두는 증오나 자기 의와 같은 영혼의 죄만큼 악하지는 않다.

결혼은 현대인의 생각과는 달리 평생을 위한 것이다. 현대 소설과 영화는 '사랑에 거하는 것'이 평생 지속되는 일상인 것처럼 우리를 착각하게 하지만, 사실상 그것은 보다 침착하고 다른 종류의 사랑을 시작하는 엔진의 폭발음에 불과하다. 이웃을 사랑한다는 것은 이웃이 착한 사람이 아닌데도 착한 사람인 양 대하는 것이 아니다. 우리는 단지 우리 자신을 사랑하는 것처럼 이웃을 사랑하라는 요청을 받았을 뿐이다. 우리 자신이 끔찍히 사랑스러울 때가 얼마나 있겠는가? 남이 교만한 것을 보면 역겨울 정도로 싫어하면서도 모든 인간이 불가피하게 지니고 있는 악은 바로 그 교만, 즉 '하나님과 정반대 되는 마음의 상태이다.' 그것은 심지어 종교적인 사람에게도 영적인 암처럼 그 마음 한가운데 미묘하게 자리잡을 수 있다. 기독교에서 말하는 사랑은 감정의 상태가 아니라 의지이다. 우리는 우리가 이웃을 '사랑하는가' 그렇지 않은가를 저울질하고 있을 것이 아니라 사랑하는 것처럼 행동해야 하며, 그렇게 하면 그를 사랑하게 될 것이다. 천국에 대한 소망은 도피주의가 아니다. 기독교인이 다른 세계가 존재한다는 것을 실제적으로 생각하지 못하는 것은, 이 세상에서 그들이 무능하게 살기 때문이다. 자신을 따라다니는 깊은 갈망을 만족시키기 위해서 인간은 여행을 하거나, 많은 여자와 관계를 가지거나, 취미를 가지거나 기타의 것들을 시도한다. 그러나 그 갈망은 하나님으로부터 온 것이며, 오직 하나님만이 그 갈망을 충족시킬 수 있다. '이 세상의 어떠한 경험도 만족시킬 수 없는 욕망을 내 안에 발견한다면, 그것에 대한 가장 적합한 설명은 내가 다른 세상을 위해 만들어졌다는 것일 것이다.' 자신의 기분에 의존하는 사람은 좋은 무신론자도 좋은 기독교인도 될 수 없다. 믿음은 우리의 기분이 우리를 압도할지라도 우리의 이성이 옳다고 받아들인 것을 붙잡는데 있으며, 우리의 노력이 그리스도의 내재하는 능력 안에 흡수될 것이라는 인식에 있다.

마지막으로 현대인들이 기독교 교리에 대해 매우 무지하다는 전제하에 루이스는 신학으로 논의를 옮겨간다. 그는 기독교는 '인격을 초월한' 존재란 어떤 것일까 하는 것을 보여 주고자 한다고 말한다. 성삼위일체는 무릎을 꿇은 인간과 예배를 드리기 위해 모인 기독교인들의 공동체를 만나신다. 하나님에게는 한 순간 뒤에 또 다음 순간이 이어지는 의미의 시간이란 없다. 따라서 하나님은 이미 내일에 가 계시며 내일의 행동을 알고 계신다. 기독교는 정지된 무엇이 아니라, 역동적이고, 드라마틱한 힘과, 인간을 새로운 창조물로 만드는 '에너지와 아름다움의 위대한 원천'을 가지고 있다는 점에서 다른 모든 종교와 다르다. 그리스도는 최초의 진정한 인간이 셨으며, 그는 우리가 원하기만 한다면 우리도 '진정한 인간'이 될 수 있는 길을 열어주셨다. 그러나 그리스도인이 올바르게 성장하려 면, 그는 아침에 깰 때마다 그리고 하루 종일, 자신의 바람과 희망은 제쳐놓고 하나님의 음성을 들어야 하며, 하나님의 보다 '크고, 힘있 고, 조용한 생명이 흘러 들어와' 하나님의 완전함으로 인도 받도록 해야 한다. 하나님은 인간이 가까스로 천국의 문에 이르는 것을 원 치 않으신다. 하나님은 인간의 절대적인 완전을 원하시며, 이 땅에 서도 저 세상에서도 그 목적을 향해 인도하실 것이다. 자연적인 삶 과 영적인 삶을 관통하는 한 가지 원칙이 있는데, 그것은 포기하는 것이 찾는 것이며 죽는 것이 사는 것이라는 것이다. 바로 이것이 가 능한 가장 고귀한 방법으로 하나님이 우리를 부르시는 것이다.

나는 『기적』이나 『내가 믿는 기독교』가 특별한 논의를 필요로 한 다고 생각하지 않는다. 이 두 책은 모두 정통적 교리를 쉽게 설명하 기 위해 쓰여진 책이다. 『내가 믿는 기독교』의 한 부분을 루이스는 영국국교회, 감리교회, 장로교회, 그리고 로마 가톨릭에 필사본을 보내 비평을 부탁했는데, 그들 모두가 그의 관점과는 사소한 차이 만을 보였을 뿐 대부분 동의했다. 동일한 주제를 다룬 대부분의 다 른 책들, 특히 신학적인 책들과 루이스의 책의 차이점은 루이스가 그 방대한 신학적 역사의 전집에서 기본적인 의제만을 선택해 그에 적합한 분석과 친숙한 묘사, 분명한 통찰력 그리고 고전적으로 단 순한 어법을 사용해 탁월하게 묘사했다는 것이다. 루이스가 사용한 방법은 신성한 상상력이 모든 기독교 변증가들에게 정당한 도구가 된다는 것을 증명하는 것이다.

『기적』에 대한 반론을 제기한 한 신학자는 루이스가 성삼위일체를 육면체를 가진 입방체로 시각화한 미숙함에 대해 이의를 제기했다. 그러나 이것이 바로 포도나무와 무화과나무, 등잔과 부쉘 바가지(bushel baskets; 1부쉘은 36리터, 약 2말의 분량이다-역주), 심지어 독수리에 이르기까지, 우리 손 가까이에 있는 것을 사용하여 거룩한 것들을 설명하신 우리 주님의 방법이 아니었던가. 그것은 소리나는 징과 울리는 꽹과리 혹은 부활하신 그리스도를 첫 열매로 묘사한 사도 바울의 방법이기도 하다. 또한 『삼위일체』(De Trinitate)에서 성 어거스틴이 사용한 방법이며, 다른 모든 위대한 작가들이 사용한 방법이기도 하다. 루이스는 그렇기 때문에 뛰어난 은유를 사용하는 위대한 작가 중 한 사람인 플라톤을 '해석의 대가 중 하나'라고 했다. 그는 차원 높은 추상적 개념을 비유적으로 설명하지 않는다면 사실은 의미가 없는데 '의미가 있는 것처럼 위장하는 단순한 구문'을 나열한 것이 되기 쉽다. 그리고 그 은유는 비록 진리를 설명하는 최고의 도구는 아니지만, 참으로 이 세상 혹은 다른 세상의 핵심적 의미를 설명하는 위대한 도구라고 했다.

7

루이스 작품에 나오는 주제들

어떤 작가이든지 그의 작품에는 일정한 주제와 작가의 기본적인 전제들이 나타난다. 루이스의 경우도 예외는 아니며, 나는 이 장에서 그 중 몇 가지를 논의하고자 한다. 이 장의 전반부는 현대 세계에 대한 그의 정의를 논의할 것이며, 후반부에서는 이미 앞에서 다룬 것 이외의 주제들에 대해 간략하게 설명할 것이다. 루이스의 신학은 이미 앞에서 논의했기 때문에 그의 사상의 넓은 기반은 반복하지 않을 것이다. 또한 적절하게 다 설명하지 못할 지도 모른다는 우려에서, 자아 그리고 자아와 하나님과의 관계에 대한 루이스의 수없이 많은 논평들도 제외시킬 것이다. 물론, 이 책을 쓰면서 자연스럽게 그러한 주제가 드러나는 곳에서는 생략하지 않았다. 이미 4장과 6장에서 신화의 주제에 대해서는 매우 깊이 있게 다루었기 때문에 여기서는 그 주제도 제외시킬 것이다.

현대 세계

루이스에 대해 "신학을 다시 한 번 최고의 것으로 만들려고 한다"고 비판한 캐트린 노트[64]의 말이 오히려 그를 더욱 정확하게 설명한 것이라고 생각한다. 노트의 주장은 루이스의 생애 마지막 30년 동안 그가 했던 많은 활약을 정확하게 설명하는 문장이 되었다. 루이스는 아마도 '다시 한 번'이라는 말이 오히려 한때 '인간의 주된 목적'이었던 하나님이 이제는 부차적인 아니 어쩌면 하찮은 자리로 바뀌었다는 노트 자신의 신념을 암묵적으로 고백하는 것이 아니냐고 지적할 것이다. 분명히 너무도 많은 것이 위험에 처해 있었던 것이다.

1954년 캠브리지에서 한 그의 취임 연설[65]에서 루이스는 인류 문화의 가장 큰 변화는 흔히 주장하는 것처럼 중세에서 르네상스에로의 이동이 아니라 19세기 초에 일어난 후기 기독교 시대의 개막이라고 했다. 그는 기독교인들과 고대 이교도들은 각자가 오늘날 후기 기독교 문화가 가지는 공통점보다, 서로가 더 많은 공통점을 가지고 있다는 획기적인 생각을 제시했다. 그리고 그는 그러한 변화를 목격할 수 있는 네 가지 분야를 열거했다. 정치, 예술, 종교 그리고 '기계의 탄생'이 그것이다.

정치적 영역의 변화는 평화로운 상태의 삶을 유지하는 정부에서 대중을 신나게 하는 조직의 정부로 옮겨가는 것을 읽을 수 있다. 대

---

64) 『황제의 옷』 p. 254.
65) 『그들이 요구한 논문』(*They Asked for a Paper*, 제프리 블레스, 런던, 1962)에 수록되어 있음

부분 정의와 근면 그리고 관용을 추구하던 '다스리는 자' 로부터 당당한 기세와 '매력' 그리고 '개성' 으로 특징지워지는 '지도자' 로 바뀌었다. 예술 분야에서의 변화는 당황스럽고도 새로운 학파를 등장시켰으며, 시는 처음으로 과거의 시와는 너무나 다른 모습을 띠어, 일곱 명의 문학 학자들이 T. S. 엘리엇의 짧은 시를 논의하면서 그 의미에 대해 조금도 비슷한 해석이 나오지 않았다. 종교에 있어서 인간은 몇 가지 주목할 만한 예외를 제외하고는, 이전의 기독교인과는 완전히 단절되어 있어사 그를 바로 이교도라고 잘못 부를 정도가 되었다.

그러나 가장 큰 변화는 기계의 지배—실제 기계가 아니라 기계가 만들어낸 새로운 원형적 이미지로서, 옛날 기계들은 필연적으로 보다 나은 기계로 대체됨으로써 그에 따라 사상과 신앙도 같은 형식의 변환을 기대하게 된다는 의미—로 인한 인간의 지위 변화다. 다른 곳에서는 이것을 연대기적 속물주의라고 루이스는 부르는데, 오래된 기계가 원시적이고 둔한 것처럼, 다른 모든 것도 오래되면 기계처럼 쓸모가 없어질 것이라고 가정하는 치명적인 사상이다. 오늘날 기술의 진보에 대한 신뢰는 노트의 말을 빌린다면 최고봉에 와 있다. 과거에 대한 경멸과 함께 우리는 이제 모든 것이 조만간에 보다 나은 어떤 것으로 대체될 것이라고 생각한다. 자동차 폐차장에는 몇 년 전만 해도 대단하다고 생각했던 모델들이 이상한 모양을 하고 있으며, 십 년 후에는 우리가 오늘날 세련된 모델이라고 생각하는 것들도 마찬가지로 초라하고 시대에 뒤떨어진 물건이 될 것이다. 그것은 사상도 마찬가지다. 이러한 사상의 등장이 서구 역사의 가장 큰 변화라고 루이스는 설명한다.

이러한 사상은 자연적으로 진보한 19세기의 신념과 함께 발전했으며, 이 신념은 다윈의 진화론과 다윈과는 조금 다르고 다윈보다는 앞선 '우주적 진화론의 신화'에서 다소 기인하는 것이다. 다윈주의의 가설에 대한 루이스의 견해는 확실하지 않지만, 인간과 동물의 차이는 분명하게 구분하는 것을 제외하고, 우주적 진화론의 의미에 대해서는 대단한 확신을 가지고 있다. 그는 "우주 진보가 불완전한 것에서 완전한 것으로, 작게 시작해서 위대하게 마치는 것으로, 초보적인 것에서 정교한 것으로 진행하며, 이러한 사상으로부터 사람들은 윤리가 원시적인 금기에서, 성인의 감성이 유아적 성적 부적응에서, 사고가 본능에서, 지성이 물질에서, 유기적인 것이 비유기적인 것에서, 우주가 혼돈에서 나왔다고 자연스럽게 깨닫게 된다"고 밝혔다. 비록 루이스는 이것이 현대 사상의 모습이라고 믿지만, 우리가 '일반적 자연의 원리를 실제로 우리가 관찰하는 자연의 모습과는 너무도 다른 것으로 만들어 버리기 때문에 지나치게 개연성이 없는 것'이라고 본다. 성인이 태아로부터 비롯되었다는 것보다 태아가 두 성인 남녀로부터 만들어졌다는 것을 더 강조하는 것이 나을 것이라고 그는 말한다.

루이스가 과학을 경멸한다는 비난에 대해서는 이미 언급했으며, 그가 실제로 싫어한 것은 '과학주의', 혹은 과학적인 방법에 의해 밝혀진 진실 외에 다른 진실은 없다고 믿는 대중적이고 무의식적인 가정이라고 정정한 바 있다. 루이스는 그의 에세이 『신앙의 고집에 대하여』(*On Obstinacy in Belief*)[66]에서 과학적 사고와 기독교적 사

---

66) 『세상의 마지막 밤』(*The Worlds' Last Night*)에 수록됨

고를 구분한다. 과학자들은 무엇을 '믿는' 것보다는 단지 찾아내는 것에 더 관심이 있다. 일단 무엇인가를 하나 찾아내면, 구구단을 믿는다고 말하지 않는 것처럼 그것을 믿는다고 말하지 않는다. 실험실에 있는 과학자는 신앙 혹은 불신앙을 벗어나 지식에 이르려고 한다. 루이스는 신앙을 다음과 같이 정의한다. '신앙이란 논리적으로 논쟁을 피할 수 없을지라도 심리적으로는 의심을 떨쳐버려서 너무나 그럴듯한 주장에 동의하는 것이다.' 과학자 자신은 자기 아내와 친구들에 대해 이와 같은 종류의 '신앙'을 가지고 있다. 즉 실험실에서 완전하게 시범을 보여야 하는 것은 아니지만 대부분 그 증거를 추측할 수 있는 신앙 말이다.

루이스는 계속해서 신앙에 대한 기독교인들의 고집이 마치 어느 과학자가, 증거가 그에게 반대의 사실을 보여 주는 데도 가설을 지키기 위해 끈덕지게 노력하는 어느 초라한 과학자의 고집과 같다고 생각하는 것은 오류라고 말한다. 그들의 고집은 가시에 찔린 손가락의 통증을 가라앉히려면 그것을 제거하는 보다 큰 통증을 겪어야 한다는 어머니의 말을 믿는 어린이와 같다. 그 어린아이의 믿음은 어머니에 대한 과학적 증거에 있는 것이 아니라, 어머니의 인격에 대한 신뢰, 감정적인 신뢰까지 포함한 그 신뢰에 있다. 그 아이가 '불신앙'의 자세를 취하고 어머니가 손가락을 만지지도 못하게 한다면 어떠한 '큰 일'도 일어나지 않는다. 그러나 아이가 신앙의 자세를 취하면 가시는 빠질 것이고 어머니에 대한 보다 더 큰 신뢰가 쌓일 것이다. 기독교 교리는 우리 생각보다 무한히 우월해서 때로 우리에게 터무니없어 보이지만, 그 어린아이와 어머니처럼 신뢰를 통해 약속된 결과를 만들어 내는 하나님을 믿을 것을 요구한다. 하나님은 우리에게 당신을 사랑하라고 명령하신다. 모든 사랑은 실험실의 증거를 넘어서서 어쩌면 그 증거에도 불구하고 신뢰하는 것을 의미한다. '증거' 하고는 상관이 없는 친구들 간의 신뢰는 항상 칭송 받는다. 기독교인이 되면 우리는 '더 이상 우리의 긍정을 요구하는 논쟁이 아니라 우리의 신뢰를 요구하는 한 인격과 직면하게 된다.' 신뢰는 논증적인 확실성의 반대다. 왜냐하면 논증은 그것을 단지 지식에 불과한 것으로 만들어 버림으로써 신뢰를 없애 버리기 때문이다.

　무신론자나 불가지론자들은 기독교인이 하나님에 대해 기본적으로 긍정하는 것에 대해 반대할 지 모르지만, 기독교인에게 분명한 증거 앞에서는 자신의 신앙에 가변성을 가질 수도 있어야 한다고 요구할 권리는 없다. 그는 손가락에 가시가 찔린 채 자신이 친구로서 신뢰하며, 실로 전지하고 완전한 그 분 앞에 서 있는 어린아이다. 위대한 기독교인 과학자는 다른 모든 기독교인들과 같이 바로 그러한 자리에 서 있다.

　『세상의 마지막 밤』 하반부에서 루이스는 우주 여행에 대해서 논의를 하고, 기독교와 과학의 관계에 대한 몇 가지 부가적인 논평을 한다. 그가 어렸을 때에는 우주가 생명에 대해 잔인하며, 오직 백만분의 일 정도 기회의 결과로 지구에 생명체가 생겼다고 배웠고, 이 사상은 인류에게 관심을 가지고 있는 창조주는 있을 수 없다는 것을 보여 주는데 이용되었다. 후에 우주론자들은 우주 곳곳에 생물체들이 살고 있을 것이라는 결정을 내렸지만, 이상하게도 전자와 반대되는 이러한 사상은, 하나님에게 인간이 중요한 존재라는 생각은 어리석다라는 것을 주장하는데 사용되었다. 어떤 새로운 과학적 발견이 비기독교인의 불신앙 혹은 기독교인의 신앙에 큰 차이를 가져올 것이라는 생각은 불가능하다고 루이스는 말했다. 진정한 신앙은 이러한 것을 초월한다.

『세상의 마지막 밤』에 있는 에세이들은 대개가 퇴보하는 문명, 민주적 체제 순응주의, 흥미를 잃은 교육, 그리고 그 본래의 것으로서의 문화에 대한 루이스의 관심을 다루고 있다. 교육이 이러한 여건에 책임이 있는 것인지, 아니면 이러한 여건들이 낮은 교육 수준을 야기한 것인지 간에 루이스는 우리가 참담한 상황에 놓여 있다고 믿는다. "상처 입은 백합"(Lilies That Fester)에서는 가치 있는 행동을 지칭하는 일반적인 표현으로서의 문화와 신앙으로 실체화되어 버린 문화, 즉 자발적으로나 의무적으로 시를 읽거나 음악을 들어 그러한 행동의 부산물로서의 문화와 자신의 지성을 개발하기 위해 시를 읽거나 음악을 듣는 개념으로서의 문화의 차이점을 밝히고자 했다.

스스로 시스템을 만들고 나서 자신들의 자율적인 권리를 주장하는 모든 활동은 위험하다. 심지어 신정(神政) 정치도 그렇다. 그러나 오늘날 우리는 신정 정치의 위험보다도 실체화된 문화의 사도들과 지배 계급의 배합의 위험에 더 많이 노출돼 있다고 루이스는 말한다. 이들의 영향을 받아 교육은 이제 이전과는 비교할 수 없을 정도로 학생들에게 많은 것을 해 주겠다고 제안한다. 학생들의 전 생애를 빼앗음으로써 학생들이 충분히 생각하고, 자신과 자기 인생을 검토할 시간을 주지 않는 것이다. 게다가 교육은 지배 시스템에 용납되기 위한 '인정'과 문화적으로 올바른 반응을 가르친다. 그것은 참된 미덕을 대가로 '세상에 적응하는' 위선을 가르친다. 루이스는 민주주의는 진정으로 위대한 사람을 원하지 않으며, 학교는 갈수록 개인을 말살하고 환경에 대해 수동적인 반응을 조장한다고 생각한다. 천재는 갈수록 그 중요성을 상실하며, 학생들은 '순응'할 것을 강요당하거나 학교에서 내쫓긴다. 그러나 학생들은 개별성을 바라고 자유롭게 반항하기를 원하며, '함께 함'보다는 '완전히 개인적인 것들'이 존재할 수 있는 곳을 원한다.

그의 에세이 「선한 일과 선한 일들」 "Good Work and Good Works"에서 루이스는 우리가 대량 생산 시스템을 즐기는 것이 아니라 그 생산 시스템의 희생자라고 말한다. 어떤 일을 한다는 만족이 아니라, 돈이 노동의 주요 동기가 되고 있다. 선생, 의사, 예술가들과 같이 많은 사람들이 아직도 가치 있는 일들을 하고 있다. 그러나 대다수가 돈을 위해 기계적으로 봉사한다. 우리는 생산에 너무도 몰두해 있어서 꼭 필요하지 않거나, 심지어 사람에게 해로운 사치들을 유지하기 위해, 광고에 나오는 속물적인 것과 섹스와 같은 것들이 필요하게 되었다. 심지어 국제 관계도 종종 고객을 찾으려는 데에 혈안이 되어 있다.

비록 『스크루테이프 편지』가 출간된 지 17년이 지나서야 "스크루테이프 축배를 올리다"가 출간됐지만, 루이스는 후자에서도 동일하거나, 때로는 보다 나은 풍자적 필력을 보여 준다. 이 책에 나오는 한 사람을 스위프트의 『걸리버 여행기』에 나오는 야후(Yahoo; 걸리버 여행기 중 사람의 모양을 한 짐승 — 역주)와 비교하지 않을 수 없다. 스크루테이프는 이제 열등 계급(원문에서는 Lowerarchy; 위계라는 뜻의 hierarchy가 높은 곳에 있는 사람의 계보를 일컫는 것이라면 lowerarchy는 그 반대말로 낮은 곳에 있는 사람들의 계보를 일컫는다―역주)의 존경받는 고문인데, 유혹자 훈련학교(Temp-ters' Training School)의 치욕, 가시, 그림자 그리고 신사적인 악마(Gentle-devils) 앞에서 과거를 회상한다. 연례 회식 날인데 이들은 요리사의 최상의 노력에도 불구하고 맛이 없는 인간의 영혼을 마음껏 즐기고 있었다. 스크루테이프는 파리나타와 같은 사람이나 헨리 8세, 심지어 히틀러 같은 사람들이 무언가 아주 즐길 만한 것을 주었던 과거를 그리워한다. 그러나 지옥은 그 질은 비록 떨어졌지만 양은 아주 많이 증가했기 때문에 축하를 해야 한다고 그는 말한다. 그러나 지옥에 끌어들일 영혼을 유혹하는 일은 옛날만큼이나 문제가 많다. 이제 영혼들은 너무도 무력하고 수동적이어서, 지옥의 임무는 이들이 윤리적인 죄를 지을 만큼 무엇인가를 아는 지점까지 끌어올리는 것이었다.

독재 정권과 선동 정치가, 영화배우 그리고 다른 대중적인 우상들이 수만 명씩 자신을 따르게 하는 대량 생산 방식 덕분에 소모적인 개인적 유혹 작업은 빠른 속도로 감소하고 있다. 학교도 지옥에게는 거대한 자산인데, 이 학교들이 개인의 차이를 감추고, 거짓 문화를 주입하고, 나도 너만큼 잘한다는 교리를 가르치는 동안, 선생 간호사들은 열등생들을 안심시키느라 정신이 없어서 제대로 된 교육을 할 시간이 없다.

지옥의 언어학적 무기도 의미 없는 말들을 생각으로 바꾸는 그 뛰어난 역할을 계속하고 있으며, 야후들은―이 이름은 매우 자연스러운 이름이다―사람들이 하기 싫어하는 모든 행동 규칙을 '관습적인' 혹은 '청교도적인' 혹은 '부르조아 윤리'라고 이름 붙여 그것이 실로 그러한지 아닌지를 묻지도 않고 없애 버리는 일을 하도록 잘 훈련받았다. 민주주의라는 단어를 주문처럼 사용하는 것만큼 일이 잘 성사된 적이 없었다. 야후들은 이 단어의 뜻을 모든 것을 열등한 수준—융(Jung)이 '효력을 떨어뜨리는 것'이라고 불렀을 상태—으로 떨어뜨리고, 다수의 생각 없는 사람들과 융화되기를 거부하는 사람들은 모두 괴짜 혹은 아는 체 하는 사람이라고 일컫는 것으로 사용했다. 그것은 위대한 인간을 없애고, 어떠한 비판도 거부하는 독단적이고 소양이 없는 사람들을 양산하고, 겸손, 자비, 진정한 만족 그리고 감사와 존경의 기쁨을 자연스럽게 마음으로부터 몰아내도록 하는 시스템이다.

루이스는 현대 생활의 다른 면에 대해서도 동일하게 엄격한 잣대를 가한다. 미학에 대해서 그는 예술가가 스스로를 인류로부터 소외시켰다고 생각한다. 인간에 대해 어떤 의무감을 느끼는 대신, 예술가는 종종 거만하게 자신의 공로를 '인정'해 줄 것을 요구한다. 리더십의 이름으로 예술가는 선한 일을 하는 사람이어야 하는데 종종 그들은 선한 일을 '의미 있는', '중요한', '현대의' 그리고 '실험적인' 일로 대체한다.

곳곳에서 루이스는 신학적 '현대주의'에 대해 반대하는 의견을 나타낸다. 『순례자의 귀향』에서 아랑 씨의 사고 방식은 '상식보다 조금 더 친절하며, 순풍을 탄 듯한 낙관주의를 가지고 있다.' 아랑 씨가 진리는 각 세대마다 다시 해석해야 한다고 모호하게 이야기하자, 존은 그에게 "당신은 지금 내가 이 협곡을 건너라는 말이예요, 아니면 건너지 말라는 말이예요?", 즉 그리스도를 믿으라는 건지 아닌지를 묻는다. 『거대한 간극』과 『그 끔찍한 힘』에서 루이스는 현대주의자인 설교자에 대해 이보다 더 비꼰다. 『스크루테이프 편지』에서 스파이크 신부는 정통적인 신앙을 믿는 사람들에게 충격을 주고 굴욕감을 주기 위해 자기 설교를 자랑스럽게 조작한다. 『내가 믿는 기독교』에서 루이스는 소위 새로운 신학적 사상이라고 하는 것 중 많은 것들은 수세기 전에 이미 거부당한 것들이라고 주장한다.

내가 지금까지 이 장에서 논의한 것이, 루이스가 재난을 울부짖는 사람이라는 인상을 주었다면 참으로 안타까운 일이다. 나는 루이스가 그러했다고 믿지 않으며, 그의 책도 그러한 영향을 미쳤다고 생각하지 않는다. 그는 그런 사람이 아니다. 루이스의 본능적 유머 감각 덕분에 그는 스위프트만큼이나 격렬한 비판을 받았음에도 불구하고, 스위프트식의 침울함에는 빠지지 않았다. 현대인에 대한 그의 평가가 낮은 것은 인간의 영원한 잠재력이 높다고 그는 생각하기 때문이다. 루이스는 신학을 다시 최고봉에 세우고 인류에게 과거의 은혜도 다시 채우려 했던 사람이었다.

현대문화에 대한 그의 과장된 묘사들 때문에 그의 전반적인 관점 즉, 우리 세대에 다른 많은 위대한 사상가들의 생각과 일치하는 그 관점의 건강함을 흐려서는 안 될 것이다. 또한 루이스는 인간이 70년만 살도록 만들어진 것이 아니라 영원히 살도록 만들어졌다고 깊이 확신했다. 따라서 인간은 어떤 제도보다도 소중하다. 제도는 죽어도 인간은 계속 살 것이기 때문이다. 그리고 루이스에게는 이 내기(stakes)가 가장 확률이 높은 것이었다. 그는 현대 '여론의 동향'은 의견 풍토는 바닷가의 조약돌도 아니고, 산허리에 있는 위험한 돌덩이도 아니며, 인간을 지옥으로 보내는 영원한 '걸림돌'에 달려 있다는 것을 깨달았다.

이제 루이스의 작품에 나오는 다른 주제들을 간략하게 논의하도록 하겠다.

기타 주제들

이 중에서 가장 두드러진 것은 모든 살아 있는 존재는 영원히 살도록 예정되어 있으며, 인생의 모든 순간은 그러한 조건을 위한 준비라는 것이다. 세상에는 수천 개의 길이 있고 그 길 모두는 동일하게 천국 아니면 지옥으로 인도한다. 방관자로서 뿐만 아니라 그들 스스로 둘 중 한 곳에 도달한 사람은 놀라게 될 것이다. 왜냐하면 그들은 천국과 지옥이 어느 정도까지는 아주 자연스럽게 보일 것으로 오랫동안 기대할 것이기 때문이다. 방관자들은 선택을 하는 인간의 내면을 본 적이 없지만, 천국이나 지옥에서는 바로 그 사람의 그 면만 드러날 것이다. 인간이 벌거벗고, 자신이 금욕적이거나 용기 있는, 혹은 자기 통제의 행위를 한 것은 선함의 동기가 아니라, 오히려 교만이라는 암적인 죄로부터 했다는 것을 드러내면 악마도 숨죽이며 웃을 것이다.

인간이 하는 모든 선택은 인간을 변화시킨다. 그 양이 아무리 작을지라도 모이면 그를 천국의 혹은 지옥의 존재로 만들 만큼 크다.[67] 지옥의 존재의 경우 그는 검은 색이 더 검었으면 할 것이다. 그는 점차 회색을 그리고 결국에는 흰색도 검은 색으로 볼 것이며 궁극적으로 그 속 사람은 어둠의 세계에 고정되게 된다. 『그 끔찍한 힘』에서 벨버리 무리들은 한 때 선한 사람들이었지만 전부 악마처럼 되어 버렸다. 오직 마음이 정결한 자만이 하나님을 볼 것이다. 왜냐하면 오직 그들만이 진정으로 하나님 보기를 바라기 때문이다.

그러나 이 구원의 성취는 인간 홀로 하는 것이 아니며 그 안에서 일하시는 하나님이 하시는 것이다. 인간이 받아들이기만 하면 하나님 자신이 인간을 당신에게로 인도하시며, 그 뒤에도 지속적으로 그를 인도하신다. 하나님에 대한 아주 사소한 갈망도, 진정으로 인식되기만 한다면, 하나님이 일을 시작하기에 충분하다. '진지하게 그리고 지속적으로 기쁨을 갈망하는 영혼은 결코 그것을 놓칠 수 없다.' 하나님이 사실은 그 갈망을 먼저 주시고, 디고리의 정원에 있던 마술 나무에 있는 나니아의 수액과, 지구에서는 아무런 바람도 없는데 나니아에서 불어오는 바람에 그 나무가 때때로 휘는 것처럼 그 갈망이 인간의 삶 속에 남아있도록 하신다.

인간이 구원을 받으면 하나님은 그를 훈련하는 노력을 계속하실 것이다. '그리스도를 입는 것' 그리고 그리스도가 '우리 안에 형성되도록 하는 것',그리고 '그리스도의 마음'을 가지는 것은 단지 그리스도께서 말씀하신 것을 읽고, 그것을 실천하는 것만 의미하지는 않는다. 그것은 멀리 있지도 난해하지도 않은 어떤 진정한 인격이 날마다 당신에게 와서 '당신 자신을 간섭함'으로써 당신을 하나님 자신의 삶과 비슷한 삶을 사는 존재로 만들어 가는 것을 의미한다. 완전하라는 기독교인에 대한 명령은 과장된 것이 아니라 그리스도

---

67) 「C. S. 루이스의 시의 변호」, 위스콘신대학 박사 논문 p. 190.

께서 의미하는 것 그대로다. 인간은 지구상에서 천국에서 완성될 과정을 시작하게 된다. 그것은 과정이며, 벌거벗은 자아를 가지고 위선자의 행세를 할 수 없도록 할 것이다. 하나님은 우리가 "나는 성자가 되려고 한 적 없어, 단지 평범하고 괜찮은 사람이 되고 싶었을 뿐이야"라고 말하지 못하게 하신다. 하나님의 계획은 당신을 천국의 존재로 만드는 것이다. 이것이 바로 그리스도인들이 쓰라린 일을 견뎌내야 하는 이유이다. 하나님은 당신의 모든 자녀를 '작은 그리스도'로 만들고 계신다. 하나님은 말에게 뜀뛰기를 보다 잘 하도록 가르치는 훈련자가 아니라, 그 말을 날개 달린 짐승으로 만드는 일을 하시는 분이다.

우리의 자연적인 사랑도 천국에서 영원히 있을 것이다. 그러나 먼저 그것이 죽고 다시 살아나야 한다. 천국에서 우리는 이 세상에서 도달한 것과는 비교할 수 없는 완전한 인간이 될 것이다. 기독교인의 진정한 성품이 앞에 놓여있으며, 이 우주 전체 안에서 하나님이 우리에게 의도하신 자리를 차지했을 때 비로소 진정한 인격이 될 수 있을 것이다. 하나님은 스스로 "나는 존재한다"고 외치셨다. 기독교인들도 천국에서 존재함의 상태에 있을 것이며, 천국에서 존재할 것이며, 진정한 정체성을 가질 것이다. 『우리가 얼굴을 가질 때까지』의 마지막 부분에서 오루알은 사이키가 전보다 천 배는 더 아름다워져 있는 것을 발견했다. "나는 전에는 진정한 여인을 보지 못했다"라고 오루알은 말한다. 『거대한 간극』에서 천국에 들어가기로 마음먹은 한 방문객은 곧 넘치는 풍요로움과 에너지로 가득했다. 하나님을 선택한다는 것은 바로 이런 것이다.

그러나 자아를 선택하는 것은 바로 지옥의 열쇠를 선택하는 것이다. 그것이 없다면 지옥은 없을 것이다. 타락하지 않은 세상 페를란드라의 녹색 여인은 자아를 선택하는 것이 무엇인지를 이해하지 못했다. 지옥은 수천 가지의 매일의 행동을 통해 하나님보다 자아를 높인 사람들로 가득 차 있다. 자아는 모든 경험을 자아의 영역으로 돌리며, 나중에는 다른 것은 거의 남지 않고, 선함을 행할 수 있는 능력은 사라져 버린다. 불평하는 사람은 불평으로 변했다. 즉 자아와 자아 아닌 것을 구분할 수 있는 능력을 상실한 것이다. 자아만이 남았으며, 이것은 지옥과 다를 것이 없다. 유스터스가 용의 무리와 함께 자고, 자신의 마음에 욕심을 키우고 용과 같은 생각을 했을 때 그는 용이 되었다. 그러나 그는 자신이 용이 되었다는 사실을 충분히 인식하지 못하고 있었기 때문에, 자신이 용이 되었다는 말을 듣고는 큰 충격을 받았다. 루이스는 죄가 깊을수록 그 희생자는 죄의 존재를 감지하지 못한다고 말했다. 반면에 선함에 자신의 마음을 준 사람은 악한 세력이 통하지 않는다.

알베르 까뮈처럼 루이스는 죽음이 인간 삶의 가장 중요한 사실이라고 믿지만, 까뮈와 달리 그는 인간은 원래 영원히 살도록 만들어졌다고 확신한다. 루이스는 진정한 지혜는 죽음의 실천이라는 소크라테스의 주장을 지지한다. 루이스는 신화가 자연으로부터 혹은 계시로부터 죽음과 부활이 가장 귀하다는 가르침으로 가득 차 있다고 확신한다. 과거의 기독교인들은 이 교리를 가르쳤고, 성경도 모든 우주는 다름 아닌 영적인 목적을 위해서 지어졌음을 매우 분명히 하고 있다. 그러나 인간은 영적 존재인 동시에 육신도 가지고 있으며, 합법적인 인간의 기능이 그를 정형하기도 하는데, 그 기능들이

항상 바른 관점에서 유지된다는 조건하에서 그렇다. 제2차 세계대
전의 시련 가운데 옥스포드에서 강의를 하면서 루이스는 이러한 시
기에 문학, 미술, 수학 또는 생물학을 연구하는 것이 정당한가 하는
질문과, 계속되는 사탄과의 전쟁 속에서 기독교인이 하는 모든 문
화적 활동은 정당한 것인가 하는 질문을 서로 대치시켰다. 이에 대
한 그의 대답은 지금까지 소위 '정상적인' 삶이란 존재하지 않았으
며, 인간이 모두 완전하게 안전할 때까지 지식과 아름다움에 대한
연구를 미루어야 한다면 우리는 영원히 그런 것들을 누릴 수 없을
것이라는 것이다. 기독교인에 대해서 그는 기독교는 자연적인 삶을
그것과는 완전히 다른 어떤 것으로 대체하는 것이 아니며, 오히려
자연적인 재료들을 초자연적인 목적을 위해 이용하는 것이라고 했
다. 지적인 삶도 그리스도를 향하게 된다. 이것은 루이스 자신의 경
험이었다. 따라서 인간이 비록 영원히 살도록 창조되긴 했지만, 그
가 열정적으로 참여할 수 있는 완벽하게 합법적인 활동들이 현세에
도 있다는 것이다.

루이스가 강조하고 싶어하는 또 한 가지 이와 비슷한 추론은, 하
나님은 모든 일상적인 것의 창조자이시며, 변형자요, 궁극적인 소
유자이시라는 것이다. 루이스는 기독교가 다른 어떤 종교보다 더
육체를 긍정하며 물질이 선하다고 가르친다고 생각한다. 하나님은
물질을 창조하셨다. 하나님은 성(性)도 만드셨다. 하나님은 먹는 것
과 마시는 것을 창조하셨으며, 자연적인 삶과 초자연적인 삶 모두
를 빵과 포도주 같은 물질적인 것으로 유지하신다. 랜섬이 페를란
드라에서 발견한 조롱박 같은 과일은 너무나 맛이 있어서 그는 오

라토리오나 신비적 명상으로 비로소 그 맛을 표현할 수 있을 것이라고 생각했다. 비록 루이스가 나도 너만큼은 잘났다는 식의 민주주의는 반대했지만, 그는 길거리의 구두닦이나 청소부도 학자나 과학자만큼 본질적으로 하나님을 기쁘게 하는 존재라고 했다. '땅에 속한 악취나는' 기독교인이 하나님 앞에 나아온다는 사실을 경멸한 것은 악마적으로 교만한 스크루테이프였다. 루이스는 하나님의 현존 가운데 나오는 사람들을 묘사하는 것을 좋아했을 뿐만 아니라, 그 중에서도 세상에서 아무런 명성도 없었던 사람들을 더 좋아했다. 우리는 날마다 신적인 잠재력을 가진 사람들 주위에서 살고 있으며, 우리가 가장 흥미를 갖지 않던 사람이 언젠가는 '경배하고 싶은 유혹을 강하게 받을 정도로 위대한 존재가 될지도 모른다.' 골더스 그린(Golders Green)의 세라 스미스(Sarah Smith)는 천국에서 영광스런 아름다움을 얻었고, 딤블 수녀는 세상에서는 회색 머리와 늘어진 턱을 가졌다는 것과 무명 학자의 아내로 봉사했다는 것밖에는 자랑할 것이 없었지만, 하나님 앞에서는 거룩하고 위대한 여제사장이 되었다. 나니아 왕국의 초대 왕들은 프랭크 왕과 헬렌 여왕이었는데, 프랭크는 런던의 택시기사였고, 헬렌은 그의 아내였다. 루이스는 지금 만약 천국에 속한 어떤 사람이 우리 가운데 나타난다면, 우리는 그를 철저하게 야만인으로 볼 것이며, 아주 소수의 거룩한 사람만이 나중에 그의 발아래 무릎을 꿇을 것이라고 했다. 루이스는 아마도『그 끔찍한 힘』에서 멀린을 이런 인물로 묘사하려고 했으며, 현대인들이 그들의 문화를 통해 섬세함과 지위를 잘못 이해하고 있음을 암시하려고 했을 것이다.

루이스가 인간과 인간의 삶을 높게 평가한 또 하나의 추론은 기독교인은 하나님의 인도를 기다려야 하며 하나님이 인도하시면 분명하게 복종해야 한다는 것이다. 스크루테이프는 지옥의 위대한 전략 중 하나는 이미 알고 있는 의무들을 미루도록 하는 것이며, 기독교인이 하나님이 우주로부터 사라진 것 같은 메마른 시기를 지날 때 무릎을 꿇고 기도하거나 기타 다른 방식으로 그의 신앙을 나타낼 때 지옥은 큰 위험에 처한다고 말한다. 아브라함이 이삭을 희생하려던 것에 대해 루이스는 성 어거스틴의 의견을 인용하는데, 하나님의 계획이 무엇이었건, 아브라함은 아들을 바쳐야 한다는 것 외에는, 그가 아들을 바치기 전에 하나님이 당신의 명령을 철회하실 지 어떨 지에 대해 아는 바가 없었다. 따라서 아브라함의 순종의 실재성은 그가 그대로 행동하려고 했다는 데에 있다고 했다. 그러므로 신앙을 드러내기 위해 순종의 객관적 행동은 필요한 것이다. 우리는 오랜 세월 하나님을 사랑해야 한다는 것을 기억하면서도 정작 그 안에는 하나님에 대한 사랑이 전혀 없을 수도 있다. 이럴 경우 그 해결책은 그러한 감정을 만들어 내려고 할 것이 아니라, 스스로에게 내가 '만약 하나님을 사랑한다는 것이 확실하다면 무엇을 할 것인가?' 라고 묻고, 그 답을 결정한 후 당장 나가서 행해야 한다. 루이스는 종교를 '인간이 고독할 때 무엇을 하느냐' 하는 것으로 정의한 경구를 인용하면서, 신자들이 때로는 고독할 지라도 선한 목적을 위해 자기들끼리 모이는 것을 자제할 수도 있는 자유를 인정하지 않는 이 말은 기독교적인 가르침이 아니라고 주장한다. 기독교인은 순간 순간을 책임감 있게 살아야 한다. 미래에 대해 걱정하는 것과 지금 해야 할 일을 미래로 미루는 것 모두 죄가 된다. '우리는 오늘 먹을 양식만을 요구하도록 배웠다.' 오직 현재만이 우리의 의무를 행하거나 은혜를 받을 수 있는 유일한 시간이다. 이것이 바로 랜섬이 『페를란드라』에서 비인간과 싸우면서 배운 것이다. 『그 끔찍한 힘』에서 우리는 급히 행동해야 하는 상황임에도 불구하고 독수리가 조용히 지시를 기다리는 것을 본다. 질과 스크럽은 은 의자에서 아슬란의 지시를 대부분 놓치고 난 후, 결국 마지막 지시를 따르는 데는 죽음도 가로막지 못할 것이라고 마음먹는다. 그러자 아슬란의 능력이 바로 나타났고 그것이 이들의 보상이 되었다. 성경은 우리의 사색적인 호기심을 만족시키기 위해서 주어진 것이 아니라 지도와 격려의 책으로 주어진 것이라고 루이스는 말한다. 우리는 성경으로부터 계속해서 자문을 얻어야 하며 그 명령을 정확하게 그리고 열정적으로 수행해야 한다.

성경의 말씀대로 순종하려고 한 그의 노력의 예로 루이스의 자선 행위를 인용할 수 있겠다. 소문에 의하면, 루이스가 너무도 아끼고 사랑했던, 그래서 캠브리지에 살면서도 잊지 못했던 옥스포드에 있는 그의 큰집에서 루이스는, 제1차 세계대전에서 같이 싸운 전우의 어머니와 다른 몇몇 사람들을 부양했다. "그는 자신의 돈을 방탕할 만큼 너그럽게 썼다"고 런던 《타임즈》는 그를 회고했다. 그러나 그의 이러한 너그러움은 철저하게 비밀에 부쳐져 그의 가장 친한 친구들도 그가 섬기는 영역이 어디까지인지 정확하게 알지 못했다.

다른 신중한 기독교인들처럼 루이스는 에덴 동산과 인간의 타락을 연구하면 기독교인들에게 매우 귀중한 자료를 줄 것이라고 생각했고, 이 주제는 그의 작품에 반복해서 나타난다. 나는 이미 『페를란드라』가 대부분 이러한 주제를 다루고 있다고 지적했으며, 커크 수녀가 『순례자의 귀향』에서 존에게 간략하게 반복한다. 『고통의 문제』에서는 한 장 전체가 타락의 실제적인 의미들을 다루는데 할당됐다. 스크루테이프는 사탄이 천국에서 쫓겨났다는 말은 틀린 것이며, 사탄은 하나님이 인간을 무조건적으로 사랑하신다는 황당무계한 이야기 때문에 스스로 나와버린 것이라고 주장한다. 멀린이라고 생각하는 사람에 대해 말하면서 프로스트는 『그 끔찍한 힘』에서 멀린을 먼 곳에서 온 5세기의 생존 인물로 묘사한다. 거대한 재난 이전에 심지어 최초의 사제가 있기 이전에 내려온 무엇—우리를 다시 빙하 시대 전으로, 누미노르(Numinor)로 데려 갈—이다. 비록 마조리 E 라이트는 누미노르가 아틀란티스와 같은 것일지도 모른다고 하지만 나는 그것을 에덴과 동격으로 보는 것이 옳다고 생각한다. 아슬란이 나니아를 창조한 것에 대해서는 이미 언급했으며, 디고리가 어떻게 에덴의 유혹을 받았는지도 언급했다. 『사자, 마녀 그리고 옷장』에서 흰 마녀는 반은 정령이고 반은 거인이며, 아담의 첫 째 부인인 릴리스의 후손이다. 루이스는 「밤의 아담」("Adam at Night")이라는 멋진 시도 지었는데, 거기서 그는 타락하기 이전의 아담과 하와의 기쁨을 노래한다.[68] 루이스는 인간을 에덴의 영광에서 타락한 존재로서 뿐만 아니라 돌아가고자 하는 깊은 열망에 사로잡힌 존재로도 본다.

갈망하는 마음은 루이스의 모든 작품에 편만하게 이야기되고 있다. 아마도 단독 작품으로 그것을 가장 잘 묘사한 것은 같은 제목의

---

[68] N. W.라는 필명 아래 《펀치》지에 실림. 그의 다른 많은 시들도 여기에 실렸다. 모음집 『시』 (Poems; W. Hooper 편집, 1964)에는 「밤의 그 아담」 "The Adam at Night" 으로 되어있음

에세이집 맨 앞에 실린 「영광의 짐」("The weight of Glory")일 것이다. 그는 그것을 모든 인간의 영혼에 내재하는 위로 받을 수 없는 비밀, 자연적인 행복으로는 결코 만족할 수 없는 갈망, 천국을 향하는 평생의 화살표, 빈 공간들을 지나 지금은 단절됐다고 생각하는 진정한 실체와 연합하는 향수, 하나님의 창조적인 기쁨이 물질 안에 심어 놓은 에너지의 희미하고 멀리 있는 잔재, 그리고 우리에게 큰 기쁨을 주면서도 하나님이 천국에서 구원받은 영혼을 위해 준비한 진정한 기쁨에 비하면 미미한 신호에 불과한 잔재들이라고 부른다. 『순례자의 귀향』에서 그 나라의 모든 채소들이 산사과 맛에 감염된 것처럼, 물 한잔에 진한 과즙 한 방울만 넣으면 새로운 맛을 내기에 충분한 것처럼, 이 땅의 기쁨이 하나님과 같은 것에 감염되기를 바라는 마음은 너무도 크다. 천국의 열광적인 기쁨 가운데 갈망의 절정은, 적어도 내 생각에는, 루이스의 가장 큰 특징이다. 이것은 여러 가지 방식으로 그의 모든 저술에 나타나는데, 이러한 루이스의 계시적인 비전은 밧모섬의 성 요한 이후 가장 실제적인 것이라는 생각이 들게 한다. 대부분의 기독교인들에게 천국을 얻는다는 것은, 금으로 된 문 안으로 들어가는 것 이상을 의미하지 않을 것이다. 그러나 루이스에게 그것은 시작에 불과하다. 보다 깊이, 보다 높이가 아슬란이 『최후의 대결』에서 어린이들에게 한 명령이며, 바로 그 말이 어린이들을 흥분하게 했다.

　루이스만이 가지고 있다고 생각하는 또 하나의 주제는 즐거움 그 자체를 위해 어떤 행위를 반복하는 위험 혹은 악에 대한 것이다. 『페를란드라』에서 랜섬은 여러 번, 일단 자신의 몸이 더 이상 배가

고프거나 목이 마르지 않게 되면 그가 거기서 발견한 상상할 수 없을 만큼 맛있는 과일들을 다시 맛보지 못하게 하는, 내면적이고 신비한 강압의 제한을 받았다. 그는 지구에서는 종종 욕망에서가 아니라 사실은 욕망에 반(反)하여 어떤 즐거움들을 반복했던 것을 기억했지만, 『페를란드라』에서는 다른 원칙이 작용하고 있다는 것을 느꼈다. 랜섬은 이렇게 마치 인생이 다시 펼칠 수 있는, '심지어 거꾸로도 돌릴 수 있는 영화 필름처럼, 반복해서 가지려고 하는' 참을 수 없는 갈망이 혹시 모든 악의 근원이 아닌가 생각하게 된다. 후에 녹색 여인은 그것 자체를 위해 과거에 좋았던 것에 매달리면 그것은 악으로 바뀌게 되며, 자신의 나라에서는 모든 즐거움은 다른 즐거움보다 더 낫다고 설명한다.

루이스는 즐거움은 그 이상하고도 합법적인 대상에 의해 판단되어야 한다는 플라톤의 원리를 암시하는 지도 모른다. 스크루테이프는 하나님이 즐거움들을 만드셨으며, 지옥의 전략은 인간이 하나님이 금지하신 시간 혹은 방법 혹은 정도로 그것을 누리게 하는 것이라고 말했다. 예를 들어 성적 즐거움은 먹는 즐거움만큼이나 정당하지만, 간음에서 인간은 한 종류의 연합, 즉 성적인 연합을 그것과 함께 가야 할 다른 모든 연합으로부터 분리시킨다. 전반적으로 비합법적인 행위로부터 즐거움을 얻으려고 해서는 안 된다. 맛을 보는 것의 합법적인 목적은 삼키는 것이며, 음식의 합법적인 목적은 탐식이 아니라 배고픔을 만족시키는 것이다. 성교의 합법적 사용은 결혼으로 엮어진 남자와 여자의 삶 전체의 한 부분적 기능으로서 이다. 사랑하는 사람을 끌어안으면 순결한 그리고 정당한 성적 전율을 느낄 수 있다. 문제는 두 번째 끌어안으면서 짜릿한 감각만을 추구할 때 생기는데, 그렇게 되면 나—너의 관계가 나—그것의 관계로 변하고 사랑 받는 대상은 사물로, 성을 위해 사용될 수 있는 기계로 변하는 것이다. 따라서 순결의 개화, 순종의 요소, 그리고 앞으로 오는 것을 받아들이겠다는 준비는 모든 행위에서 사라지게 된다. 『거대한 간극』에서 맥도널드는 많은 사람들이 감각 때문에 실족하지 않았느냐는 질문에 대해 감각주의자는 처음에는 즐거움으로 시작하지만, 그 즐거움은 갈수록 작아지고 동시에 갈망은 더 맹렬해지는 사람, 그리고 탐욕을 그 자체로 선호하고 죽더라도 정욕을 지키려고 하는 사람이라고 대답한다. '그는 가려운 곳을 긁고 싶어하지만, 더 이상은 긁을 수 없을 때에도 가렵지 않기보다는 가렵기를 원한다.' 그러나 『순례자의 귀향』에서처럼 밤색 피부를 가진 여자들에 대한 정당하지 못한 갈망일지라도, '사람이 성실하게 계속해서 태어나고 죽는 변증법적 삶을 살아가면', 그는 하나님으로부터 쓰임을 받을 수 있다.

루이스는 '보다 깊이 보다 높이'의 원리가 천국은 물론 땅에서도 적용되는 것으로 보았는지도 모른다. 기독교인이 마땅히 그래야 하는 것처럼 하나님이 자기 안에 사신다고 믿는다면, 그리고 죄를 제외한 시간 시간의 그의 경험을 하나님이 허락해 주신다고 믿는다면, 그의 일상은 기쁨으로 가득한 경험이 될 것이다. 녹색 여인은 "모든 기쁨은 다른 기쁨을 초월합니다. 우리가 먹는 과일은 항상 가장 좋은 과일입니다"라고 말했다. 이것은 타락한 세상은 물론 타락하지 않은 세상에서도 이상적인 모습이다.

그의 마지막 책 『말콤에게 보내는 편지: 주로 기도에 관하여』에서 루이스는 이 주제로 돌아와서, 기독교인은 종종 하나님으로부터 현재의 축복을 거부하는데, 그것은 그들이 하나님과 나누었던 어떤 굉장한 경험의 이미지로 자신들의 마음을 가득 채워 놓고, 하나님이 새롭고 보다 풍부한 경험을 줄 여지를 남겨놓지 않기 때문이라고 말한다. '하나님은 영광의 새로운 국면을 우리에게 보여 주시는데 우리는 아직도 옛날 것을 찾고 있기 때문에 그것을 보기를 거부한다.' 이러한 과정에서 우리는 예전의 체험은 다시 얻지 못하며, 그러한 과정 자체가 미리 새로운 축복을 배제시킨다. 게다가 무한하신 하나님—모든 공간과 시간이 당신을 한 번 보여 주기에도 부족한—으로부터 단순한 반복만을 기대하는 것은 기독교인의 경험을 성숙하게 하시고자 하는 하나님의 계획을 좌절시키는 것이다.

　루이스가 다루는 주제 중 또 한 가지는 옳은 것은 하나님이 명령하셔서 옳은 것이 아니라 옳기 때문에 하나님이 명령하셨다는 것이다. 『고통의 문제』를 기록한 후 『시편 사색』이 기록되기까지 그 사이에 루이스는 이러한 견해를 상당히 강화시켰다. 전자에서 그는 이 문제에 대해 자신은 후커 편이고 존슨 박사에 반대한다고 말했지만, 후자에서는 18세기의 '일부 끔찍한 신학자' 들이 하나님이 명령하셨기 때문에 옳은 것이라고 하는데, 이것은 하나님을 자의적인 독재자로 만드는 것이며, 무신론을 신앙보다 높은 차원의 윤리적 기준으로 격상시키는 것이라고 주장한다. "하나님의 의지는 늘 인식하고 있는 하나님 자신의 지혜로 결정되며, 늘 포용하는 그의 선함은 하나님 자신의 본질적 선함에 의해 결정된다"고 루이스는 말한다. 루이스가 『가슴없는 사람』에서 하나님이 도(Tao)를 만들었다는 사실을 부인했다고 공격하는 비평가에 대해, 루이스는 "하나님이 도를 만들었다고 말하는 데에 내가 어떤 망설임을 가졌다면 그

것은 단지 그렇게 말하면 창조는 자의적이었다는 것을 의미하게 될
까 그랬을 뿐이다. 나는 오히려 그것이, 하나님이 자신의 의로운 성
품에 의하면 필연적으로 어떠한 분이신가를 유한한 존재인 우리에
게 나타내시는데 필요한 표현이라고 믿는다. 어느 특정한 관점에서
보면 그 도 자체가 말씀이라고 할 수도 있다”라고 말했다.[69] 하나님
의 명령뿐만 아니라 하나님 자신도 의로우시며, 그의 법은 ‘바위와
같은 실재’를 가지고 있다. 하나님의 법은 그의 성품 자체에 기초를
두고 있기 때문이다. 그것은 그의 창조처럼 견고하다. 하나님은 종
교의 ‘발명가’가 아니다. 오히려 종교는 하나님이 우리에게 ‘스스
로에 대해 바꿀 수 없는 몇 가지 사실들’을 말해 준 것으로 구성돼
있다.『그 끔찍한 힘』에서 멀린은 랜섬이 알지 못하는 옛 암호를 말
하는 것을 보고 놀라자 랜섬은 “나는 그것이 맞기 때문에 말한 것이
다”라고 말한다. 깊은 천국과 엘딜라 주민들의 생각은 실로 우주는
그 핵심에 의의 법칙이 깊이 박힌 하나의 세상이라는 것이다.

　루이스는, 우리가 세상과 하나님을 가지고 있는 것이 아니라, 하
나님이 각 원자마다 그 윤리적 원칙들을 심어 놓으셨다는 것을 말
하려고 했다고 나는 생각한다. 죄는 하나님의 명령만을 거역하는
것이 아니라 삶의 원칙 그 자체를 거역한다. ‘너의 죄가 너를 찾아
낼 것이다’라는 선포는 하나님의 변덕스러운 명령에서 온 것이 아
니라 창조의 핵심에 있는 법칙이다. 세상은 너무도 잘 구성돼 있어
서, 이 세상은 물론 다음 세상에서도 잘못된 행위에 대해서는 보복
을 하는 것이다.

---

69) 1961년 1월 11일자로 내게 보낸 편지 중에서

색 인